A GUERRA CIVIL NA FRANÇA

Karl Marx

A GUERRA CIVIL NA FRANÇA

Seleção de textos, tradução e notas
Rubens Enderle

Copyright da tradução © Boitempo Editorial, 2011
Traduzido dos originais em inglês e alemão "The Civil War in France (MEGA, I/22, Berlim, Dietz, 1978), "The Civil War in France – First Draft" e "The Civil War in France – Second Draft" (MEGA, I/22, Berlim, Dietz, 1978), "First Address of the General Council on the Franco-Prussian War" e "Second Address of The General Council on the Franco-Prussian War" (MEGA, I/21, Berlim/Amsterdã, Akademie, 2009), "Account of an interview with Karl Marx published in the 'World'" (MEGA, I/22, Berlim, Dietz, 1978), "Einleitung zu der Bürgerkrieg in Frankreich, von Karl Marx" e "Briefe" (MEW, 33, Berlim, Dietz, 1969).

Coordenação editorial	Ivana Jinkings
Editora-assistente	Bibiana Leme
Assistência editorial	Carolina Malta e Livia Campos
Tradução	Rubens Enderle
Preparação	Mônica Santos
Revisão	Mariana Tavares
Cronologia da Comuna de Paris e índice onomástico	Rubens Enderle
Diagramação	Acqua Estúdio Gráfico
Capa	Acqua Estúdio Gráfico sobre desenho de Loredano
Coordenação de produção	Livia Campos
Assistência de produção	Camila Nakazone

CIP-BRASIL. CATALOGAÇÃO-NA-FONTE –
SINDICATO NACIONAL DOS EDITORES DE LIVROS, RJ

M355g

Marx, Karl, 1818-1883
   A guerra civil na França / Karl Marx ; seleção de textos, tradução e notas Rubens Enderle ; [apresentação de Antonio Rago Filho]. – São Paulo : Boitempo, 2011. (Coleção Marx-Engels)

   Traduzido diretamente dos originais inglês e alemão
   Apêndices
   Inclui bibliografia e índice
   ISBN 978-85-7559-173-4

   1. Internacional Comunista. 2. Paris (França) – Comune, 1871. 3. Paris (França) – Cerco, 1870-1871. 4. França – História – Golpe de Estado, 1851. 5. França – História – Revolução de Fevereiro, 1848. 6. França – História – Segunda República, 1848-1852. I. Enderle, Rubens. II. Título. III. Série.

11-1188.
CDD: 944.06
CDU: 94(44)"1848/1871"

É vedada a reprodução de qualquer parte deste livro sem a expressa autorização da editora.

1ª edição: abril de 2011
1ª reimpressão: dezembro de 2013; 2ª reimpressão: abril de 2016
3ª reimpressão: abril de 2018; 4ª reimpressão: abril de 2019
5ª reimpressão: março de 2021; 6ª reimpressão: maio de 2022

BOITEMPO
Jinkings Editores Associados Ltda.
Rua Pereira Leite, 373
05442-000 São Paulo SP
Tel.: (11) 3875-7250 / 3875-7285
editor@boitempoeditorial.com.br
boitempoeditorial.com.br | blogdaboitempo.com.br
facebook.com/boitempo | twitter.com/editoraboitempo
youtube.com/tvboitempo | instagram.com/boitempo

SUMÁRIO

NOTA DA EDITORA 7
APRESENTAÇÃO – *Antonio Rago Filho* 9
PRIMEIRA MENSAGEM DO CONSELHO GERAL SOBRE A GUERRA FRANCO-PRUSSIANA 21
SEGUNDA MENSAGEM DO CONSELHO GERAL SOBRE A GUERRA FRANCO-PRUSSIANA....... 27
A GUERRA CIVIL NA FRANÇA 35
A GUERRA CIVIL NA FRANÇA (PRIMEIRO RASCUNHO)... 83
A GUERRA CIVIL NA FRANÇA (SEGUNDO RASCUNHO) 153
APÊNDICE.. 185
    INTRODUÇÃO À *GUERRA CIVIL NA FRANÇA*, DE KARL MARX (1891) –
    Friedrich Engels 187
    CARTAS (1870-1871) 199
    ENTREVISTA DE KARL MARX A R. LANDOR 213
    CRONOLOGIA DA COMUNA DE PARIS... 221
PERIÓDICOS CITADOS 229
ÍNDICE ONOMÁSTICO 233
CRONOLOGIA RESUMIDA 253

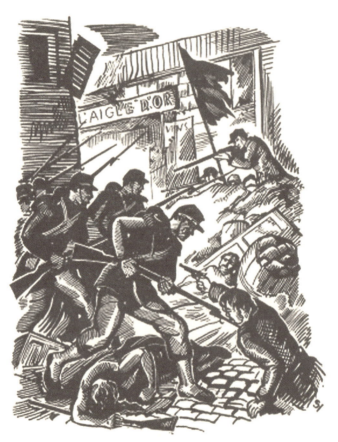

"No caminho dessa conspiração erguia-se um grande obstáculo – Paris. Desarmá-la era a primeira condição de sucesso, e assim Paris foi intimada por Thiers a entregar suas armas." (p. 44)

NOTA DA EDITORA

Em meio às comemorações dos 140 anos da Comuna de Paris, a Boitempo Editorial publica *A guerra civil na França*, um dos estudos mais aprofundados sobre esse importante episódio da história da classe trabalhadora mundial. O presente volume, 11º da coleção Marx-Engels (veja relação completa na página 269), é composto das mensagens escritas por Karl Marx, como secretário da Associação Internacional dos Trabalhadores (AIT), em apoio à Comuna e aos *communards*. Todos os textos foram redigidos em inglês, em Londres, onde Marx vivia desde 1869, com exceção das correspondências (página 199) e da introdução à edição de 1891, de Friedrich Engels (página 187), cuja primeira versão é alemã. Com a proposta de sempre ter por base os originais, a coletânea respeita essa sutileza e apresenta aqui a tradução de cada um deles diretamente do idioma em que foi escrito.

A fim de tornar esta publicação mais completa para os leitores, foram selecionados por Rubens Enderle (responsável pela tradução), além do texto principal, "A guerra civil na França" ("The Civil War in France", MEGA, I/22, Berlim, Dietz, 1978), alguns escritos complementares. A título de análise comparativa, estão presentes o primeiro e o segundo rascunhos ("The Civil War in France – First Draft" e "The Civil War in France – Second Draft", MEGA, I/22, Berlim, Dietz, 1978). Constam ainda neste volume a primeira e a segunda mensagens do Conselho Geral sobre a guerra franco-prussiana ("First Address of the General Council on the Franco-Prussian War" e "Second Address of The General Council on the Franco-Prussian War", MEGA, I/21, Berlim/Amsterdã, Akademie, 2009) e a entrevista de Marx a R. Landor, originalmente publicada no jornal norte-americano *The World* em 18 de julho de 1871 ("Account of an interview with Karl Marx published in the 'World'", MEGA, I/22, Berlim, Dietz, 1978), em que ele fala sobre a atuação e os princípios da Internacional. Incluímos ainda a introdução de Friedrich Engels, escrita para a reedição alemã da "Mensagem do Conselho Geral da Internacional sobre a 'guerra civil na França'", em 1891, bem como parte

Nota da editora

da correspondência entre Marx e o historiador inglês Edward Spencer Beesly, o socialista alemão Wilhelm Liebknecht, o militante alemão Ludwig Kugelmann, o revolucionário húngaro Leo Frankel, o sindicalista e anarquista francês Louis-Eugène Varlin e o próprio Engels ("Einleitung zu der Bürgerkrieg in Frankreich, von Karl Marx" e "Briefe", MEW, 33, Berlim, Dietz, 1969). As cartas, datadas de 1870 e 1871, tratam dos episódios da Comuna e são de interesse significativo para compreender a posição de Marx a esse respeito.

Os critérios editoriais deste volume seguem os da coleção: na ausência de notas do autor, as notas com numeração contínua são das edições da MEGA e da MEW. As notas com asteriscos são do tradutor quando aparecem junto com "N. T." e da edição brasileira quando com "N. E.". Nas citações, a supressão ou inclusão de trechos pelo próprio Marx é indicada por parênteses, símbolo também utilizado para destacar lacunas de texto presentes no original. Ao longo do texto, Marx também usa parênteses para traduzir algumas palavras em francês. Acréscimos da edição brasileira ou alemã (MEGA ou MEW), por sua vez, são indicados por colchetes. Citações em outras línguas, notadamente o francês, são traduzidas no corpo do texto e reproduzidas em sua língua original nas notas de rodapé.

A ilustração de capa, em que Marx é retratado à frente de um dos canhões utilizados pelos revolucionários franceses, é de Cássio Loredano. A publicação vem ainda acrescida de um prefácio do historiador Antonio Rago Filho, um índice onomástico das personagens citadas no texto principal e uma cronologia da Comuna de Paris, além da cronobiografia resumida de Marx e Engels – que contém aspectos fundamentais da vida pessoal, da militância política e da obra teórica de ambos –, com informações úteis ao leitor. A editora agradece as sugestões de Alexandre Linares a este volume, publicado no mês em que a coleção Marx-Engels passa a estar disponível também no formato e-book, mostrando que a obra marxiana não conhece fronteiras de tempo ou de espaço.

abril de 2011

APRESENTAÇÃO

*Antonio Rago Filho**

A guerra civil na França, obra de alcance universal que retrata a breve existência da Comuna de Paris, somente 72 dias, é a manifestação corajosa de Marx conclamando operários e operárias à ação, desafiando a ordem dos proprietários, numa situação trágica, tingida de vermelho. A defesa de Paris, que ficou sitiada pelos prussianos, foi feita pela Guarda Nacional, composta de duzentos batalhões, a maioria da classe trabalhadora. A usurpação do poder promovida pelos representantes da burguesia, das camadas médias e dos setores rurais timbrados pelos interesses dinásticos foi confrontada pela crítica das armas dos trabalhadores. "Paris não podia ser defendida sem armar sua classe trabalhadora, organizando-a em uma força efetiva e treinando suas fileiras na própria guerra. Mas Paris armada era a revolução armada."[1]

A Comuna de Paris foi a primeira experiência histórica de tomada de poder da classe trabalhadora, cujo significado colocou-a como referencial para as lutas de emancipação social. A Comuna foi uma *revolução contra o Estado*. A forma política "finalmente encontrada", *meio orgânico de ação* que visava um trânsito socialista, uma nova forma social sem classes, a poesia do futuro. Marx afirmou que sua grande medida foi precisamente sua existência. Porém, ela não teve tempo! O heroísmo da classe operária na luta contra os usurpadores das fontes de vida foi um exemplo que a Associação Internacional dos Trabalhadores (AIT) tentou imortalizar. Na dualidade de poder, a Paris operária teve de se confrontar, numa guerra civil, com as forças de Versalhes, onde se concentravam os proprietários industriais, os ruralistas, as forças bonapartistas da Assembléia Nacional, que, por sua vez, ampliara tropas e armamentos graças aos generais prussianos. O Segundo

---

* Historiador e editor da revista *Projeto História*, da PUC-SP. (N. E.)
[1] Karl Marx. *A guerra civil na França* (seleção de textos, tradução e notas de Rubens Enderle, São Paulo: Boitempo, 2011), p. 35.

Apresentação

Império (1852-1870), em sua gênese, veio manchado pelo sangue derramado dos operários entrincheirados em barricadas. Sob o comando do general Cavaignac, na Segunda República, a burguesia desarmou e aniquilou os operários na sangrenta jornada de junho de 1848. O bonapartismo aprendeu a lição!

No aniversário de 140 anos da Comuna de Paris, a Boitempo Editorial traz à tona, numa edição impecável, com seleção de textos, tradução e notas de Rubens Enderle, a célebre Mensagem do Conselho Geral da Associação Internacional dos Trabalhadores sobre a Guerra Civil na França, redigida por Karl Marx, na cidade de Londres, em 30 de maio de 1871, após o extermínio e o terrorismo praticados pelas forças militares contra a classe trabalhadora alinhada na Comuna de Paris. Oito dias de intensa repressão aos trabalhadores armados, de 21 a 28 de maio de 1871, que ficaram conhecidos como a "Semana Sangrenta".

Marx, secretário da AIT, dando continuidade aos combates da Comuna e investindo contra as calúnias e mentiras dos jornais burgueses, dissemina as virtudes da República do Trabalho, a primeira revolução dos trabalhadores no mundo moderno e forma política de emancipação social. Marx questiona a própria classe dominante: "Que é a Comuna, essa esfinge tão atordoante para o espírito burguês?"[2]. A essa pergunta o leitor encontrará respostas claras, minuciosas, concretas, ao estilo do rigor marxiano, no conjunto de escritos selecionados para compor esta obra. As duas mensagens do Conselho Geral da AIT sobre a guerra franco-prussiana, a primeira de 23 de julho e a segunda de 9 de setembro de 1870, após a instauração da República no dia 4 de setembro por obra das ações revolucionárias dos operários parisienses, de certo modo anteveem possibilidades e desdobramentos dos conflitos dos imperialismos dinásticos. Do lado francês, a dinastia de Napoleão III, que presenciava os estertores do farsesco Segundo Império (1852-1870); na outra ponta, a Prússia dos Hohenzollern, antigo eleitorado convertido em reino de uma dinastia que, desde princípios do século XVIII, realizava um contínuo expansionismo interno, agregando parcelas de outros territórios e promovendo sucessivas guerras.

A aguda análise de Marx demonstra o seu método de trabalho. Acompanha o desenrolar dos acontecimentos com toda a documentação disponível: jornais, cartas, depoimentos, documentos judiciais autênticos, registros policiais, boletins, pronunciamentos parlamentares. O historiador Jacques Le Goff, numa afirmação talvez apressada, imputou à produção histórica do filósofo alemão um caráter panfletário. Quem tiver a atenção voltada, sem preconceitos, a tais escritos ficará surpreso com a capacidade intelectual de Marx em detalhar com minúcias o evolver desse processo histórico sem

---

[2] Ibidem, p. 54.

igual. Afinal, como seria possível falar da história de indivíduos vivos e atuantes sem determiná-los nos embates antagônicos das classes sociais? Como não reconhecer o novo sujeito histórico – a classe trabalhadora – a impulsionar a marcha do tempo? Marx possuía amplo conhecimento das lutas de classes que se manifestavam em vários âmbitos; e esse domínio sobre as experiências concretas das classes e as inúmeras frações e tendências políticas, fosse na Inglaterra, na Rússia, na França ou na Alemanha, fazia-no, portanto, um historiador de estatura comprovada, que não mirava o saber do especialista, mas que o dispunha de modo revolucionário para que a arma da crítica se tornasse força material e fosse apoderada por amplas massas de trabalhadores, visando ao processo emancipatório enquanto efetividade histórica. Pois, para o filósofo alemão,

> o comunismo não é para nós um estado de coisas [*Zustand*] que deve ser instaurado, um *Ideal* para o qual a realidade deverá se direcionar. Chamamos de comunismo o movimento real que supera o estado de coisas atual. As condições desse movimento (...) resultam dos pressupostos atualmente existentes.[3]

E a revolução política deveria necessariamente conter de modo imanente a revolução social, uma vez que

> toda e qualquer revolução dissolve a *antiga* sociedade; nesse sentido, ela é *social*. Toda e qualquer revolução derruba o *antigo poder*; nesse sentido, ela é *política*. (...) A revolução como tal – a derrubada do poder constituído e a dissolução das relações antigas – é um ato político. No entanto, sem revolução o *socialismo* não poderá se concretizar. Ele necessita desse ato *político*, já que necessita recorrer à *destruição* e à *dissolução*. Porém, quando tem início a sua *atividade organizadora*, quando se manifesta o seu *próprio fim*, quando se manifesta a sua *alma*, o socialismo se desfaz do seu invólucro *político*.[4]

Na mensagem do Comitê Central à Liga dos Comunistas, de março de 1850, Marx tornou claro que

> é de nosso interesse e é nossa tarefa tornar a *revolução permanente* até que todas as classes proprietárias em maior ou menor grau tenham sido alijadas do poder, o poder estatal tenha sido conquistado pelo proletariado e a associação dos proletários tenha avançado, não só em um país, mas em todos os países dominantes no mundo inteiro, a tal ponto que a concorrência entre os proletários tenha cessado nesses países e que ao menos as forças produtivas de-

---

[3] Karl Marx, *A ideologia alemã* (tradução Rubens Enderle, Nélio Schneider e Luciano Cavini Martorano, São Paulo, Boitempo, 2007), p. 38, nota a.

[4] Karl Marx, "Glosas críticas ao artigo 'O rei da Prússia e a reforma social'. De um prussiano", em Karl Marx e Friedrich Engels, *Lutas de classes na Alemanha* (tradução de Nélio Schneider, São Paulo, Boitempo, 2010), p. 51-2. Grifos originais.

cisivas estejam concentradas nas mãos dos proletários. Para nós, não se trata de modificar a propriedade privada, mas de *aniquilá-la*, não se trata de camuflar as contradições de classe, mas de *abolir as classes*, não se trata de melhorar a sociedade vigente, mas de fundar uma nova.[5]

Vinte anos depois, prefaciando *A guerra civil na França*, Engels pontuava os acertos de Marx quanto à crise internacional, a disputa imperialista das duas dinastias, a tíbia e covarde ação da *manu militari* da burguesia francesa ante sua iminente derrota para os exércitos prussianos, e alertava para o fato de que a vitória ou a derrota trariam como consequência o retorno ainda mais virulento de todas as misérias que assolaram a Alemanha após as guerras de Independência.

Em sua "Primeira mensagem", redigida em Londres, em 23 de julho de 1870, portanto a poucas semanas do desencadeamento da guerra franco-prussiana, Marx denuncia o engodo do bonapartismo do Segundo Império, que buscava a sua preservação e afiava as garras contra os prussianos: "De tal estado de coisas, o que poderia resultar senão a *guerra*?"[6]. O bonapartismo foi um produto de contradições sociais nas quais a burguesia encontrava-se incapacitada e o proletariado ainda estava imaturo para governar. Os bonapartistas tentavam manietar as organizações operárias e atingir a Associação Internacional dos Trabalhadores como um "perigoso inimigo", disseminando preconceitos e reprimindo as direções internacionalistas. No plano externo, Napoleão III promovia guerras de conquista. O imperialismo francês impusera ao povo mexicano um imperador, o arquiduque austríaco Maximiliano, porém padeceria um profundo revés. Em 1867, o imperador do México foi fuzilado pelas tropas de Benito Juarez e os franceses, junto com o desgaste de suas tropas, perderam os capitais investidos. O plebiscito de 7 de maio de 1870 tinha como finalidade dar fôlego à manutenção do bonapartismo. "Qual foi o verdadeiro crime das seções francesas da Internacional? Elas disseram ao povo francês, pública e enfaticamente, que votar o plebiscito era votar pelo despotismo no interior e pela guerra no estrangeiro"[7], esclarecia o dirigente da AIT. Marx sustentava ainda que, na outra margem do Reno, a Alemanha, que fora fustigada por Napoleão III, manobrava no sentido da conversão de sua propalada "guerra de defesa" para uma "guerra de conquista". Ante tal absurdidade criminosa, os internacionalistas franceses bradavam: "Irmãos da Alemanha! Nossa divisão resultaria apenas no completo triunfo do despotismo nos dois lados do Reno"[8].

---

[5] Karl Marx e Friedrich Engels, "Mensagem do Comitê Central à Liga dos Comunistas", em Karl Marx e Friedrich Engels, *Lutas de classes na Alemanha*, cit., p. 64. Grifos nossos.
[6] Karl Marx, *A guerra civil na França*, cit., p. 23.
[7] Ibidem, p. 21.
[8] Ibidem, p. 22.

Marx seria incisivo em sua crítica:

> Seja qual for o desenrolar da guerra de Luís Bonaparte com a Prússia, o dobre fúnebre do Segundo Império já soou em Paris. O Império terminará como começou, por uma paródia. Mas não nos esqueçamos de que foram os governos e as classes dominantes da Europa que permitiram a Luís Bonaparte encenar por dezoito anos a farsa feroz do *Império Restaurado*.[9]

A "Primeira mensagem" acenava com o florescimento de uma nova forma social cujo estatuto ordenado pelo trabalho poderia resultar na paz. Para a AIT, sob a firma de Marx, somente com a fraternidade e ação radical das classes operárias francesa, alemã, inglesa poderiam ser evitadas consequências inumanas e desastrosas para a população: "seja qual for o desenrolar da horrível guerra que se anuncia, a aliança das classes trabalhadoras de todos os países acabará por matar a guerra"[10].

Em 9 de setembro de 1870, Marx divulgava a "Segunda mensagem do Conselho Geral sobre a guerra franco-prussiana". Há que se situar o momento histórico. O rei da Prússia, Guilherme, futuro imperador da Alemanha unificada, declarou que a guerra era dirigida ao imperador francês e "não contra o povo francês". Alegando que a reação alemã era decorrente dos desatinos imperiais de Napoleão III, ele frisava: "eu assumi, *para repelir essa agressão*, o comando dos exércitos alemães e fui levado *pelos acontecimentos militares a cruzar as fronteiras da França*". Como Marx previra, a guerra se transformou em "guerra de conquista". Napoleão III, que seguira à frente de seu exército para o *front* em Sedan, uma vez capturado simplesmente fará parte dos prisioneiros alocados num castelo alemão com cerca de 100 mil soldados. Os exércitos de Moltke e Bismarck fizeram uma devassa nessa região fronteiriça, massacrando a população da cidade de Estrasburgo por seu patriotismo francês. Marx, um profundo decifrador de tais regiões no quadro da ofensiva militar, sabia que o argumento prussiano carecia de lógica; porquanto o fato de, numa época passada, Alsácia e parte de Lorena terem pertencido ao antigo Império alemão, o seu confisco não era "garantia material" contra a agressão francesa. A tomada dessas duas regiões, em verdade, continha uma lógica militar, pois "enquanto a massa das tropas alemãs estivesse lá estacionada, todo exército francês avançando de Estrasburgo em direção ao sul da Alemanha estaria flanqueado e teria sua comunicação ameaçada"[11]. E a massa recrutada para os combates partia precisamente dos contingentes da classe operária e dos camponeses alemães. Marx decifra, assim, a lógica específica da política de conquista e os vários interesses

---

[9] Ibidem, p. 23.
[10] Ibidem, p. 25.
[11] Ibidem, p. 29.

Apresentação

das classes dominantes de França, Rússia e Alemanha. Após a guerra de Sadowa, de 1866, na qual os prussianos derrotaram os exércitos austríacos, e com a vitória sobre os franceses e a anexação de parcelas de seu território, a Alemanha estava a um passo de consumar a unidade nacional.

Em 4 de setembro de 1870, o Hôtel de Ville é ocupado pelos operários parisienses fundando a nova República francesa. Todavia, Marx especifica o conteúdo histórico do novo poder: "Essa República não subverteu o trono, mas apenas tomou o seu lugar, que havia vacado. Ela foi proclamada não como uma conquista social, mas como uma medida nacional de defesa"[12]. Ora, a distribuição dos órgãos do poder estatal entre as frações dominantes ficara mais do que evidenciada: os orleanistas se apossaram do aparato militar e policial; os republicanos da classe média, de outras funções estatais, não deixando dúvidas a seu comportamento: "Algumas de suas primeiras ações demonstram que eles herdaram do império não apenas ruínas, mas também seu pavor da classe trabalhadora".[13]

Marx, mais uma vez, sinaliza as consequências da guerra para os trabalhadores e a população de modo geral, as pretensões prussianas, os ardis dos proprietários da banca, da indústria, do comércio e da terra, dos burgueses industriais e ruralistas na França, caso os trabalhadores não dessem respostas à altura:

> Se abdicarem de seu dever, se permanecerem passivos, a terrível guerra atual será apenas o prenúncio de conflitos internacionais ainda mais mortíferos e conduzirá em todos os países a um renovado triunfo sobre os operários pelos senhores da espada, da terra e do capital.[14]

O insidioso general Trochu, na mesma noite da proclamação da República, antecipara seu papel e sua visão dos acontecimentos. Paris jamais poderia resistir ao assédio das forças prussianas. Várias anedotas cínicas circularam entre as camadas dirigentes. Jules Favre debochava que o maior perigo não eram os prussianos, mas sim os operários de Paris. Marx denunciou essas pobres personagens, fazendo chegar aos internacionalistas documentos que provavam a promíscua articulação para que o exército francês capitulasse. Em 31 de outubro, ante os murmúrios que varriam a cidade sobre a capitulação de Metz, a derrota de Bourget e o conchavo com os generais prussianos, os trabalhadores ocuparam o Hôtel de Ville, colocando a vida em defesa da República. Mais ainda, anunciam eleições para a instauração da Comuna. "O Governo de Defesa Nacional", sentenciou Marx,

---

[12] Ibidem, p. 32.
[13] Ibidem, p. 32.
[14] Ibidem, p. 33.

aprisionado no Hôtel de Ville, empenhou solenemente sua palavra a Blanqui, Flourens e outros representantes da classe trabalhadora, prometendo abrir mão de seu poder usurpado e entregá-lo nas mãos de uma comuna a ser livremente eleita por Paris. Ao invés de manter sua palavra, eles lançaram sobre Paris os bretões de Trochu, que agora substituíam os corsos de Bonaparte.[15]

A traição das classes dominantes, todavia, vai se materializando. A dualidade de poderes, por outro lado, também se cristaliza. No pólo parisiense, os trabalhadores armam-se ainda mais com as novas subscrições para a produção de canhões e obuses; no polo de Versalhes, os dirigentes do Governo de Defesa, articulados no Partido da Ordem, passam às articulações com os prussianos, preparando assim o desarme e o holocausto da classe operária. Por essa razão, o secretário da AIT escreve:

> Com o verdadeiro heroísmo da extrema auto-humilhação, o Governo de Defesa Nacional, em sua capitulação, revelou-se como o governo da França por prisioneiros de Bismarck – um papel tão ignóbil que o próprio Luís Bonaparte, em Sedan, recusara-se a aceitar. Após os eventos de 18 de março, em sua fuga alucinada para Versalhes, os *capitulards* [capituladores] deixaram nas mãos de Paris as evidências documentais de sua traição, e a fim de destruí-las, como afirma a Comuna em seu manifesto às províncias, "aqueles homens não hesitariam em fazer de Paris um monte de ruínas banhado por um mar de sangue".[16]

A capitulação, em verdade, verifica-se em 28 de janeiro de 1871, quando Jules Favre e o "chanceler de ferro", Otto von Bismarck, assinam, em Versalhes, o acordo do armistício e a capitulação de Paris. Para a resolução do impasse da trégua acordada, os prussianos exigem o pagamento de contribuição de guerra, o sítio e a entrega dos principais fortes da cidade de Paris, as armas do exército francês e a eleição de uma Assembleia Nacional. A guerra civil empuxada por esses *capituladores* ganha força com a eleição de Adolphe Thiers. Marx dedica algumas boas páginas de sua pesquisa sobre essas tristes figuras.

> Thiers, esse gnomo monstruoso, encantou a burguesia francesa por quase meio século por ser a expressão intelectual mais acabada de sua própria corrupção de classe. Antes de se tornar um estadista, ele já havia dado provas de seus poderes mentirosos como historiador. A crônica de sua vida pública é o relatório dos infortúnios da França.[17]

Ativo traiçoeiro, adido ao ministério de Luís Filipe na monarquia constitucional de 1830, anos depois participou da repressão aos operários da rua

---

[15] Ibidem, p. 49.
[16] Ibidem, p. 37.
[17] Ibidem, p. 38-9.

Apresentação

Transnonain, cujos corpos fuzilados foram retratados pelo pintor e caricaturista Daumier. Nas revoluções de 1848, tornou-se o mentor do Partido da Ordem, que congregava os ramos dinásticos e os proprietários. Mas seu principal papel estava reservado para o desfecho da Comuna de Paris. O ancião contrarrevolucionário, corrupto e inescrupuloso solicitara permissão a Bismarck para liberar os prisioneiros de Sedan e Metz, conseguindo, desse modo, que mais de 80 mil soldados adensassem as hostes de Versalhes. Deixou expresso aos prussianos que esse aumento no número de suas tropas era para uso exclusivo da repressão aos operários e operárias de Paris. Em fevereiro de 1871, é eleita a Assembleia Nacional francesa, reunida em Bordeaux, incluindo Louis Blanc e Victor Hugo, num total de 630 deputados, com maioria – cerca de 430 – monarquista. Daí o apelido "Assembleia dos Rurais". Concretiza-se o Tratado de Paz entre França e Alemanha – assinado por Thiers e Jules Favre e, do lado alemão, Bismarck e representantes dos sulistas alemães –, que determinava o pagamento de reparação de guerra no valor de 5 bilhões de francos –, a posse da Alsácia e da parte oriental de Lorena e o sítio de Paris.

O próximo passo era o massacre dos operários armados em Paris, que encontravam-se em estado desesperador, sofrendo com os horrores da fome, fruto de um cerco de cinco meses.

> Heroicamente, resolveu correr todos os riscos de uma resistência contra os conspiradores franceses, mesmo com o canhão prussiano a encará-la a partir de seus próprios fortes. Ainda assim, em sua aversão à guerra civil a que Paris estava para ser arrastada, o Comitê Central continuava a persistir em uma atitude meramente defensiva, apesar das provocações da assembléia, das usurpações do Executivo e da ameaçadora concentração de tropas em Paris e seus arredores.[18]

Na parte III de *A guerra civil na França*, assim como nos rascunhos que acompanham esta edição inédita, Marx detém-se em decretos, medidas, organização, realizações e equívocos da própria Comuna. O grito da emancipação – Viva a Comuna! Estamos aqui pela Humanidade! – ecoou em todos os cantos da cidade. Após a tentativa de tomada dos canhões de Montmartre pelas forças versalhesas, no dia 17 de março, que custou a vida dos generais Lecomte e Clément Thomas, a classe operária respondeu com a Comuna. "Os proletários de Paris", escreveu o Comitê Central no Manifesto de 18 de março, "compreenderam que é seu dever imperioso e seu direito absoluto tornar-se donos de seus próprios destinos, tomando o poder governamental". Todavia, os trabalhadores não consentiam reproduzir e preservar a mesma estrutura e lógica da dominação. Não se propuseram a assenhorear-se da

---

[18] Ibidem, p. 48.

maquinaria burocrático-militar "e dela servir-se para seus próprios fins"! Marx advertira Kugelmann de que a Comuna deveria quebrar essa maquinaria do despotismo de classe, pois "esta é a precondição de toda revolução popular efetiva no continente".

Ao historicizar as formas de poder na França, Marx não só demonstrou um profundo conhecimento histórico das lutas de classes e das suas expressões políticas, como as atribuiu a cada momento particular. É interessante notar como, com seu rigor característico, situa as transformações do poder de Estado, que vai modificando seu feitio até se configurar numa força pública para a escravização social dos proprietários. Após as jornadas sangrentas de junho de 1848 e, em dezembro, a eleição vencida por Luís Bonaparte, Marx demonstra que

> a forma mais apropriada para esse governo por ações era a República Parlamentar, com Luís Bonaparte como seu presidente. Um regime de confesso terrorismo de classe e de insulto deliberado contra a "multidão vil". Se a República Parlamentar, como dizia o senhor Thiers, era "a que menos as dividia" [as diversas frações da classe dominante], ela abria, por outro lado, um abismo entre essa classe e o corpo inteiro da sociedade situada fora de suas parcas fileiras.[19]

Engels determinava o bonapartismo como "a verdadeira religião da burguesia moderna". De acordo com Marx, o bonapartismo que regia o Segundo Império nascera por meio de um *coup d'état*, colocando-se acima das classes, convertendo-se numa "ditadura da espada sobre a sociedade civil".

Bastaria destacar algumas medidas voltadas à classe trabalhadora e adotadas pela Comuna para demonstrar seu alcance, tais como: supressão do trabalho noturno para padeiros diaristas; abolição, nas oficinas públicas e privadas, da jurisdição privada, que propiciava aos patrões a prática de multas e descontos a título de punição; a suspensão da venda de artigos penhorados na casa de penhores. Marx registra ainda ("Primeiro rascunho") um fato de suma importância: "Um grande número de oficinas e manufaturas foi fechado em Paris depois que seus proprietários fugiram". Fato que demonstra o "velho método dos capitalistas industriais". Todavia,

> a Comuna, muito sabiamente, formou uma comissão que, em cooperação com delegados escolhidos por diferentes ramos do comércio, investigará os meios de transferir as oficinas e as manufaturas abandonadas a sociedades cooperativas de trabalhadores, com alguma indenização para os desertores capitalistas.[20]

---

[19] Ibidem, p. 55.
[20] Ibidem, p. 116-7.

Apresentação

Outras medidas protegiam as mães e viúvas dos guardas nacionais, e as prostitutas públicas que viviam em condições de servidão pessoal foram "libertadas de sua escravidão degradante pela Comuna". No que tange à educação, ainda que não tivesse tempo de reorganizar a instrução pública, com a separação da Igreja de suas funções públicas, o orçamento religioso foi abolido, todas as propriedades clericais foram declaradas nacionais, o ensino tornou-se livre dos preconceitos religiosos. A Comuna "ordenou que todos os materiais didáticos, como livros, mapas, papel etc., fossem dados gratuitamente aos professores, que doravante passam a recebê-lo das respectivas *mairies* [prefeituras] às quais pertencem"[21]. Outras medidas, como a devolução do valor dos alugueis de casas referentes aos últimos três trimestres, foram ao encontro das necessidades não só da classe trabalhadora, mas também das classes médias. Dessa maneira, nenhuma ordem de cobrança da parte dos proprietários poderia ser efetuada. Também foi suspenso o pagamento de dívidas de letras de câmbio.

A Comuna foi uma *revolução contra o Estado*, ponto seguidamente reafirmado por Marx. Destruiu os órgãos que constituíam a máquina estatal, a saber, o exército, a polícia, o clero, a magistratura. "A antítese direta do Império era a Comuna", frisava.

> A Comuna era formada por conselheiros municipais escolhidos por sufrágio universal nos diversos distritos da cidade, responsáveis e com mandatos revogáveis a qualquer momento. A maioria de seus membros era naturalmente formada de operários ou representantes incontestáveis da classe operária. A Comuna devia ser não um corpo parlamentar, mas um órgão de trabalho, Executivo e Legislativo ao mesmo tempo.[22]

Marx considerava o Estado uma excrescência parasitária, uma usurpação das energias sociais.

> *A Comuna* – a reabsorção, pela sociedade, pelas próprias massas populares, do poder estatal como suas próprias forças vitais em vez de forças que a controlam e subjugam, constituindo sua própria força em vez da força organizada de sua supressão -, a forma política de sua emancipação social, no lugar da força artificial (apropriada por seus opressores) (sua própria força oposta a elas e organizadas contra elas) da sociedade erguida por seus inimigos para sua opressão. A forma era simples, como o são todas as coisas grandiosas.[23]

Enquanto o modelo político do Império era de natureza repressiva, a Comuna projetava transformar todos os grandes centros urbanos em comu-

---

[21] Ibidem, p. 117.
[22] Ibidem, p. 56-7.
[23] Ibidem, p. 129.

nas segundo o modelo de Paris. Ao contrário do estado bonapartista, a Comuna seria expansiva, na medida em que

> toda a França seria organizada em Comunas auto-operantes e autogovernadas, sendo o exército permanente substituído pelas milícias populares, o exército dos parasitas estatais removido, a hierarquia clerical dando lugar ao mestre-escola, o juiz estatal transformado em órgãos comunais, o sufrágio para a representação nacional deixando de ser um truque para um governo todo-poderoso e tornando-se a expressão deliberada das comunas organizadas, as funções estatais sendo reduzidas a algumas poucas funções para fins nacionais gerais.[24]

O revolucionário da AIT salienta, numa análise primorosa, o traço essencial da Comuna como forma política da emancipação social. Ela não supera a luta de classes, não abole o conjunto das classes,

> mas ela fornece o meio racional em que essa luta de classe pode percorrer suas diferentes fases de maneira mais racional e humana possível. Ela pode provocar violentas reações e revoluções igualmente violentas. Ela inaugura a *emancipação do trabalho* – seu grande objetivo – por um lado, ao remover a obra improdutiva e danosa dos parasitas estatais, cortando a fonte que sacrifica uma imensa porção da produção nacional para alimentar o monstro estatal, e, por outro lado, ao realizar o verdadeiro trabalho de administração, local e nacional, por salários de operários. Ela dá início, portanto, a uma imensa economia, a uma reforma econômica, assim como a uma transformação política.[25]

Os trabalhadores de Paris tentaram, também, de todas as formas resolver o fardo herdado do bonapartismo que penalizava o campesinato. A revolução comunal se apresentava como representante de todas as classes sociais que não viviam do trabalho de outrem. A classe média urbana cerrou suas fileiras na revolução comunal, constituindo a União Republicana, pois adquiriu inteira confiança nas soluções efetuadas pela Comuna.

Marx considerava que a república do Partido da Ordem, que agrupava todas as frações de usurpadores dos meios de vida, não era outra coisa do que "o terrorismo *anônimo* de todas as frações monárquicas, da coalizão dos legitimistas, orleanistas e bonapartistas" que visavam à restauração do Império. Em antítese direta, a "República Social", a *República assumidamente social*, era

> uma república que desapropria o capital e a classe dos proprietários rurais da máquina estatal para que esta seja assumida pela Comuna, que declara fran-

---

[24] Ibidem, p. 131.
[25] Ibidem, p. 131.

Apresentação

camente que a 'emancipação social' é o grande objetivo da república e, assim, garante essa transformação social pela organização comunal.[26]

O célebre trotskista Ernest Mandel, em harmonia com as críticas marxianas, ainda que acreditando numa forma de *Estado operário*, afirmou que

> A Comuna de Paris, apesar do pouco tempo de que dispôs e apesar da timidez de que os seus proudhonianos deram prova perante o Banco da França, inaugurou a *era da expropriação dos expropriadores* ao decretar a socialização das fábricas abandonadas pelos patrões e ao instaurar um regime de autogestão operária. (...) A Comuna de Paris abriu um novo capítulo na tradição do internacionalismo proletário, apesar da sua origem jacobino-nacional. Forneceu assim um primeiro exemplo do processo de *revolução permanente*. Sabe-se que escolheu como estandarte a bandeira vermelha, a da república universal do trabalho. Sabe-se também o prestigioso papel que no seu seio desempenharam revolucionários estrangeiros como Frankel e Dombrowski. Sabe-se menos que, sessenta e cinco anos antes da revolução espanhola de 1936, tinha inaugurado a tradição das *brigadas proletárias internacionais*, criando uma brigada belga e uma brigada franco-americana. Vários milhares de revolucionários e de trabalhadores estrangeiros combateram nas suas fileiras, visto que os versalheses aprisionaram durante a luta mais de 1700 dos chamados *estrangeiros*.[27]

Na hora presente, quando vários levantes irrompem na região do Magreb, no norte africano, em partes do Oriente Médio, há que se reconhecer a importância das rebeliões populares contra as ditaduras que se perpetuaram com o apoio das potências imperialistas. Autocracias que se apoiam na força militar, que por sua vez detém, com o mesmo autocrata, propriedades privadas, tornando-se acionistas das principais empresas desses países. Estranhos capitalistas com fardas militares! Mas há uma lacuna nesses expressivos movimentos sociais: a propositura da revolução social, das estruturas comunais e da autogestão dos produtores, a necessidade real de medidas que se objetivem na imediatidade das tarefas cotidianas, o controle social das propriedades tornadas sociais. A tarefa é imensa! A construção de uma nova Associação Internacional dos Trabalhadores, adequada aos dias de hoje, profundamente enraizada nos movimentos populares nucleados pela lógica onímoda do trabalho, com a arma do humanismo radical ancorada na filosofia de Marx, impõe-se como tarefa consciente dos revolucionários e revolucionárias em escala mundial.

março de 2011

---

[26] Ibidem, p. 137.
[27] Ernest Mandel, *Da Comuna a Maio de 1968* (Lisboa, Antídoto, 1979), p. 16-7.

PRIMEIRA MENSAGEM DO CONSELHO GERAL SOBRE A GUERRA FRANCO-PRUSSIANA

Aos Membros da Associação Internacional
dos Trabalhadores na Europa e nos Estados Unidos

Na mensagem inaugural da Associação Internacional dos Trabalhadores, de novembro de 1864, dizíamos:

> Se a emancipação das classes trabalhadoras exige sua confluência fraternal, como podem elas cumprir essa grande missão com uma política externa que busca objetivos criminosos, agindo com base em preconceitos nacionais e desperdiçando em guerras de pirataria o sangue e a riqueza do povo?

Definíamos nos seguintes termos a política externa reivindicada pela Internacional: "Exigir que as leis simples da moral e da justiça, que devem governar as relações dos indivíduos privados, sejam adotadas como as leis supremas das relações entre as nações".

Não é de admirar que Luís Bonaparte, que usurpou seu poder ao explorar a luta de classes na França e o perpetuou por meio de guerras periódicas no estrangeiro, tenha, desde o início, tratado a Internacional como um perigoso inimigo. Na véspera do plebiscito*, ele ordenou um ataque contra os membros do Comitê Administrativo da Associação Internacional dos Trabalhadores por toda a França, em Paris, Lyon, Rouen, Marselha, Brest etc., sob o pretexto de que a Internacional era uma sociedade secreta envolvida em um complô para seu assassinato, pretexto que, logo depois, foi exposto em sua total absurdidade por seus próprios juízes. Qual foi o verdadeiro crime das seções francesas da Internacional? Elas disseram ao povo francês, pública e enfaticamente, que votar o plebiscito era votar pelo despotismo no interior e pela guerra no estrangeiro. Foi uma obra dela, de fato, que em todas as grandes cidades, em todos os centros industriais da França, a classe trabalhadora

---

* O plebiscito foi convocado por Napoleão III em 7 de maio de 1870 e visava confirmar algumas mudanças liberais da Constituição pretendidas pelo governo, assim como armar um espetáculo de apoio popular ao Império. As seções da Internacional defenderam a abstenção do voto. (N. T.)

tenha se levantado como um só homem para rejeitar o plebiscito. Infelizmente, a balança foi inclinada pela pesada ignorância dos distritos rurais. As bolsas, os gabinetes, as classes dominantes e a imprensa da Europa celebraram o plebiscito como uma assinalada vitória do imperador francês sobre a classe trabalhadora francesa; e foi o sinal para o assassinato, não de um indivíduo, mas de nações.

A trama de guerra de julho de 1870 não foi senão uma edição emendada do *coup d'état** de dezembro de 1851. À primeira vista, a coisa pareceu tão absurda que a França não quis levá-la realmente a sério. Ela preferiu acreditar no deputado que denunciara as falas ministeriais sobre a guerra como uma mera manobra de especulação na Bolsa. Quando, em 15 de julho, a guerra foi enfim oficialmente anunciada ao *Corps législatif***, a oposição inteira recusou-se a votar os subsídios preliminares – mesmo Thiers a chamou de "detestável"; todos os jornais independentes de Paris a condenaram e, fato notável, a imprensa da província juntou-se a eles quase unanimemente.

Enquanto isso, os membros parisienses da Internacional puseram-se ao trabalho. No *Réveil* de 12 de julho, eles publicaram o seu manifesto "aos trabalhadores de todas as nações", do qual extraímos as passagens seguintes: "Uma vez mais", dizem eles,

> sob o pretexto do equilíbrio europeu, da honra nacional, a paz do mundo é ameaçada por ambições políticas. Trabalhadores da França, Alemanha, Espanha! Unamos nossas vozes em um só grito de reprovação contra a guerra! (...) A guerra por uma questão de preponderância ou de dinastia não pode, aos olhos dos trabalhadores, ser mais do que uma absurdidade criminosa. Em resposta às proclamações belicosas daqueles que isentam a si próprios do imposto de sangue e encontram nos infortúnios públicos uma fonte de novas especulações, nós protestamos, nós que queremos paz, trabalho e liberdade! (...) Irmãos da Alemanha! Nossa divisão resultaria apenas no completo triunfo do despotismo nos dois lados do Reno (...) Trabalhadores de todos os países! O que quer que nesse momento possa advir de nossos esforços em comum, nós, os membros da Associação Internacional dos Trabalhadores, que não conhecemos fronteiras, enviamos a vós, como um penhor de indissolúvel solidariedade, os melhores votos e as saudações dos trabalhadores da França.

Esse manifesto de nossa seção parisiense foi seguido por inúmeras mensagens francesas similares, das quais podemos citar, aqui, apenas a declaração de Neuilly-sur-Seine, publicada na *Marseillaise* de 22 de julho:

> A guerra é justa? Não! A guerra é nacional? Não! É meramente dinástica. Em nome da humanidade, da democracia e dos verdadeiros interesses da França,

---

* Golpe de Estado. (N. T.)
** Corpo legislativo. (N. T.)

aderimos completa e energicamente aos protestos da Internacional contra a guerra.

Esses protestos expressavam os sentimentos verdadeiros do povo trabalhador francês, como logo depois foi demonstrado por um curioso incidente. Quando o *Bando do 10 de dezembro*[1], organizado pela primeira vez sob a presidência de Luís Bonaparte, foi travestido em *blouses** e lançado às ruas de Paris para encenar as contorções da febre guerreira, os verdadeiros trabalhadores dos subúrbios surgiram com manifestações públicas pela paz tão arrebatadoras que Piétri, o prefeito [de polícia] de Paris, considerou mais prudente cancelar imediatamente todas as futuras políticas de rua, sob a alegação de que o verdadeiro povo de Paris já havia dado vazão suficiente ao seu contido patriotismo e ao seu exuberante entusiasmo bélico.

Seja qual for o desenrolar da guerra de Luís Bonaparte com a Prússia, o dobre fúnebre do Segundo Império já soou em Paris. O Império terminará como começou, por uma paródia. Mas não nos esqueçamos de que foram os governos e as classes dominantes da Europa que permitiram a Luís Bonaparte encenar por dezoito anos a farsa feroz do *Império Restaurado*.

Do lado alemão, a guerra é uma guerra de defesa; mas quem pôs a Alemanha na necessidade de se defender? Quem criou as condições para que Luís Bonaparte travasse a guerra contra ela? *A Prússia*! Foi Bismarck quem conspirou com aquele mesmo Luís Bonaparte a fim de esmagar internamente a oposição popular e anexar a Alemanha à dinastia Hohenzollern. Tivesse a batalha de Sadowa sido perdida ao invés de vencida, os batalhões franceses teriam inundado a Alemanha como aliados da Prússia. Após sua vitória, chegou a Prússia a cogitar, por um só momento, em opor uma Alemanha livre a uma França escravizada? Justamente o contrário. Enquanto preservavam cuidadosamente todas as belezas nativas do seu velho sistema, ela lhe adicionou todos os truques do Segundo Império, seu verdadeiro despotismo e seu democratismo de fachada, seus ilusionismos políticos e seus embustes financeiros, sua fraseologia altaneira e suas prestidigitações rasteiras. O regime bonapartista, que até então só florescera de um lado do Reno, tinha agora a sua imitação do outro lado. De tal estado de coisas, o que poderia resultar senão a *guerra*?

Se a classe trabalhadora alemã permitir que a guerra atual perca seu caráter estritamente defensivo e degenere em uma guerra contra o povo francês, a vitória ou a derrota se mostrarão igualmente desastrosas. Todas as

---

[1] Em 10 de dezembro de 1848, Luís Bonaparte, sobrinho de Napoleão I, foi eleito presidente da Segunda República com a maioria dos votos. Um forte apoio lhe foi dado, depois das eleições, por uma sociedade secreta bonapartista à qual Marx se refere como "Bando do 10 de dezembro". (N. E. A.)

* Jalecos (uniformes de trabalho). (N. T.)

misérias que se abateram sobre a Alemanha após suas guerras de independência renascerão com uma intensidade acumulada.

Porém, os princípios da Internacional estão largamente disseminados e muito firmemente enraizados no interior da classe trabalhadora alemã para que se conjeture um desfecho tão triste. As vozes dos trabalhadores franceses ecoaram na Alemanha. Uma reunião massiva de trabalhadores, ocorrida em Brunswick em 16 de julho, expressou seu pleno acordo com o manifesto de Paris, rechaçou a ideia de um antagonismo nacional contra a França e rematou suas resoluções com estas palavras:

> Somos os inimigos de todas as guerras, mas acima de tudo das guerras dinásticas. (...) Com uma tristeza e uma dor profundas, temos de suportar uma guerra defensiva como um mal inevitável; mas conclamamos, ao mesmo tempo, a classe trabalhadora alemã inteira a tornar impossível o retorno de tamanha desgraça social, reivindicando para os próprios povos o poder de decidir sobre a paz e a guerra e tornando-os, assim, senhores de seus próprios destinos.

Em Chemnitz, uma reunião de delegados, representando 50 mil trabalhadores saxões, adotou por unanimidade a seguinte resolução:

> Em nome da democracia alemã, e especialmente dos trabalhadores que constituem o partido social-democrata, declaramos a guerra atual como uma guerra exclusivamente dinástica (...) Estamos felizes em apertar a mão fraternal a nós estendida pelos trabalhadores da França (...) Atentos à palavra de ordem da Associação Internacional dos Trabalhadores: *Proletários de todos os países, uni-vos,* não devemos nunca nos esquecer de que os trabalhadores de *todos* os países são nossos *amigos* e que os déspotas de *todos* os países são nossos *inimigos*.

A seção berlinense da Internacional também respondeu ao manifesto de Paris: "Apoiamos de corpo e alma o vosso protesto. (...) Solenemente prometemos que nem o toque dos clarins, nem o rugir do canhão, nem a vitória nem a derrota nos desviará de nosso trabalho comum pela união dos filhos do labor* de todos os países."

Que assim seja!

No pano de fundo dessa peleja suicida, deixa-se entrever a figura sinistra da Rússia. É um sinal funesto que o chamado para a guerra presente tenha sido dado no exato momento em que o governo moscovita concluíra suas estratégicas ferrovias e já começa a concentrar tropas em direção ao Prut**. Quaisquer que sejam os sentimentos de aprovação a que os alemães possam justamente pretender em uma guerra defensiva contra a agressão bonapar-

---

* No original, *children of toil*. (N. T.)
** O rio Prut, que percorre parte da fronteira entre a Romênia e a Rússia. (N. T.)

tista, eles os perderiam tão logo permitissem ao governo prussiano apelar aos cossacos ou deles aceitar ajuda. Que eles recordem que, depois de sua guerra de independência contra o primeiro Napoleão, a Alemanha permaneceu por várias gerações prostrada aos pés do tsar.

A classe operária inglesa estende uma mão fraternal aos povos trabalhadores da França e da Alemanha. Ela está profundamente convencida de que, seja qual for o desenrolar da horrível guerra que se anuncia, a aliança das classes trabalhadoras de todos os países acabará por matar a guerra. O próprio fato de que, enquanto a França e a Alemanha oficiais se precipitam em uma luta fratricida, os trabalhadores da França e da Alemanha trocam mensagens de paz e de amizade; esse fato grandioso, sem paralelo na história do passado, abre a perspectiva de um futuro mais luminoso. Ele prova que, em contraste com a velha sociedade, com suas misérias econômicas e seu delírio político, uma nova sociedade está a desabrochar, uma sociedade cuja regra internacional será a *paz*, porque em cada nação governará o mesmo princípio – *o trabalho*! A pioneira dessa nova sociedade é a Associação Internacional dos Trabalhadores.

CONSELHO GERAL

Robert Applegarth, Martin J. Boon, Fred. Bradnick, Cowell Stepney, John Hales, William Hales, George Harris, Fred. Lessner, Legreulier, W. Lintern, Zévy Maurice, George Milner, Thomas Mottershead, Charles Murray, George Odger, James Parnell, Pfänder, Rühl, Joseph Shepherd, Stoll, Schmitz, W. Townshend.

SECRETÁRIOS-CORRESPONDENTES

Eugène Dupont, *França*
Karl Marx, *Alemanha*
A. Serraillier, *Bélgica, Holanda e Espanha*
Hermann Jung, *Suíça*

Giovanni Bora, *Itália*
Antoni Zabicki, *Polônia*
James Cohen, *Dinamarca*
J. G. Eccarius, *Estados Unidos da América*

Benjamin Lucraft, *presidente*
John Weston, *tesoureiro*
J. Georg Eccarius, *secretário-geral*

Escritório: High Holborn, 256, Londres

Londres, 23 de julho de 1870

"A Comuna era formada por conselheiros municipais, escolhidos por sufrágio universal nos diversos distritos da cidade, responsáveis e com mandatos revogáveis a qualquer momento. Dos membros da Comuna até os postos inferiores, o serviço público tinha de ser remunerado com *salários de operários*." (p. 56-7)

SEGUNDA MENSAGEM DO CONSELHO GERAL SOBRE A GUERRA FRANCO-PRUSSIANA

Aos Membros da Associação Internacional dos Trabalhadores na Europa e nos Estados Unidos

Em nosso primeiro manifesto, de 23 de julho, dizíamos:

> O dobre fúnebre do Segundo Império já soou em Paris. O Império terminará como começou, por uma paródia. Mas não nos esqueçamos de que foram os governos e as classes dominantes da Europa que permitiram a Luís Bonaparte encenar por dezoito anos a farsa feroz do *Império Restaurado*.

Assim, mesmo antes de as atuais operações de guerra terem começado, já tratávamos o devaneio bonapartista como uma coisa do passado.

Se não nos enganávamos quanto à vitalidade do Segundo Império, tampouco estávamos errados em nosso temor de que a guerra alemã pudesse "perder seu caráter estritamente defensivo e degenerar em uma guerra contra o povo francês". A guerra defensiva terminou, de fato, com a rendição de Luís Bonaparte, a capitulação de Sedan e a proclamação da República em Paris. Mas muito antes desses eventos, no momento mesmo em que a podridão profunda dos exércitos imperiais tornou-se evidente, a camarilha militar prussiana optou pela conquista. Mas havia um desagradável obstáculo em seu caminho – *as próprias declarações do rei Guilherme no início da guerra*. Em um discurso do trono à Dieta da Alemanha do Norte, ele havia declarado solenemente que a guerra era contra o imperador dos franceses e não contra o povo francês. Em 11 de agosto, ele lançara um manifesto à nação francesa, em que dizia: "Porque o imperador Napoleão atacou por terra e mar a nação alemã, que desejava e ainda deseja viver em paz com o povo francês, eu assumi, *para repelir essa agressão*, o comando dos exércitos alemães e fui levado *pelos acontecimentos militares a cruzar as fronteiras da França*". Não contente em afirmar o caráter defensivo da guerra pela declaração de que apenas assumira o comando dos exércitos alemães *"para repelir a agressão"*, acrescentou que só cruzava as fronteiras da França "levado pelos acontecimentos militares". Uma guerra defensiva não exclui, está claro, operações ofensivas, ditadas por "acontecimentos militares".

Assim, esse rei piedoso comprometeu-se perante a França e o mundo a uma guerra estritamente defensiva. Como libertá-lo desse compromisso solene? Os diretores de cena tinham de exibi-lo a ceder relutantemente à exigência indeclinável da nação alemã. Bastou que eles dessem um sinal à classe média alemã liberal, com seus professores, seus capitalistas, seus vereadores e seus escrevinhadores. Aquela classe média, que em suas lutas por liberdade civil protagonizara, de 1846 a 1870, um espetáculo sem precedente de irresolução, incapacidade e covardia, sentiu, é claro, um extremo deleite em dominar a cena europeia como o ruidoso leão do patriotismo alemão[1]. Ela reivindicou sua independência civil simulando impor ao governo prussiano os desígnios secretos daquele mesmo governo. Ela se penitencia por sua duradoura, e quase religiosa, fé na infalibilidade de Luís Bonaparte clamando pelo desmembramento da República Francesa. Escutemos, por um momento, as excelentes razões desses bravos patriotas!

Eles não ousam afirmar que o povo da Alsácia e da Lorena anseia pelo abraço alemão; muito pelo contrário. A fim de punir o seu patriotismo francês, a cidade de Estrasburgo – comandada por uma fortaleza independente em seu interior – foi brutal e barbaramente bombardeada, durante seis dias, por granadas "alemãs" que a incendiaram totalmente e mataram um grande número de seus indefesos habitantes! Ora, o solo dessas províncias pertenceu, em um passado remoto, ao antigo Império Alemão. Sendo assim, o solo e os seres humanos que sobre ele cresceram devem ser confiscados como propriedade alemã imprescritível. Se o mapa da Europa tiver de ser refeito com esse espírito de antiquário, não poderemos de modo algum nos esquecer que o Eleitor de Brandemburgo, pelos seus domínios prussianos, era o vassalo da República Polonesa[2].

Os sabichões patriotas, entretanto, exigem a Alsácia e a parte germanófona da Lorena como uma "garantia material" contra a agressão francesa. Porque esse argumento desprezível tem desnorteado muita gente de cabeça fraca, somos forçados a entrar nessa questão mais profundamente.

Não resta dúvida de que a configuração geral da Alsácia, comparada com a margem oposta do Reno, e a presença de uma grande cidade fortificada como Estrasburgo, praticamente a meio-caminho entre Basel e Germersheim, favorecem muito uma invasão francesa do sul da Alemanha, ao passo que oferecem dificuldades especiais à invasão da França a partir do sul da Alemanha. Além disso, é evidente que a anexação da Alsácia e da Lorena ger-

---

[1] A exigência por uma anexação da Alsácia e parte da Lorena já se encontrava consideravelmente propagada na opinião pública alemã em agosto de 1870, principalmente por obra do historiador Heinrich von Treitschke. (N. E. A.)
[2] O Ducado da Prússia, que desde 1618 fora regido em união pessoal com o Eleitorado de Brandemburgo, obteve em 1657 sua soberania, separando-se da "República Aristocrática" da Polônia. (N. E. A.)

manófona daria ao sul da Alemanha uma fronteira muito mais forte, sem contar que ela teria, então, o domínio das cumeadas dos Vosges em toda a sua extensão e também das fortalezas que cobrem suas passagens setentrionais. Se Metz também fosse anexada, a França seria certamente privada, por um momento, de suas duas principais bases de operação contra a Alemanha, mas isso não a impediria de construir uma nova base em Nancy ou Verdun. Enquanto que a Alemanha possui Coblença, Mainz, Germersheim, Rastatt e Ulm, todas bases de operação contra a França, e fez pleno uso dessas bases nessa guerra, com que demonstração de *fair play* ela pode invejar a França por Estrasburgo e Metz, as duas únicas fortalezas de alguma importância que esta nação detém daquele lado? Além do mais, Estrasburgo só representa uma ameaça para o sul da Alemanha enquanto o sul da Alemanha for um poder separado da Alemanha do norte. De 1792 a 1795, o sul da Alemanha jamais foi invadido partindo-se dessa direção, pois a Prússia encontrava-se engajada na guerra contra a Revolução Francesa; mas assim que a Prússia retirou-se da guerra unilateralmente, em 1795[3], e deixou o sul por sua própria conta, iniciaram-se as invasões do sul da Alemanha, tendo Estrasburgo como base, e essas invasões continuaram até 1809. O fato é que uma Alemanha *unida* pode sempre neutralizar Estrasburgo e qualquer outro exército francês mediante a concentração de todas as suas tropas, tal como foi feito na guerra atual, entre Saarlouis e Landau, e avançando ou dispondo-se à batalha na linha da estrada entre Mainz e Metz. Enquanto a massa das tropas alemãs estivesse lá estacionada, todo exército francês avançando de Estrasburgo em direção ao sul da Alemanha estaria flanqueado e teria sua comunicação ameaçada. Se a presente campanha provou alguma coisa, foi a facilidade de invadir a França a partir da Alemanha.

Mas, sinceramente, não é uma completa absurdidade e um anacronismo fazer das considerações militares o princípio pelo qual as fronteiras das nações devem ser fixadas? Se essa regra imperasse, a Áustria ainda teria direito a Veneza e à linha do Mincio, e a França à linha do Reno, a fim de proteger Paris, que certamente está mais aberta para um ataque a partir do nordeste do que Berlim a partir do sudoeste. Se os limites tiverem de ser fixados por interesses militares, as reclamações não terão fim, pois toda linha militar é necessariamente defeituosa e pode ser melhorada pela anexação de uma porção adicional do território circundante; e, além disso, limites jamais podem ser fixados de modo definitivo e justo, pois têm sempre de ser impostos ao conquistado pelo conquistador e, por conseguinte, carregam consigo a semente de novas guerras.

---

[3] Com a Paz de Basel, em 1795, França e Prússia encerraram suas hostilidades na Guerra da Primeira Coalizão (1792-1797), que ainda continuaria por mais dois anos. (N. E. A.)

Tal é a lição de toda a história. É assim com as nações, do mesmo modo que com os indivíduos. Para privá-las do poder de ataque, temos de privá-las dos meios de defesa. Temos não apenas de estrangular, mas assassinar. Se todo conquistador sempre precisou de "garantias materiais" para romper os nervos de uma nação, o primeiro Napoleão o fez mediante o Tratado de Tilsit[4] e pelo modo como ele o executou contra a Prússia e o restante da Alemanha. Porém, poucos anos depois, seu poder gigantesco rachou como cana podre por sobre o povo alemão. O que são as "garantias materiais" que a Prússia, em seus sonhos mais ferozes, pode ou ousa impor à França, comparadas às "garantias materiais" que o primeiro Napoleão arrancara da própria Prússia? O resultado disso não será pouco desastroso. A história medirá a retribuição prussiana não pela intensidade das milhas quadradas conquistadas da França, mas pela intensidade do crime de reavivar, na segunda metade do século XIX, *a política de conquista!*

Mas, dizem os porta-vozes do patriotismo teutônico, não se deve confundir alemães com franceses. O que *nós* queremos é não a glória, mas segurança. Os alemães são um povo essencialmente pacífico. Sob sua sóbria tutela, a própria conquista transforma-se de uma condição da guerra futura em uma garantia de paz perpétua. É claro, não foram os alemães que invadiram a França em 1792, pelo motivo sublime de suprimir com suas baionetas a revolução do século XVIII. Não foram os alemães que sujaram suas mãos na subjugação da Itália, nas opressões da Hungria e no desmembramento da Polônia. Seu atual sistema militar, que divide o corpo inteiro da população masculina capaz em duas partes – uma servindo ao exército na ativa, a outra servindo ao exército na reserva, ambas igualmente mantidas em obediência passiva aos chefes por direito divino –, um tal sistema militar, está claro, é "uma garantia material" para a manutenção da paz e a meta última das tendências civilizadoras! Na Alemanha, como em qualquer outro lugar, cabe aos sicofantas dos poderes assegurar que a mentalidade popular seja envenenada pelo incenso da jactância mendaz.

Indignados como fingem estar ao vislumbrar as fortalezas francesas em Metz e Estrasburgo, esses patriotas alemães não veem nenhum perigo no vasto sistema de fortificações moscovitas em Varsóvia, Modlin e Ivangorod. Enquanto fitam os terrores da invasão imperialista, flertam com a infâmia da tutela autocrática.

Assim como, em 1865, promessas foram trocadas entre Luís Bonaparte e Bismarck, assim também, em 1870, promessas foram trocadas entre Gortchakov e Bismarck. Assim como Luís Bonaparte gabou-se de que a guerra de 1866, que resultou na exaustão comum da Áustria e da Prússia, faria dele o árbitro

---

[4] Com a Paz de Tilsit, em 1807, assinada pelo imperador Napoleão I, pelo tsar Alexandre I da Rússia e pelo rei Frederico Guilherme III da Prússia, encerrava-se a Guerra da Quarta Coalizão (1806-1807). (N. E. A.)

A guerra civil na França

supremo da Alemanha, assim também Alexandre gabou-se de que a guerra de 1870, que resultou na exaustão comum da Alemanha e da França, faria dele o árbitro supremo do continente ocidental. Assim como o Segundo Império considerou a Confederação Alemã do Norte incompatível com sua existência, assim também a autocrática Rússia deve considerar-se ameaçada por um império alemão sob a liderança prussiana. Tal é a lei do velho sistema político. De acordo com ela, o ganho de um estado implica a perda de outro. A influência suprema do tsar sobre a Europa tem raízes em seu tradicional predomínio sobre a Alemanha. Em um momento em que na própria Rússia agitações sociais vulcânicas ameaçam estremecer a base própria da autocracia, poderá o tsar dar-se ao luxo de tal perda de prestígio estrangeiro? Os jornais moscovitas já repetem a linguagem dos jornais bonapartistas da guerra de 1866. Será que os patriotas teutônicos realmente acreditam que a paz e a liberdade serão garantidas à Alemanha desse modo, isto é, jogando a França nos braços da Rússia? Se o êxito de suas armas, a arrogância do sucesso e a intriga dinástica conduzirem a Alemanha à espoliação do território francês, então a ela só restarão dois caminhos. Ou terá de converter-se a todo custo no instrumento *confesso* da expansão russa, ou, após uma breve trégua, preparar-se para outra guerra "defensiva", não uma dessas guerras "localizadas" de novo tipo, mas uma guerra de *raças* – uma guerra contra as raças eslava e romana aliadas.

A classe trabalhadora alemã apoiou firmemente a guerra, a qual não estava em seu poder evitar, como uma guerra pela independência alemã e pela liberação da França e da Europa daquele pestilento pesadelo, o Segundo Império. Foram os operários alemães que, juntamente com os trabalhadores rurais, forneceram os tendões e os músculos das hostes heroicas, deixando para trás suas famílias semimortas de fome. Dizimados pelas batalhas no estrangeiro, em casa eles serão novamente dizimados pela miséria. Agora chegou a sua vez de tomar a frente e exigir "garantias" – garantias de que seus imensos sacrifícios não foram em vão, de que eles conquistaram a liberdade, de que a vitória sobre os exércitos imperiais não será, como em 1815, transformada na derrota do povo alemão; e como primeira dessas garantias, reclamam uma *paz honrosa para a França* e o *reconhecimento da República Francesa*.

O Comitê Central do Partido Trabalhista Social-Democrata da Alemanha lançou, em 5 de setembro, um manifesto, insistindo energicamente nessas garantias. "Nós protestamos", dizem eles,

> contra a anexação da Alsácia e da Lorena. E estamos conscientes de que falamos em nome da classe trabalhadora alemã. No interesse comum da França e da Alemanha, no interesse da civilização ocidental contra a barbárie oriental, os operários alemães não tolerarão pacientemente a anexação da Alsácia e da Lorena. (...) Estamos fielmente ao lado de nossos companheiros operários, em todos os países, para a internacional causa comum do proletariado!

Infelizmente, não podemos ser muito otimistas de seu sucesso imediato. Se os operários franceses fracassaram em deter o agressor em tempos de paz, estarão os operários alemães em melhores condições de deter o vencedor em meio ao clamor das armas? O manifesto dos operários alemães exige a extradição de Luís Bonaparte, como um criminoso comum, para a República francesa. Seus governantes já estão, ao contrário, tentando de todas as formas restaurá-lo nas Tulherias como o melhor homem para arruinar a França. Seja como for, a história provará que a classe trabalhadora alemã não é feita do mesmo material maleável da classe média alemã. Eles cumprirão o seu dever.

Assim como eles, nós saudamos o advento da República na França, mas ao mesmo tempo trabalhamos com suspeitas que, assim esperamos, provar-se-ão infundadas. Essa República não subverteu o trono, mas apenas tomou o seu lugar, que havia vacado. Ela foi proclamada não como uma conquista social, mas como uma medida nacional de defesa. Ela está nas mãos de um Governo Provisório composto, em parte, por notórios orleanistas, em parte por republicanos da classe média, sobre alguns dos quais a Insurreição de Junho de 1848 deixou seu indelével estigma. A divisão do trabalho entre os membros desse governo parece desconfortável. Os orleanistas apoderaram-se dos baluartes do exército e da polícia, enquanto aos republicanos confessos couberam os departamentos de discursos. Algumas de suas primeiras ações demonstram que eles herdaram do império não apenas ruínas, mas também seu pavor da classe trabalhadora. Se impossibilidades eventuais são prometidas em nome da República com uma fraseologia feroz, isso não se dá com vistas a preparar o alarido por um governo "possível"? Não está a República, por parte de muitos de seus agentes da classe média, destinada a servir como um mero tampão e uma ponte para uma restauração orleanista?

A classe trabalhadora francesa se move, portanto, sob circunstâncias de extrema dificuldade. Qualquer tentativa de prejudicar o novo governo na presente crise, quando o inimigo está prestes a bater às portas de Paris, seria uma loucura desesperada. Os operários franceses devem cumprir seus deveres como cidadãos, mas, ao mesmo tempo, não se devem deixar dominar pelos *souvenirs* nacionais do Primeiro Império. Eles não têm de recapitular o passado, mas sim edificar o futuro. Que eles aperfeiçoem, calma e decididamente, as oportunidades da liberdade republicana para a obra de sua própria organização de classe. Isso lhes dotará de novos poderes hercúleos para a regeneração da França e para nossa tarefa comum – a emancipação do trabalho. De seus esforços e sabedoria depende o destino da República.

Os operários ingleses já tomaram medidas para superar, mediante uma saudável pressão, a relutância de seu governo em reconhecer a República francesa. A atual dilação do governo britânico é provavelmente sinal de penitência pela guerra antijacobina[5] e a anterior pressa indecente em sancionar o *coup d'état*. Os operários ingleses exigem de seu governo que ele se oponha com todo o seu poder ao desmembramento da França, desmembramento ao qual uma parte da imprensa inglesa é desavergonhada o suficiente para demonstrar seu apoio ululante. É a mesma imprensa que, por vinte anos, endeusou Luís Bonaparte como a providência da Europa, que aclamou freneticamente a rebelião dos escravocratas. Agora, como antes, eles trabalham servilmente para os escravocratas.

Que as seções da *Associação Internacional dos Trabalhadores* em cada país possam estimular as classes trabalhadoras à ação. Se abdicarem de seu dever, se permanecerem passivas, a terrível guerra atual será apenas o prenúncio de conflitos internacionais ainda mais mortíferos e conduzirá em todos os países a um renovado triunfo sobre os operários pelos senhores da espada, da terra e do capital.

Vive la République!*

CONSELHO GERAL

Robert Applegarth, Martin J. Boon, Fred. Bradnick, Caihil, John Hales, William Hales, George Harris, Fred. Lessner, Lopatin, B. Lucraft, George Milner, Thomas Mottershead, Charles Murray, George Odger, James Parnell, Pfänder, Rühl, Joseph Shepherd, Cowell Stepney, Stoll, Schmutz

SECRETÁRIOS-CORRESPONDENTES

Eugène Dupont, *França*　　　　　Giovanni Bora, *Itália*
Hermann Jung, *Suíça, Holanda e Espanha*　　Zévy Maurice, *Hungria*
A. Serraillier, *Bélgica*　　　　　Anton Zabicki, *Polônia*
Karl Marx, *Alemanha e Rússia*　　James Cohen, *Dinamarca*
　　　　　　　　　　　　　　　J. G. Eccarius, *Estados Unidos*

William Townshend, *presidente*
John Weston, *tesoureiro*
J. Georg Eccarius, *secretário-geral*

Escritório: High Holborn, 256, Londres

Londres, 9 de setembro de 1870

---

[5] Referência à Guerra da Primeira Coalizão (1792-1797). (N. E. A.)
* "Viva a República!" (N. T.)

"As cocotes seguiram o rastro de seus protetores, os fugitivos homens de família, de religião e, acima de tudo, de propriedade." (p. 66)

A GUERRA CIVIL NA FRANÇA

Mensagem do Conselho Geral da
Associação Internacional dos Trabalhadores

*A todos os membros da Associação
na Europa e nos Estados Unidos*

I

Em 4 de setembro de 1870, quando os operários de Paris proclamaram a República, que, sem uma única voz contrária, foi quase instantaneamente aclamada por toda a França, uma conspiração de advogados arrivistas, tendo em Thiers seu estadista e em Trochu seu general, apoderou-se do Hôtel de Ville*. Naquele momento, eles estavam imbuídos com uma fé tão fanática na missão de Paris de representar a França em todas as épocas de crise histórica que, a fim de legitimar seus títulos usurpados como governantes da França, acharam plenamente suficiente apresentar seus mandatos caducos como representantes de Paris. Em nossa segunda mensagem sobre a guerra, cinco dias após a ascensão desses homens, informamos quem eles eram. Porém, na agitação da surpresa, com os verdadeiros líderes da classe trabalhadora ainda calados nas prisões bonapartistas e com os prussianos já marchando sobre Paris, esta cidade suportou pacientemente sua usurpação do poder, com a condição expressa de que ele seria exercido com o único propósito da defesa nacional. Paris não podia ser defendida sem armar sua classe trabalhadora, organizando-a em uma força efetiva e treinando suas fileiras na própria guerra. Mas Paris armada era a revolução armada. Uma vitória de Paris sobre o agressor prussiano teria sido uma vitória dos operários franceses sobre o capitalista francês e seus parasitas estatais. Neste conflito entre dever nacional e interesse de classe, o Governo de Defesa Nacional não hesitou um momento em transformar-se em um Governo de Defecção Nacional.

O primeiro passo que eles deram foi despachar Thiers em uma turnê errante por todas as cortes da Europa, a fim de implorar por uma mediação, oferecendo a permuta de uma república por um rei. Quatro meses após o início do cerco, quando eles pensavam ser o momento oportuno para quebrar

---

* Câmara municipal. (N. T.)

a primeira palavra de capitulação, Trochu, na presença de Jules Favre e de outros colegas, dirigiu-se à assembleia dos prefeitos de Paris nestes termos:

> A primeira pergunta dirigida a mim por meus colegas na noite de 4 de setembro foi a seguinte: poderá Paris resistir, com alguma chance de sucesso, a um assédio do exército prussiano? Não hesitei em responder negativamente. Alguns de meus colegas aqui presentes irão confirmar a veracidade dessas palavras e a persistência de minha opinião. Expliquei a eles, nesses mesmos termos, que, sob o estado de coisas reinante, a tentativa de Paris de resistir a um cerco contra o exército prussiano seria uma sandice. Sem dúvida, acrescentei, seria uma sandice heroica, mas nada além disso... Os eventos (promovidos por ele mesmo) não desmentiram minha previsão.*

Esse pequeno belo discurso de Trochu foi posteriormente publicado pelo sr. Carbon, um dos prefeitos presentes.

Assim, na própria noite da proclamação da República, o "plano" de Trochu era conhecido por seus colegas e consistia na capitulação de Paris. Se a defesa nacional foi mais do que um pretexto para o governo pessoal de Thiers, Favre e companhia, os presunçosos de 4 de setembro teriam abdicado no dia 5 – teriam instruído a população de Paris sobre o "plano" de Trochu e dado a ordem para que ela se rendesse imediatamente, ou para que tomasse seu próprio destino em mãos. Em vez disso, os infames impostores resolveram curar a heroica loucura de Paris com um regime de escassez e porrete, enquanto ludibriavam o povo bramindo manifestos assegurando que Trochu, "o governador de Paris, jamais capitulará", e que Jules Favre, o ministro do Exterior, "não cederá um palmo de nosso território, nem uma pedra de nossas fortificações". Em uma carta a Gambetta, esse mesmo Jules Favre confessava que eles estavam a se "defender" não dos soldados prussianos, mas dos operários de Paris. Durante todo o cerco, os degoladores bonapartistas, a quem Trochu havia sabiamente conferido o comando do exército de Paris, trocavam, em sua correspondência íntima, anedotas cínicas sobre a evidente farsa da defesa. (Ver, por exemplo, a correspondência de Alphonse Simon Guiod, comandante supremo da artilharia do Exército de Defesa de Paris e Grã-Cruz da Legião de Honra, com Suzanne, general da divisão de artilharia, publicada pelo *Journal Officiel* da Comuna[1]). A máscara do verdadeiro he-

---

* Parênteses de Marx. (N. T.)

[1] Trata-se da carta de Alphonse Simon Guiod a Louis Suzanne, datada de 12 de dezembro de 1870 e publicada no *Journal Officiel de la République Française* em 25 de abril de 1871: "Meu querido Suzanne,
Não encontrei, entre tantos jovens auxiliares, o teu protegido Hetzel, mas apenas um Sr. Hessel. É deste mesmo que se trata? Diz-me francamente o que desejas, e eu o farei. Eu poderia levá-lo a meu estado-maior, onde ele se entediará por não ter nada a fazer, ou então enviá-lo ao Mont-Valérien, onde correrá menos perigo do que em Paris (isso

roísmo caiu, enfim, em 28 de janeiro de 1871[2]. Com o verdadeiro heroísmo da extrema auto-humilhação, o Governo de Defesa Nacional, em sua capitulação, revelou-se como o governo da França por prisioneiros de Bismarck – um papel tão ignóbil que o próprio Luís Bonaparte, em Sedan, recusara-se a aceitar. Após os eventos de 18 de março, em sua fuga alucinada para Versalhes, os *capitulards** deixaram nas mãos de Paris as evidências documentais de sua traição, e a fim de destruí-las, como afirma a Comuna em seu manifesto às províncias, "aqueles homens não hesitariam em fazer de Paris um monte de ruínas banhado por um mar de sangue".

Alguns dos principais membros do Governo de Defesa tinham, além disso, razões bastante peculiares para desejar ardentemente tal desfecho.

Pouco tempo após a conclusão do armistício, o senhor Millière, então um dos representantes de Paris na Assembleia Nacional, agora já fuzilado por ordens expressas de Jules Favre, publicou uma série de documentos legais autênticos como prova de que Jules Favre, vivendo em concubinato com a mulher de um bêbado residente em Argel[3], havia, mediante as mais ousadas falsificações ao longo de muitos anos, conseguido se apoderar em nome dos filhos de seu adultério de uma enorme herança que o fez um homem rico, e que, em um processo movido pelos herdeiros legítimos, só escapou ao escândalo pela conivência dos tribunais bonapartistas. Como esses áridos documentos legais não se deixam remover por nenhuma quantidade de esforço retórico, Jules Favre, pela primeira vez em sua vida, segurou sua língua, aguardando em silêncio a deflagração da guerra civil, a fim de, então, denunciar freneticamente o povo de Paris como um bando de desertores em extrema revolta contra a família, a religião, a ordem e a propriedade. Esse mesmo falsificador, mal havia assumido o poder, após 4 de setembro, e já devolvia compassivamente à sociedade Pic e Taillefer, condenados, ainda

---

para os pais) e terá o ar de quem dispara o canhão, pois disparará o canhão para o ar, segundo o método Natal. Trata de te desabotoar: a boca, bem entendido.
Saudações, Guiod." (N. E. A.)

[2] Em 28 de janeiro de 1871, Otto von Bismarck e Jules Favre assinaram em Versalhes o acordo sobre o armistício e a capitulação de Paris. O pacto entrou em vigor em 28 de janeiro, em Paris, e em 31 de janeiro, nos departamentos. O governo francês aceitava, no acordo, as seguintes exigências da Prússia: pagamento de uma contribuição de guerra no valor de 200 milhões de francos no prazo de duas semanas; entrega da maior parte dos fortes de Paris; cessão da artilharia e do material de guerra do exército de Paris aos oficiais alemães; eleição, o mais breve possível, de uma Assembleia Nacional, à qual caberia decidir entre a continuidade da guerra e o estabelecimento de um tratado de paz. (N. E. A.)

* Capituladores ou acusadores. (N. T.)

[3] Trata-se de Jeanne Charmont, que desde o início dos anos 1840 vivia separada de seu marido, Vernier. (N. E. A.)

sob o império, por falsificação no escandaloso caso "Étendard"⁴. Um desses homens, Taillefer, tendo ousado retornar a Paris sob a Comuna, foi imediatamente recolocado na prisão; e então Jules Favre exclamou da tribuna da Assembleia Nacional que Paris estava libertando todos os seus presidiários!

Ernest Picard, o Joe Miller do Governo de Defesa Nacional, que nomeou a si mesmo ministro da Fazenda da República depois de ter se esforçado em vão para tornar-se ministro do Império, é o irmão de um certo Arthur Picard, um sujeito expulso da *Bourse** de Paris como escroque (ver o relatório da Prefeitura de Polícia, de 13 de julho de 1867) e condenado, com base em sua própria confissão, pelo furto de 300 mil francos quando gerente de uma das filiais da *Société Générale*, rua Palestro, nº 5 (ver o relatório da Prefeitura de Polícia, de 11 de dezembro de 1868)⁵. Esse Arthur Picard foi nomeado por Ernest Picard editor do seu jornal *L'Électeur Libre*. Enquanto os especuladores ordinários eram ludibriados pelas mentiras oficiais dessa folha da Fazenda, Arthur estava em um vaivém constante entre a Fazenda e a *Bourse*, especulando em cima dos desastres do exército francês. A inteira correspondência financeira desse virtuoso par de irmãos caiu nas mãos da Comuna.

Jules Ferry, que antes de 4 de setembro era um advogado sem um tostão, logrou, como prefeito de Paris durante o cerco, fazer fortuna à custa da fome. O dia em que ele tiver de prestar contas de sua má administração será o dia de sua condenação.

Assim, apenas nas ruínas de Paris esses homens podiam encontrar os seus *tickets-of-leave***; eles eram exatamente o tipo de homens que Bismarck queria. Graças a um baralhar de cartas, Thiers, até então o roteirista secreto do governo, aparece agora como seu chefe, tendo os *homens tickets-of-leave* como seus ministros.

Thiers, esse gnomo monstruoso, encantou a burguesia francesa por quase meio século por ser a expressão intelectual mais acabada de sua própria corrupção de classe. Antes de se tornar um estadista, ele já havia dado provas de seus poderes mentirosos como historiador⁶. A crônica de sua vida pública

---

⁴ Jean Jules Pic e Jean Taillefer, para fundar e manter o jornal bonapartista *L'Étendard*, haviam subtraído grandes somas de uma seguradora mediante falsificação de documentos e notas fiscais do governo. Em 1869, foram condenados à prisão e trabalhos forçados. (N. E. A.)

* Bolsa (de valores). (N. T.)

⁵ A Société Générale de Crédit Mobilier fora fundada pelos irmãos Isaac e Jacob Émile Pereire e reconhecida legalmente por um decreto de 18 de novembro de 1852. Sua maior fonte de captação era a especulação na Bolsa com papéis das sociedades por ações fundadas por eles. Marx ocupou-se da Crédit Mobilier em alguns artigos para o *New-York Daily Tribune* nos anos 1856 a 1858. (N. E. A.)

** No sistema penal inglês, documento concedido ao condenado que obtém direito à liberdade condicional por bom comportamento na prisão. (N. T.)

⁶ As principais obras históricas de Thiers são *História da Revolução Francesa* e *História do Consulado e do Império*. (N. E. A.)

A guerra civil na França

é o relatório dos infortúnios da França. Unido aos republicanos antes de 1830, insinuou-se no ministério sob Luís Filipe por meio da traição ao seu protetor Laffitte, conquistando os favores do rei ao incitar revoltas da ralé contra o clero, durante as quais foram saqueados a igreja de Saint-Germain-l'Auxerrois e o palácio do arcebispo[7], e ao atuar, em dois casos envolvendo a duquesa de Berry, primeiro como ministro-espião, depois como *accoucheur** penitenciário**. O massacre dos republicanos na rua Transnonain*** e as subsequentes leis infames de setembro contra a imprensa e o direito de associação[8] foram obra sua. Ressurgindo como chefe do gabinete em março de 1840, surpreendeu o país com seu plano de fortificar a França[9]. Aos republicanos, que denunciaram seu plano como uma trama sinistra contra a liberdade de Paris, ele respondeu da tribuna da Câmara dos Deputados:

> Como? Imaginar que quaisquer obras de fortificação possam ameaçar a liberdade! E, antes de mais nada, caluniais qualquer governo possível ao supordes que ele poderia tentar se manter bombardeando a capital; (...) desse modo o governo seria cem vezes mais impossível depois de sua vitória do que antes.

---

[7] Em 14 e 15 de fevereiro de 1831, em protesto contra uma passeata dos legitimistas por ocasião das homenagens fúnebres ao duque de Berry, ocorreram ataques, em Paris, contra os legitimistas e o clero. O governo orleanista, a fim de atingir o Partido Legitimista, não tomou qualquer medida para conter as massas. Louis Adolphe Thiers, que estava presente à destruição da igreja Saint Germain l'Auxerrois e do palácio do arcebispo Quélen, influenciou os guardas nacionais para que estes não obstassem as ações da multidão. (N. E. A.)

* Parteiro. (N. T.)

** Em 1832, Thiers, então ministro do Interior, ordenou a prisão da duquesa de Berry – mãe do conde de Chambord, pretendente legitimista ao trono. Na prisão, ela foi submetida a um exame médico humilhante com o objetivo de comprovar sua gravidez e dar publicidade ao seu casamento secreto com um nobre napolitano. Depois desse fato, que serviu para arruinar suas pretensões políticas, ela foi libertada da prisão. (N. T.)

*** Referência ao papel de Thiers na repressão do levante popular ocorrido em Paris em 13 e 14 de abril de 1834 e liderado pela republicana *Societé des Droits de l'Homme* [Sociedade dos Direitos do Homem]. Thiers, como ministro do Interior, fora o principal iniciador das terríveis represálias às quais os envolvidos no levante foram submetidos, represálias que incluíram o massacre brutal de todos os doze moradores de uma casa na rua Transnonain. Nos rascunhos, Marx chama Thiers de "velho Transnonain" (no original: *Papa Transnonain*). (N. T.)

[8] Em setembro de 1835, o governo francês, em resposta ao fracassado atentado de 28 de julho a Luís Filipe, baixou leis que limitavam a atividade dos tribunais de júri e implementavam rígidas medidas contra a imprensa: as cauções para publicações periódicas foram aumentadas; e autores de publicações que se orientassem contra a propriedade e a ordem política existente eram ameaçados de prisão e multas. (N. E. A.)

[9] No fim de 1840, o ministro da Guerra Nicolas Jean-de-Dieu Soult propôs à Câmara dos Deputados um projeto de lei para a fortificação de Paris. Nele, 140 milhões de francos deviam ser investidos para a construção das fortificações. Thiers foi nomeado presidente da comissão de análise do projeto de lei, cujos resultados ele apresentou na Câmara dos Deputados em 13 de janeiro de 1841. Sob o pretexto de que as instalações de defesa de Paris necessitavam ser reforçadas, Thiers conseguiu a aprovação da lei. (N. E. A.)

De fato, nenhum governo jamais teria ousado bombardear Paris a partir de seus fortes, salvo aquele que tivesse previamente entregue esses fortes aos prussianos.

Quando o rei Bomba[10] lançou-se contra Palermo, em janeiro de 1848, Thiers, já há muito tempo ausente do ministério, voltou a erguer-se na Câmara dos Deputados:

> Vós sabeis, senhores, o que está acontecendo em Palermo. Vós, todos vós, vos comoveis com horror (no sentido parlamentar da palavra) ao ouvir que uma grande cidade foi bombardeada por 48 horas seguidas – por quem? Tratava-se de um inimigo estrangeiro exercendo os direitos da guerra? Não, senhores, ela foi bombardeada pelo seu próprio governo. E por quê? Porque a desafortunada cidade reivindicou os seus direitos. Pois pela reivindicação dos seus direitos ela sofreu 48 horas de bombardeio... Permiti-me apelar à opinião pública da Europa. É prestar um serviço à humanidade levantar-se e fazer reverberar, desta que é talvez a maior tribuna na Europa, algumas palavras (de fato, palavras) de indignação contra tais atos... Quando o regente Espartero, que havia prestado serviços ao seu país (o que o Sr. Thiers nunca fez), pretendeu bombardear Barcelona a fim de sufocar sua insurreição, levantou-se de todas as partes do mundo um clamor geral de indignação.*

Dezoito meses depois, o sr. Thiers estava entre os mais ferozes defensores do bombardeamento de Roma por um exército francês[11]. De fato, o erro do rei Bomba parece ter sido apenas este: que ele limitou seu bombardeio a 48 horas.

Poucos dias antes da Revolução de Fevereiro, irritado com o longo exílio de cargos e lucros a que Guizot o havia condenado, e farejando no ar o aproximar-se de uma comoção popular, Thiers, naquele pseudo-heroico estilo que lhe valeu o apelido de *Mirabeau-mouche***, declarou à Câmara dos Deputados:

> Sou do partido da revolução, não apenas na França, mas na Europa. Gostaria que o governo da revolução permanecesse nas mãos de homens mode-

---

[10] Em janeiro de 1848, as tropas napolitanas de Ferdinando II – que, por ter bombardeado Messina no outono daquele mesmo ano, ganhara o apodo de rei Bomba – atacaram Palermo. Nesta cidade, juntamente com a luta pela Constituição, estourara uma sublevação popular, que significou o ponto de partida para a revolução de 1848-1849 nos estados italianos. (N. E. A.)

* Parênteses de Marx. (N. T.)

[11] Em abril de 1849, o governo francês, em aliança com a Áustria e Nápoles, enviou um corpo expedicionário à Itália a fim de eliminar a República romana e restaurar o poder temporal do papa. Após a intervenção armada e o cerco a Roma, que fora bombardeada pelas tropas francesas, a República romana foi derrubada e ocupada pelas tropas francesas. (N. E. A.)

** Mirabeau-mosca. (N. T.)

rados (...) mas se esse governo cair nas mãos de espíritos ardentes, mesmo nas mãos de radicais, nem por isso desertarei de minha causa. Serei sempre do partido da revolução.

Veio a Revolução de Fevereiro. Em vez de substituir o gabinete de Guizot pelo gabinete de Thiers, como o homenzinho sonhara, ela substituiu Luís Filipe pela República. No primeiro dia da vitória popular, ele escondeu-se cuidadosamente, esquecendo que o desprezo dos operários o protegia do ódio sentido por eles. Mesmo assim, com sua lendária coragem, ele continuou a evitar a cena pública, até que os massacres de junho[12] abriram caminho para o seu estilo de ação. Ele tornou-se, então, o mentor do "Partido da Ordem*" e de sua República parlamentar, aquele anônimo interregno em que todas as facções rivais da classe dominante conspiravam juntas para esmagar o povo, conspirando também umas contra as outras para restaurar cada qual sua própria monarquia. Então, como agora, Thiers denunciou os republicanos como o único obstáculo para a consolidação da República; então, como agora, ele falou à República como o algoz a Don Carlos: "Tenho de assassinar-te, mas é para o teu próprio bem"**. Agora, como antes, ele terá de exclamar no dia seguinte à sua vitória: *L'Empire est fait* – o Império está consumado. Não obstante suas homilias hipócritas sobre as liberdades necessárias e seu rancor pessoal contra Luís Bonaparte, que o fez de bobo e deu um chute no parlamentarismo – e, fora de sua atmosfera artificial, o homenzinho sabe que acabará murchando até a insignificância –, ele tinha um dedo em todas as infâmias do Segundo Império, da ocupação de Roma pelas tropas francesas à guerra com a Prússia, a qual incitou com seu feroz insulto contra a unidade alemã, não por considerá-la um disfarce do despotismo prussiano, mas uma violação do inalienável direito da França de manter a desunião alemã. Aficionado por brandir à face da Europa, com seus braços nanicos, a espada do primeiro Napoleão, de quem ele se tornara o borra-botas histórico, sua política externa sempre culminou na suprema humilhação da França – desde a convenção de Londres de 1840[13] até a capitulação de Paris de 1871 e a atual

---

[12] Referência à repressão da sublevação dos trabalhadores parisienses de 23 a 26 de junho de 1848. (N. E. A.)

* Partido formado em 1848 por uma coalizão de legitimistas e orleanistas. Entre 1849 e o golpe de Estado de 2 de dezembro de 1851, deteve a liderança da Assembleia Legislativa na Segunda República. (N. T.)

** Referência ao príncipe espanhol Don Carlos, retratado no drama homônimo de Schiller. No ato V, cena X, diz o "Grande Inquisidor": "Ele só existia para ser morto por nós. Deus o sacrificou à necessidade de nossa época [Ed. port.: *Don Carlos, infante de Espanha* (Lisboa, Cotovia, 2008).]." (N. T.)

[13] Em 15 de julho de 1840, Inglaterra, Rússia, Prússia, Áustria e Turquia assinaram o Acordo de Londres sobre a ajuda militar ao sultão turco contra o vice-rei do Egito. O acordo foi fechado sem a França, que apoiava o governo egípcio. Com isso, a França ficou isolada no plano da política externa, estando sujeita à formação, contra

guerra civil, em que ele lança contra Paris, com especial permissão de Bismarck, os prisioneiros de Sedan e Metz[14]. Apesar de sua versatilidade de talento e desleixo de propósito, esse homem viveu sua vida inteira em perfeito matrimônio com a mais pétrea rotina. Compreende-se que as profundas subcorrentes da sociedade moderna devessem permanecer sempre ocultas para ele; mas mesmo as mudanças mais palpáveis sobre essa superfície eram intoleráveis para aquele cérebro cuja inteira vitalidade refugiara-se na língua. E assim ele nunca se cansou de denunciar, como um sacrilégio, qualquer desvio do velho sistema protecionista francês. Quando ministro de Luís Filipe, escarnecia das ferrovias como uma quimera atroz; na oposição, sob Luís Bonaparte, verberou como uma profanação todo o projeto de reformar o deteriorado sistema militar francês. Nunca, em sua longa carreira política, foi responsável por sequer uma medida – por mínima que fosse – com alguma utilidade prática. Thiers só era coerente em sua avidez por riqueza e no ódio aos homens que a produzem. Pobre como Jó quando se tornou primeiro-ministro de Luís Filipe, deixou o gabinete milionário. Seu último ministério sob o mesmo rei (de 1º de março de 1840) o expôs a acusações públicas de peculato na Câmara dos Deputados, às quais ele se contentou em responder com lágrimas – mercadoria que ele negocia tão prodigamente como Jules Favre ou outro crocodilo qualquer. Em Bordeaux, sua primeira medida para salvar a França do iminente colapso financeiro foi embolsar, ele mesmo, 3 milhões em um ano, tendo sido esta a primeira e última palavra da "república parcimoniosa" cujo cenário ele havia exposto aos seus eleitores de Paris em 1869. O sr. Beslay, um de seus antigos colegas da Câmara dos Deputados de 1830, ele mesmo um capitalista e, entretanto, devotado membro da Comuna de Paris, dirigiu-se recentemente a Thiers da seguinte forma, em um anúncio público: "A escravização do trabalho pelo capital foi sempre a base de vossa política e desde o primeiro dia em que vistes a República do Traba-

---

ela, de uma coalizão europeia, bem como a uma guerra entre os dois lados. Não restou à França, assim, outra alternativa a não ser suspender seu apoio ao vice-rei do Egito. (N. E. A.)

[14] Thiers solicitara a Bismarck o aumento do contingente das tropas francesas, o que, conforme o artigo 3 das preliminares de paz de Versalhes, acertadas em 26 de fevereiro de 1871, não poderia ultrapassar 40 mil homens. Ele garantira a Bismarck que as tropas seriam empregadas exclusivamente para a repressão da sublevação em Paris. Em 28 de março de 1871, Pouyer-Quertier acertou com o lado alemão, no Acordo de Rouen, o aumento do número das tropas francesas para 80 mil homens; logo depois, o governo de Versalhes foi autorizado a aumentar novamente esse número para 100 mil homens. Seguindo os termos desses acordos, os comandantes militares alemães repatriaram imediatamente os prisioneiros de guerra franceses, principalmente aqueles que haviam capitulado em Sedan e Metz. O governo de Versalhes concentrou-os em campos de treinamento, onde foram preparados para sua missão contra a Comuna de Paris. (N. E. A.)

lho instalada no Hôtel de Ville nunca cessastes de exclamar à França: 'são criminosos!'". Mestre em pequenas artimanhas políticas, virtuose em perjúrio e traição, habilidoso artífice em todo tipo de estratagemas mesquinhos, maquinações engenhosas e baixas perfídias da guerra parlamentar; jamais tendo escrúpulos, fora do ministério, em atiçar uma revolução e sufocando-a em sangue quando no topo do Estado; com preconceitos de classe no lugar de ideias e vaidade no lugar do coração; sua vida privada sendo tão infame quanto odiosa sua vida pública – mesmo agora, atuando no papel de um Sula francês, ele não resiste a acentuar a abominação de seus feitos com o ridículo de sua ostentação.

A capitulação de Paris, ao entregar à Prússia não só Paris, mas toda a França, encerrou as longas intrigas de traição com o inimigo que os usurpadores de 4 de setembro haviam começado, como o próprio Trochu afirmou nesse mesmo dia. Por outro lado, deu início à guerra civil que eles agora tinham de fazer, com a ajuda da Prússia, contra a República e Paris. A armadilha já estava montada nos próprios termos da capitulação. Naquele momento, mais de um terço do território estava nas mãos do inimigo, a capital se encontrava isolada das províncias e todas as comunicações estavam desorganizadas. Sob tais circunstâncias, era impossível eleger uma verdadeira representação da França, a não ser que fosse concedido um longo tempo para sua preparação. Considerando isso, a capitulação estipulou que a Assembleia Nacional devia ser eleita dentro de oito dias, de maneira que em muitas partes da França as notícias da eleição iminente chegaram somente em sua véspera. Além disso, essa assembleia, segundo uma cláusula expressa da capitulação, tinha de ser eleita para o único propósito de decidir sobre a guerra ou a paz e, eventualmente, para concluir um tratado de paz. A população não podia senão sentir que os termos do armistício tornavam impossível a continuação da guerra e que, para sancionar a paz imposta por Bismarck, os piores homens da França eram os melhores. Mas não satisfeito com essas precauções, Thiers, mesmo antes que o segredo do armistício tivesse vazado em Paris, lançou-se em uma caravana eleitoral pelas províncias a fim de galvanizar e ressuscitar o partido legitimista, que agora, juntamente com os orleanistas, tinha de ocupar o lugar do então inviável partido bonapartista. Ele não temia o partido legitimista. Inviável para assumir o governo da França moderna e, por isso, desprezível como rival, que partido poderia servir melhor de instrumento da contrarrevolução do que o partido cuja ação, nas palavras do próprio Thiers (Câmara dos Deputados, 5 de janeiro de 1833), "estivera sempre restrita aos três recursos da invasão estrangeira, guerra civil e anarquia"? Eles acreditavam piamente no advento do seu passado reino milenar, tão longamente ansiado. Aí estavam os calcanhares da invasão estrangeira pisoteando o solo francês; aí estava a derrocada de um império e o cativeiro de Bonaparte; e aí estavam eles de novo. Era evidente que a roda da história havia girado para trás, parando na *Chambre introuvable*[15] de 1816. Nas assembleias da República, de 1848 a 1851, eles tinham sido representados por seus homens mais educados e treinados na atividade parlamentar; agora, ela era ocupada pelos soldados rasos do partido – todos os *Pourceaugnacs* da França.

Tão logo essa assembleia de "rurais" se reunira em Bordeaux, Thiers deixou-lhes claro que as preliminares da paz tinham de ser acertadas imediatamente, sem as honras de um debate parlamentar, sendo essas as únicas condições sob as quais a Prússia os permitiria entrar em guerra contra a República e contra Paris, seu baluarte. A contrarrevolução não tinha, de fato, tempo a perder. O Segundo Império havia mais do que dobrado o déficit nacional e mergulhado todas as grandes cidades em pesadas dívidas municipais. A guerra havia aumentado espantosamente o passivo da nação e arrasado impiedosamente seus recursos. Para completar a ruína, lá estava o Shylock prussiano com sua fatura relativa à manutenção de meio milhão de seus soldados em solo francês, sua reparação no valor de 5 bilhões e mais juros de 5% sobre as prestações não pagas*. Quem iria pagar essa conta? Somente pela derrubada violenta da República os apropriadores da riqueza poderiam esperar lançar aos ombros de seus produtores o custo pela guerra que eles, os apropriadores, haviam iniciado. E assim a imensa ruína da França estimulava esses patrióticos representantes da terra e do capital, sob os olhos e patrocínio do invasor, a enxertar na guerra estrangeira uma guerra civil – uma rebelião dos escravocratas.

No caminho dessa conspiração erguia-se um grande obstáculo – Paris. Desarmá-la era a primeira condição de sucesso, e assim Paris foi intimada por Thiers a entregar suas armas. A cidade estava, então, enfurecida pelos frenéticos protestos antirrepublicanos da assembleia "rural" e dos próprios

---

[15] Câmara rara: assim Luís XVIII batizara, a título de agradecimento, a segunda câmara francesa sob a Restauração, de 1815 e 1816. Posteriormente, o nome passou a ser jocosamente atribuído a toda câmara dominada por tendências ultrarealistas. Aqui, o termo é aplicado à Assembleia Nacional francesa – também referida como *Assembleia dos "rurais"* – reunida em Bordeaux, em 12 de fevereiro de 1871, e constituída, em sua maioria, por monarquistas que representavam sobretudo os proprietários de terra, funcionários públicos, rendeiros e comerciantes dos distritos eleitorais rurais. Dos 630 deputados da Assembleia, cerca de 430 eram monarquistas. (N. E. A.)

* O tratado preliminar de paz entre a França e a Alemanha, assinado em Versalhes, em 26 de fevereiro de 1871, por Thiers e Jules Favre, de um lado, e Bismarck e representantes dos estados alemães do sul, de outro, determinava que a França devia ceder à Alemanha a Alsácia e a parte oriental da Lorena, além de pagar uma reparação de guerra no valor de 5 bilhões de francos; até a quitação do pagamento, uma parte da França devia continuar ocupada por tropas alemãs. No caso do não pagamento das parcelas, 3 bilhões de francos deviam sofrer juros de 5%. Essas determinações entravam em vigor a partir de sua ratificação. O tratado final de paz foi assinado em Frankfurt, em 10 de maio de 1871. (N. T.)

equívocos de Thiers acerca do estatuto legal da República, pela ameaça de decapitar e descapitalizar Paris[16], pela nomeação de embaixadores orleanistas, pelas leis de Dufaure sobre as faturas e os aluguéis vencidos[17], leis que haviam arruinado o comércio e a indústria de Paris, pelo imposto dos cêntimos de Pouyer-Quertier, cobrado sobre cada cópia de toda e qualquer publicação[18], pelas condenações à morte de Blanqui e Flourens[19], pela supressão dos jornais republicanos, pela transferência da Assembleia Nacional para Versalhes, pela renovação do estado de sítio declarado por Palikao e expirado em 4 de setembro, pela nomeação de Vinoy, o *décembriseur**, como gover-

---

[16] Alusão aos esforços, na Assembleia Nacional, pela "decapitação moral da França, ao se remover a sede do governo do centro natural e histórico de sua unidade territorial, política, intelectual e social". Em *The Daily News* (Londres), n. 7774, 30/3/1871, p. 5. (N. E. A.)

[17] Em 10 de março de 1871, a Assembleia Nacional aprovou a lei, proposta por Jules Dufaure, sobre a moratória dos títulos. Com isso, deixava de valer a moratória das dívidas em vigor desde 13 de agosto de 1870, o que fez com que 150 mil títulos fossem protestados apenas no período entre 13 e 17 de março. Muitos pequenos empresários e comerciantes foram à falência.

Os prazos dos pagamentos dos aluguéis em Paris haviam sido estendidos trimestralmente, por duas vezes, durante a ocupação. No fim de março de 1871 anunciava-se o término de mais um trimestre, mas a Assembleia Nacional não conseguia decidir-se por um novo prolongamento do prazo, apesar dos repetidos apelos de Jean-Baptiste Edouard Millière. Um projeto de lei apresentado por Thiers e Dufaure previa o pagamento em parcelas ao longo de um período de dois anos, todavia favorecendo os proprietários dos imóveis, que ganhavam o direito de, no caso do não pagamento das parcelas, promover o despejo do imóvel e apropriar-se do mobiliário dos inquilinos. Esse projeto de lei não conseguiu ser aprovado. Em 1º de abril de 1871, determinou-se um prazo de seis meses para a quitação dos aluguéis. Centenas de milhares de trabalhadores, artesãos e pequenos fabricantes ficaram, assim, à mercê dos proprietários de imóveis. (N. E. A.)

[18] Em março de 1871, surgiram notícias, em vários periódicos, de um plano do governo para introdução de um imposto sobre os jornais, assim como da repressão aos jornais republicanos. O *Daily News* de 18 de março de 1871 informava: "As revistas estão em um estado de considerável agitação [...]. Diz-se que cada periódico publicado, seja qual for sua natureza, terá de receber um selo de dois cêntimos em cada cópia, e calcula-se que o resultado disso será, para o Tesouro, uma receita de 10 milhões de francos em um ano". Em 14 de março, esse mesmo jornal informava: "Seis revistas foram suprimidas ontem por um decreto que foi publicado [...] nesta manhã [...] O mesmo decreto interdita a publicação de qualquer novo jornal de análise periódica de assuntos políticos ou de economia social até que a Assembleia Nacional tenha declarado o fim do estado de sítio." (N. E. A.)

[19] De 9 a 11 de março de 1871, o tribunal de guerra de Cherche-Midi pronunciou-se sobre os participantes das ações de 31 de outubro de 1870 (ver nota n. 22, p. 49). Louis Auguste Blanqui e Gustave Flourens foram condenados à morte à revelia. (N. E. A.)

* "Dezembrista": participante do golpe de Estado de 2 de dezembro de 1851 ou adepto de ações que correspondem ao seu espírito. (N. T.)

nador de Paris – de Valentin, o gendarme imperial, como seu prefeito de polícia – e de Aurelle de Paladines, o general jesuíta, como comandante-em-chefe da Guarda Nacional.

É chegada a hora de dirigir uma pergunta ao sr. Thiers e aos homens da Defesa Nacional, seus estafetas. Sabe-se que, sob a mediação do sr. Pouyer-Quertier, seu ministro da Fazenda, Thiers contraíra um empréstimo de 2 bilhões. Ora, é verdade ou não que:

1. a transação foi feita de forma a assegurar uma comissão de vários milhões para o benefício privado de Thiers, Jules Favre, Ernest Picard, Pouyer-Quertier e Jules Simon? e:

2. que nenhuma quantia precisava ser paga enquanto não se completasse a "pacificação" de Paris?[20]

Em todo caso, devia haver algo muito urgente na questão, pois Thiers e Jules Favre, em nome da maioria da Assembleia de Bordeaux, solicitaram sem o mínimo pudor a imediata ocupação de Paris pelas tropas prussianas. Mas esse não era o jogo de Bismarck, como ele ironicamente declarou quando do seu regresso à Alemanha, em público, diante dos assombrados filisteus de Frankfurt.

II

A Paris armada era o único obstáculo sério no caminho da conspiração contrarrevolucionária. Paris tinha, portanto, de ser desarmada. Nesse ponto, a Assembleia de Bordeaux era a sinceridade em pessoa. Se o discurso ruidoso de seus "rurais" não fosse suficiente para se fazerem ouvir, então qualquer possibilidade de dúvida seria eliminada com a entrega de Paris por Thiers à terna misericórdia do triunvirato de Vinoy, o *décembriseur*, Valentin, o gendarme bonapartista, e Aurelle de Paladines, o general jesuíta.

Mas ao mesmo tempo em que exibiam o propósito verdadeiro do desarmamento de Paris, os conspiradores pediam que a cidade entregasse suas armas com um pretexto que era a mais notória e descarada das mentiras. A artilharia da Guarda Nacional de Paris, dizia Thiers, pertencia ao Estado e ao Estado devia retornar. O fato era este: desde o próprio dia da capitulação, quando os prisioneiros de Bismarck assinaram a rendição da França, mas reservaram para si uma numerosa guarda pessoal para o declarado propósito de submeter Paris, a cidade ficou em alerta. A Guarda Nacional reorga-

---

[20] Segundo notícias na imprensa, o empréstimo interno que o governo de Thiers esperava obter garantiria a ele e a outros membros do governo uma "comissão" de mais de 300 milhões de francos. Thiers admitiu mais tarde que o grupo financeiro com o qual esse empréstimo fora negociado exigira, como condição, a rápida supressão da revolução em Paris. Em 20 de junho de 1871, após a queda da Comuna, foi aprovada a lei sobre o empréstimo (em *Le Temps* (Paris), n. 3727, 21/6/1871, p. 3). (N. E. A.)

nizou-se e confiou seu controle supremo a um Comitê Central eleito pela corporação inteira, salvo algumas frações das velhas formações bonapartistas. À véspera da entrada dos prussianos em Paris, o Comitê Central tomou medidas para transferir para Montmartre, Belleville e La Villette os canhões e as *mitrailleuses** traiçoeiramente abandonadas pelos *capitulards* justamente nos bairros que os prussianos estavam prestes a ocupar, ou em seus arredores. Aquela artilharia fora fornecida pelas subscrições da Guarda Nacional. Ela fora oficialmente reconhecida como sua propriedade privada na capitulação de 28 de janeiro e, justamente por isso, excluída da entrega geral de armas do governo aos conquistadores. E Thiers se encontrava tão destituído do mais ínfimo pretexto para iniciar a guerra contra Paris que teve de recorrer à mentira flagrante de que a artilharia da Guarda Nacional seria propriedade estatal!

O confisco de sua artilharia devia evidentemente servir como o prelúdio do desarmamento de Paris e, portanto, da Revolução de 4 de setembro. Mas essa revolução tornara-se agora o estatuto legal da França. A República, sua obra, foi reconhecida pelo conquistador nas cláusulas da capitulação. Após a capitulação, ela foi reconhecida por todas as potências estrangeiras e a Assembleia Nacional foi convocada em seu nome. A revolução operária de Paris de 4 de setembro era o único título legal da Assembleia Nacional reunida em Bordeaux e de seu poder executivo. Sem ela, a Assembleia Nacional teria sido obrigada a dar lugar imediatamente ao *Corps législatif* eleito em 1869 pelo sufrágio universal sob o governo da França, e não da Prússia, e dissolvido à força pelo exército revolucionário. Thiers e seus *homens ticket-of-leave* teriam tido de capitular em troca de salvo-condutos assinados por Luís Bonaparte, a fim de livrá-los de uma viagem a Caiena[21]. A Assembleia Nacional, dotada de plenos poderes para acertar as condições da paz com a Prússia, foi apenas um episódio daquela revolução, cuja verdadeira encarnação continuava a ser a Paris armada que a havia iniciado, que por ela sofrera um cerco de cinco meses, com seus horrores da fome, e que fez de sua prolongada resistência, apesar do plano de Trochu, a base de uma obstinada guerra de defesa nas províncias. E Paris tinha agora de escolher: ou depor suas armas diante das ordens insultantes dos escravocratas de Bordeaux, reconhecendo assim que sua revolução de 4 de setembro não significara mais do que uma simples transferência do poder de Luís Bonaparte para seus rivais monárquicos, ou seguir em frente como o paladino francês do autossacrifício, cuja salvação da ruína e regeneração seriam impossíveis sem a

---

* Metralhadoras. (N. T.)
[21] Capital da Guiana Francesa, fundada pelos franceses no século XVII e mal-afamada colônia penal do fim do século XVIII até 1946. (N. E. A.)

superação revolucionária das condições políticas e sociais que haviam engendrado o Segundo Império e que, sob sua égide acolhedora, amadureciam até a completa podridão. Paris, esgotada por cinco meses de fome, não hesitou nem um momento. Heroicamente, resolveu correr todos os riscos de uma resistência contra os conspiradores franceses, mesmo com o canhão prussiano a encará-la a partir de seus próprios fortes. Ainda assim, em sua aversão à guerra civil a que Paris estava para ser arrastada, o Comitê Central continuava a persistir em uma atitude meramente defensiva, apesar das provocações da Assembleia, das usurpações do Executivo e da ameaçadora concentração de tropas em Paris e seus arredores.

Thiers deu início à guerra civil ao enviar Vinoy, comandando uma multidão de *sergents de ville** e de alguns regimentos de linha, em uma expedição noturna contra Montmartre, a fim de apoderar-se de surpresa da artilharia da Guarda Nacional. É bem sabido como essa tentativa fracassou diante da resistência da Guarda Nacional e da confraternização das tropas com o povo. Aurelle de Paladines fizera imprimir de antemão o seu boletim de vitória, e Thiers já tinha prontos os cartazes anunciando suas medidas do golpe de Estado. Agora, isso tudo tinha de ser substituído pelos apelos de Thiers, comunicando sua decisão magnânima de deixar a Guarda Nacional em posse de suas armas, com as quais, dizia, ele estava certo de que ela se uniria ao governo contra os rebeldes. Dos 300 mil guardas nacionais, apenas 300 responderam a esse apelo, passando para o lado do pequeno Thiers, contra si mesmos. A gloriosa revolução operária de 18 de março apoderou-se incontestavelmente de Paris. O Comitê Central era seu governo provisório. A Europa pareceu, por um momento, duvidar se seu formidável desempenho político e militar era algo real ou sonhos de um passado longínquo.

De 18 de março até a entrada das tropas de Versalhes em Paris, a revolução proletária permaneceu tão isenta dos atos de violência que abundam nas revoluções – e mais ainda nas contrarrevoluções – das "classes superiores" que ela não deixou aos seus oponentes nenhum fato a reclamar além das execuções dos generais Lecomte e Clément Thomas e do caso da praça Vendôme.

Um dos oficiais bonapartistas engajados no ataque noturno contra Montmartre, general Lecomte, ordenou por quatro vezes que o 81º regimento abrisse fogo contra uma aglomeração desarmada na praça Pigalle, e como os soldados se negaram, ele os insultou furiosamente. Em vez de disparar contra mulheres e crianças, seus próprios homens atiraram nele. Os hábitos inveterados adquiridos pelos soldados sob o treinamento dos inimigos da

---

* Policial munido de espada, encarregado da manutenção da ordem pública; guarda municipal. (N. T.)

classe operária não mudam, é claro, no momento em que eles mudam de lado. Esses mesmos homens executaram Clément Thomas.

O "general" Clément Thomas, um descontente ex-sargento quartel-mestre, fora instalado, no apagar das luzes do reino de Luís Filipe, no escritório do jornal republicano *Le National*, a fim de atuar no duplo papel de testa de ferro (*gérant responsable**) e de espadachim** daquele jornal tão combativo. Após a Revolução de Fevereiro, uma vez chegado ao poder, os homens do *National* trataram de metamorfosear esse sargento quartel-mestre em general, às vésperas da carnificina de junho – da qual ele, como Jules Favre, foi um dos sinistros planejadores, convertendo-se depois em um dos mais infames carrascos dos revoltosos. Em seguida, ele e seu generalato desapareceram por um longo tempo, para voltar à tona em 1º de novembro de 1870. Um dia antes, o Governo de Defesa Nacional, aprisionado no Hôtel de Ville, empenhou solenemente sua palavra a Blanqui, Flourens e outros representantes da classe trabalhadora, prometendo abrir mão de seu poder usurpado e entregá-lo nas mãos de uma comuna a ser livremente eleita por Paris[22]. Ao invés de manter sua palavra, eles lançaram sobre Paris os bretões de Trochu, que agora substituíam os corsos de Bonaparte[23]. O general Tamisier, sendo o único a recusar-se a manchar seu nome com tal quebra de juramento, renun-

---

* Gerente responsável. (N. T.)

** O termo tem, aqui, o sentido de "valentão", "brigão". (N. T.)

[22] Em 5 de outubro de 1870, ocorreu, diante do Hôtel de Ville, sob a liderança de Gustave Flourens, um protesto dos batalhões operários da Guarda Nacional. Os trabalhadores exigiam do Governo de Defesa Nacional a realização de eleições para a Comuna, medidas para o fortalecimento da República e uma luta enérgica contra as tropas alemãs. O governo recusou essas exigências e proibiu a Guarda Nacional de se reunir sem ter recebido ordens e de realizar protestos armados.
Em 31 de outubro de 1870, depois de revelada a capitulação de Metz, a derrota de Le Bourget e o início das negociações de paz com a Prússia, cabendo a Thiers atuar como negociador em nome do governo, ocorreu uma manifestação dos trabalhadores parisienses e da parte revolucionária da Guarda Nacional. Os manifestantes ocuparam o Hôtel de Ville e criaram um órgão revolucionário, o Comitê de Salvação Pública, em cuja liderança se encontrava Louis Auguste Blanqui. Sob a pressão dos trabalhadores, o Governo de Defesa Nacional foi forçado a prometer sua abdicação e a realização de eleições para a Comuna em 1° de novembro. Gustave Flourens defendeu que nenhum tipo de punição devia ser imposta aos prisioneiros. Confiando na palavra de honra dos membros do governo de que eleições para a Comuna seriam realizadas, ele entendeu que os prisioneiros podiam ser libertados. A falta de organização, assim como a unidade defeituosa das forças revolucionárias, permitiu que a reação reunisse suas forças, ocupasse o Hôtel de Ville com ajuda dos batalhões da Guarda Nacional que lhes restavam e restabelecesse seu poder. (N. E. A.)

[23] Guarda móvel proveniente da Bretanha, utilizada por Trochu como gendarmes para a repressão do movimento revolucionário em Paris. Eles ocuparam o lugar dos corsos, que no Segundo Império constituíam a maior parte das corporações de gendarmes. (N. E. A.)

ciou ao posto de comandante-em-chefe da Guarda Nacional e, ocupando o seu lugar, Clément Thomas voltou mais uma vez a ser general. Durante todo o período de seu comando, ele fez guerra não contra os prussianos, mas contra a Guarda Nacional de Paris. Impediu o seu armamento geral, instigou os batalhões burgueses contra os batalhões operários, eliminou os oficiais hostis ao "plano" de Trochu e dispersou, sob o estigma da covardia, aqueles mesmos batalhões proletários cujo heroísmo impressionou recentemente seus mais inveterados inimigos. Clément Thomas sentia-se um tanto orgulhoso por haver reconquistado sua preeminência de junho como o inimigo pessoal da classe operária de Paris. Poucos dias antes de 18 de março, apresentara a Le Flô, ministro da Guerra, um plano de sua própria lavra para "acabar com a *fine fleur** da canalha de Paris". Após a derrota de Vinoy, ele tinha de surgir em cena no papel de um espião amador. O Comitê Central e os operários de Paris foram tão responsáveis pela morte de Clément Thomas e de Lecomte como a princesa de Gales pelo destino das pessoas que morreram esmagadas no dia de sua entrada em Londres.

O massacre de cidadãos desarmados na praça Vendôme é um mito que o senhor Thiers e os "rurais" recusaram-se de maneira persistente a reconhecer na Assembleia, deixando sua propagação exclusivamente a cargo dos lacaios do jornalismo europeu. Os "homens da ordem", os reacionários de Paris, tremeram ante a vitória de 18 de março. Para eles, era o sinal da retaliação popular que enfim chegava. Ergueram-se diante de suas faces os espectros das vítimas assassinadas por suas mãos dos dias de junho de 1848 até 22 de janeiro de 1871[24]. Mas o pânico foi sua única punição. Até os *sergents de ville*, que deviam ser desarmados e trancafiados, encontraram as portas de Paris escancaradas e fugiram tranquilamente para Versalhes. Os homens da ordem foram deixados em liberdade não apenas ilesos, como também lhes foi dada a possibilidade de reunir-se e apossar-se de mais de um bastião no próprio centro de Paris. Essa indulgência do Comitê Central, essa magnanimidade dos operários armados, tão contrastante com os hábitos do "Partido da Ordem", foi falsamente interpretada por este como meros sintomas de fraqueza de consciência. Daí o seu estúpido plano de tentar, sob a capa de uma demonstração desarmada, o que Vinoy havia fracassado em conseguir com seus canhões e *mitrailleuses*. Em 22 de março, uma turba revoltosa de emperiquitados partiu dos bairros luxuosos, tendo em suas fileiras todos os *petits crevés***

---

* Fina flor. (N. T.)

[24] Em 22 de janeiro de 1871, guardas nacionais e trabalhadores dirigiram-se ao Hôtel de Ville, exigindo a queda do governo, a criação de uma Comuna e a resolução de um armistício. As guardas móveis bretãs dispararam contra os manifestantes e muitos deles foram presos. O governo ordenou o fechamento de todos os clubes de Paris, a proibição de reuniões populares e de alguns jornais. (N. E. A.)

** Janotas. (N. T.)

e, à dianteira, os homens notoriamente mais íntimos do império – os Heeckeren, os Coëtlogon, Henry de Pène etc. Sob o covarde pretexto de um protesto pacífico, esse bando, portando secretamente armas de duelistas, pôs-se em marcha, agredindo e desarmando as patrulhas e sentinelas da Guarda Nacional que encontravam pelo caminho e, ao desembocar na rue de la Paix, aos brados de "Abaixo o Comitê Central! Abaixo os assassinos! Viva a Assembleia Nacional!", tentaram passar através do armado cordão de isolamento, a fim de tomar de assalto o quartel da Guarda Nacional na praça Vendôme. Em resposta aos seus tiros de pistola, foram feitas as regulares *sommations* (o equivalente francês ao procedimento inglês da leitura do *Riot Act*[25]); como não surtissem efeito, o general da Guarda Nacional* ordenou abrir fogo. Uma carga foi bastante para pôr a correr, em fuga desesperada, aqueles estúpidos fanfarrões, que imaginavam que a mera exibição de sua "respeitabilidade" teria o mesmo efeito sobre a Revolução de Paris que as trombetas de Josué sobre as muralhas de Jericó. Os fugitivos deixaram atrás de si dois guardas nacionais mortos, nove gravemente feridos (entre eles, um membro do Comitê Central**) e todo o cenário de sua proeza repleto de revólveres, punhais e varapaus, evidenciando o caráter "desarmado" de sua manifestação "pacífica". Quando, em 13 de junho de 1849, a Guarda Nacional fez um protesto realmente pacífico contra o traiçoeiro assalto das tropas francesas sobre Roma, Changarnier, o general do Partido da Ordem, foi aclamado pela Assembleia Nacional, e especialmente pelo senhor Thiers, como o salvador da sociedade, por ter lançado suas tropas de todos os lados sobre esses homens desarmados, derrubando-os a tiros e a golpes de sabre e esmagando-os sob as patas de seus cavalos. Paris, então, foi posta em estado de sítio. Dufaure apressou-se a apresentar, na Assembleia, novas leis de repressão[26]. Novas prisões, novas proscrições: um novo reino de terror teve

---

[25] *Sommations*: na França, de acordo com a lei de 11 de abril de 1831, manifestações, concentrações etc. só podiam ser dissolvidas pelas autoridades depois que a ordem de dispersão fosse comunicada aos manifestantes. Essa ordem era repetida – por rufos de tambor ou toques de trompete – três vezes; em caso de desobediência, as autoridades tinham o direito de empregar a força física.
Riot act: lei aprovada em 1714 na Inglaterra, que proibia toda "assembleia desordeira" de mais de doze pessoas. As autoridades eram obrigadas a ler uma advertência especial perante tais concentrações. Se estas não se dispersavam no prazo de uma hora, a força física podia ser empregada. (N. E. A.)

* Jules Bergeret. (N. T.)

** Louis Charles Maljournal. (N. T.)

[26] Marx refere-se às leis repressivas baixadas pelos governos franceses em 1839 e 1849, sob iniciativa ou com suposta participação de Jules Dufaure. Trata-se, sobretudo, da resolução de 14 de maio de 1839, pela qual a *Société des Saisons* fora proibida, assim como a lei de imprensa de 27 de julho de 1849, a lei de associação de 19 de junho de 1849 e a lei de estado de sítio de 9 de agosto de 1849. Depois que Dufaure assumira o

início. Mas as classes mais baixas resolvem essas coisas de outro modo. O Comitê Central de 1871 simplesmente ignorou os heróis da "manifestação pacífica", de tal modo que, dois dias mais tarde, eles puderam se apresentar ao almirante Saisset para aquela outra manifestação, agora *armada*, que culminou na famosa debandada para Versalhes. Em sua relutância em continuar a guerra civil iniciada por Thiers e sua investida impetuosa contra Montmartre, o Comitê Central cometeu, aí, um erro decisivo ao não marchar imediatamente sobre Versalhes, então completamente indefesa, pondo assim um fim às conspirações de Thiers e seus "rurais". Em vez disso, ele permitiu que o Partido da Ordem provasse sua força nas urnas, em 26 de março, dia da eleição da Comuna. Então, nas *prefeituras* de Paris, eles puderam trocar palavras afáveis de conciliação com seus conquistadores muito generosos, enquanto ruminavam em seu íntimo planos solenes de exterminá-los no tempo oportuno.

Vejamos, agora, o reverso da medalha. Thiers abriu sua segunda campanha contra Paris nos começos de abril. A primeira leva de prisioneiros parisienses transferida a Versalhes foi submetida a atrocidades revoltantes, enquanto Ernest Picard, com as mãos nos bolsos, passeava em frente a eles, escarnecendo-os, e enquanto as madames Thiers e Favre, em meio às suas damas de honra (?), aplaudiam das sacadas os ultrajes da turba de Versalhes. Os soldados de linha capturados foram massacrados a sangue-frio; nosso bravo amigo, general Duval, o fundidor, foi fuzilado sem nenhum julgamento. Galliffet, gigolô de sua própria mulher, tão famoso por suas desavergonhadas exibições nas orgias do Segundo Império, irrompeu em uma proclamação, gabando-se de ter comandado o assassinato de uma pequena tropa de guardas nacionais, com seu capitão e tenente, surpreendidos e desarmados por seus soldados. Vinoy, o fugitivo, foi agraciado por Thiers com a Grã-Cruz da Legião de Honra por sua ordem geral de fuzilar todo soldado de linha aprisionado nas fileiras dos federais. Desmarêt, o gendarme, foi condecorado por ter traiçoeiramente esquartejado, como um carniceiro, o altivo e garboso Flourens, que salvara as cabeças dos membros do Governo de Defesa em 31 de outubro de 1870. "Os encorajadores detalhes" de seu assassinato foram triunfantemente explorados por Thiers na Assembleia Nacional. Com a inflada vaidade de um Pequeno Polegar parlamentar, a quem se permite representar o papel de Tamerlão, ele negava aos rebelados contra Sua Pequenez todo direito da guerra civilizada, até o direito de neutralidade para as ambulâncias. Nada pode ser mais horrível do que esse macaco sendo autoriza-

---

Ministério da Justiça, em 19 de fevereiro de 1871, voltara a surgir uma série de leis repressivas, como a lei sobre o estado de sítio de 28 de abril de 1871, que recolocou em vigor as reacionárias leis de imprensa anteriores, entre outras, a de 1849. (N. E. A.)

do, por um momento, a soltar as rédeas de seus instintos de tigre, como já imaginara Voltaire[27].

Após o decreto de 7 de abril da Comuna, que ordenava represálias e justificava-se pelo dever de "proteger Paris contra as proezas canibalescas dos bandidos versalheses e de exigir olho por olho, dente por dente"[28], Thiers não apenas deu continuidade ao bárbaro tratamento dispensado aos prisioneiros, como ainda os insultou em seus boletins nos seguintes termos: "Nunca os olhares aflitos de homens honestos fixaram semblantes tão degradados de uma degradada democracia", homens honestos como o próprio Thiers e seus *ministros ticket-of-leave*. No entanto, o fuzilamento de prisioneiros foi suspenso por um tempo. Mas tão logo Thiers e seus generais dezembristas perceberam que o decreto da Comuna sobre represálias não era mais que uma ameaça vazia, que até os gendarmes espiões detidos em Paris com o disfarce de guardas nacionais estavam sendo poupados, assim como os *sergents de ville* pegos portando granadas incendiárias, reiniciou-se então o fuzilamento em massa dos prisioneiros, prosseguindo ininterruptamente até o fim. As casas em que se refugiaram os guardas nacionais foram cercadas por gendarmes, inundadas com petróleo (que aparece, aqui, pela primeira vez nesta guerra) e, em seguida, incendiadas; os corpos carbonizados foram recolhidos mais tarde pela ambulância da imprensa, em Les Ternes. Quatro guardas nacionais que se renderam a uma tropa de soldados montados em Belle Epine, em 25 de abril, foram posteriormente fuzilados, um por um, pelo capitão, homem de confiança de Gallifet. Scheffer, uma de suas quatro vítimas, a quem se havia dado como morto, arrastou-se até os postos avançados de Paris e testemunhou esse fato perante uma comissão da Comuna. Quando Tolain interpelou o ministro da Guerra a respeito do informe dessa comissão, os "rurais" abafaram sua voz e proibiram que Le Flô respondesse. Teria sido um insulto ao seu "glorioso" exército falar de suas façanhas. O tom insolente com que o boletim de Thiers anunciou a matança a baionetas dos federais, surpreendidos enquanto dormiam em Moulin-Saquet, e os fuzilamentos em massa em Clamart chocaram até os nervos do *Times* de Londres, que não pode ser dito um jornal hipersensível. Mas seria ridículo, hoje, tentar enumerar as atrocidades meramente preliminares cometidas por aqueles que bombardearam Paris e fomentaram uma rebelião escravista protegida pela invasão estrangeira. Em meio a todos esses horrores, Thiers, esquecido de suas lamentações parlamentares sobre a terrível responsabilidade a sobrecarregar seus ombros nanicos, ufanava-se em seus boletins de

---

[27] Voltaire, *Cândido ou o otimismo* [Porto Alegre, LPM, 2000], cap. XXII: "Não poderei sair o mais rápido possível deste país, onde os macacos provocam os tigres?". (N. E. A.)

[28] O decreto determinava que todo aquele cuja cumplicidade com o governo de Thiers ficasse provada poderia ser tomado como refém. Com isso, a Comuna procurava reagir aos fuzilamentos de seus homens pelos versalheses. (N. E. A.)

que l'*Assemblée siège paisiblement* (a Assembleia continua a se reunir tranquilamente) e demonstrava por seus constantes festins, ora com generais dezembristas, ora com príncipes alemães, que sua digestão não fora nem um pouco perturbada nem mesmo pelos espectros de Lecomte e Clément Thomas.

III

Na aurora de 18 de março de 1871, Paris despertou com o estrondo: "Viva a Comuna!". Que é a Comuna, essa esfinge tão atordoante para o espírito burguês?

"Os proletários de Paris", dizia o Comitê Central em seu manifesto de 18 de março,

> em meio a fracassos e às traições das classes dominantes, compreenderam que é chegada a hora de salvar a situação, tomando em suas próprias mãos a direção dos negócios públicos (...) Compreenderam que é seu dever imperioso e seu direito absoluto tornar-se donos de seus próprios destinos, tomando o poder governamental.

Mas a classe operária não pode simplesmente se apossar da máquina do Estado tal como ela se apresenta e dela servir-se para seus próprios fins[29].

O poder estatal centralizado, com seus órgãos onipresentes, com seu exército, polícia, burocracia, clero e magistratura permanentes – órgãos traçados segundo um plano de divisão sistemática e hierárquica do trabalho –, tem sua origem nos tempos da monarquia absoluta e serviu à nascente sociedade da classe média como uma arma poderosa em sua luta contra o feudalismo. Seu desenvolvimento, no entanto, permaneceu obstruído por todo tipo de restos medievais, por direitos senhoriais, privilégios locais, monopólios municipais e corporativos e códigos provinciais. A enorme vassoura da Revolução Francesa do século XVIII varreu todas essas relíquias de tempos passados, assim limpando ao mesmo tempo o solo social dos últimos estorvos que se erguiam ante a superestrutura do edifício do Estado moderno erigido sob o Primeiro Império, ele mesmo o fruto das guerras de coalizão da velha Europa semifeudal contra a França moderna. Durante os regimes subsequentes, o governo, colocado sob controle parlamentar – isto é, sob o controle direto das classes proprietárias –, tornou-se não só uma incubadora

---

[29] Em 12 de abril de 1871, Marx escreveu a Ludwig Kugelmann: "Se olhares o último capítulo de meu *O 18 de brumário*, constatarás que considero que o próximo experimento da Revolução Francesa consistirá não mais em transferir a maquinaria burocrático-militar de uma mão para outra, como foi feito até então, mas sim em *quebrá-la*, e que esta é a precondição de toda revolução popular efetiva no continente. Esse é, também, o experimento de nossos heroicos correligionários de Paris" [Karl Marx, *A guerra civil na França*, cit., p. 208]. (N. E. A.) [Ed. bras.: *O 18 de brumário de Luís Bonaparte* (São Paulo, Boitempo, 2011)]. (N. E.)

de enormes dívidas nacionais e de impostos escorchantes, como também, graças à irresistível fascinação que causava por seus cargos, pilhagens e patronagens, converteu-se no pomo da discórdia entre as facções rivais e os aventureiros das classes dominantes; mas o seu caráter político mudou juntamente com as mudanças econômicas ocorridas na sociedade. No mesmo passo em que o progresso da moderna indústria desenvolvia, ampliava e intensificava o antagonismo de classe entre o capital e o trabalho, o poder do Estado foi assumindo cada vez mais o caráter de poder nacional do capital sobre o trabalho, de uma força pública organizada para a escravização social, de uma máquina do despotismo de classe. Após toda revolução que marca uma fase progressiva na luta de classes, o caráter puramente repressivo do poder do Estado revela-se com uma nitidez cada vez maior. A Revolução de 1830, que resultou na transferência do governo das mãos dos latifundiários para as mãos dos capitalistas, transferiu-o dos antagonistas mais remotos para os antagonistas mais diretos da classe operária. Os burgueses republicanos, que tomaram o poder do Estado em nome da Revolução de Fevereiro, dele se serviram para os massacres de junho, a fim de convencer a classe operária de que a República "Social" significaria uma república que promove sua submissão social e convencer a massa monárquica dos burgueses e latifundiários de que eles podiam deixar aos "republicanos" burgueses o ônus e o bônus do governo. Porém, depois de sua heroica façanha de junho, os republicanos burgueses tiveram de abandonar o *front* e ocupar a retaguarda do "Partido da Ordem", coalizão formada por todas as frações e facções rivais das classes apropriadoras, em seu antagonismo, agora publicamente declarado, às classes produtoras. A forma mais apropriada para esse governo por ações era a República parlamentar, com Luís Bonaparte como seu presidente. Um regime de confesso terrorismo de classe e de insulto deliberado contra a "multidão vil". Se a República parlamentar, como dizia o senhor Thiers, era "a que menos as dividia" (as diversas frações da classe dominante), ela abria, por outro lado, um abismo entre essa classe e o corpo inteiro da sociedade situada fora de suas parcas fileiras. As restrições que suas discórdias haviam imposto ao poder do Estado sob regimes anteriores foram removidas com essa união, e ante uma ameaçadora sublevação do proletariado eles agora serviam-se do poder estatal, sem misericórdia e com ostentação, como de uma máquina nacional de guerra do capital contra o trabalho. Em sua ininterrupta cruzada contra as massas produtoras, eles eram forçados, no entanto, não só a investir o Executivo de poderes de repressão cada vez maiores, mas, ao mesmo tempo, a destituir o seu próprio baluarte parlamentar – a Assembleia Nacional –, um por um, de todos os seus meios de defesa contra o Executivo. Então este, na pessoa de Luís Bonaparte, deu-lhes um chute. O fruto natural da República do "Partido da Ordem" foi o Segundo Império.

Karl Marx

O Império, tendo o *coup d'état* por certidão de nascimento, o sufrágio universal por sanção e a espada por cetro, professava apoiar-se nos camponeses, ampla massa de produtores não diretamente envolvida na luta entre capital e trabalho. Professava salvar a classe operária destruindo o parlamentarismo e, com ele, a indisfarçada subserviência do governo às classes proprietárias. Professava salvar as classes proprietárias sustentando sua supremacia econômica sobre a classe operária; e, finalmente, professava unir todas as classes reavivando para todos a quimera da glória nacional. Na realidade, ele era a única forma de governo possível em um momento em que a burguesia já havia perdido e a classe operária ainda não havia adquirido a capacidade de governar a nação. O Império foi aclamado por todo o mundo como o salvador da sociedade. Sob sua égide, a sociedade burguesa, liberta de preocupações políticas, atingiu um desenvolvimento inesperado até para ela mesma. Sua indústria e comércio assumiram proporções colossais; a especulação financeira celebrou orgias cosmopolitas; a miséria das massas contrastava com a descarada ostentação de um luxo pomposo, prostibular e vil. O poder estatal, que aparentemente pairava acima da sociedade, era, na verdade, o seu maior escândalo e a incubadora de todas as suas corrupções. Sua podridão e a podridão da sociedade que ele salvara foram desnudadas pela baioneta da Prússia, ela mesma avidamente inclinada a transferir a sede suprema desse regime de Paris para Berlim. O imperialismo é a forma mais prostituída e, ao mesmo tempo, a forma acabada do poder estatal que a sociedade burguesa nascente havia começado a criar como meio de sua própria emancipação do feudalismo, e que a sociedade burguesa madura acabou transformando em meio para a escravização do trabalho pelo capital.

A antítese direta do Império era a Comuna. O brado de "República Social" com que a Revolução de Fevereiro foi anunciada pelo proletariado de Paris não expressava senão a vaga aspiração de uma república que viesse não para suprimir a forma monárquica da dominação de classe, mas a dominação de classe ela mesma. A Comuna era a forma positiva dessa república.

Paris, sede central do velho poder governamental e, ao mesmo tempo, bastião social da classe operária francesa, levantara-se em armas contra a tentativa de Thiers e dos "rurais" de restaurar e perpetuar aquele velho poder que lhes fora legado pelo Império. Paris pôde resistir unicamente porque, em consequência do assédio, livrou-se do exército e o substituiu por uma Guarda Nacional, cujo principal contingente consistia em operários. Esse fato tinha, agora, de se transformar em uma instituição duradoura. Por isso, o primeiro decreto da Comuna ordenava a supressão do exército permanente e sua substituição pelo povo armado.

A Comuna era formada por conselheiros municipais, escolhidos por sufrágio universal nos diversos distritos da cidade, responsáveis e com mandatos revogáveis a qualquer momento. A maioria de seus membros era naturalmente formada de operários ou representantes incontestáveis da classe operária. A Comuna devia ser não um corpo parlamentar, mas um órgão de trabalho, Executivo e Legislativo ao mesmo tempo. Em vez de continuar a ser o agente do governo central, a polícia foi imediatamente despojada de seus atributos políticos e convertida em agente da Comuna, responsável e substituível a qualquer momento. O mesmo se fez em relação aos funcionários de todos os outros ramos da administração. Dos membros da Comuna até os postos inferiores, o serviço público tinha de ser remunerado com *salários de operários*. Os direitos adquiridos e as despesas de representação dos altos dignitários do Estado desapareceram com os próprios altos dignitários. As funções públicas deixaram de ser propriedade privada dos fantoches do governo central. Não só a administração municipal, mas toda iniciativa exercida até então pelo Estado foi posta nas mãos da Comuna.

Uma vez livre do exército permanente e da polícia – os elementos da força física do antigo governo –, a Comuna ansiava por quebrar a força espiritual de repressão, o "poder paroquial", pela desoficialização [*disestablishment*] e expropriação de todas as igrejas como corporações proprietárias. Os padres foram devolvidos ao retiro da vida privada, para lá viver das esmolas dos fiéis, imitando seus predecessores, os apóstolos. Todas as instituições de ensino foram abertas ao povo gratuitamente e ao mesmo tempo purificadas de toda interferência da Igreja e do Estado. Assim, não somente a educação se tornava acessível a todos, mas a própria ciência se libertava dos grilhões criados pelo preconceito de classe e pelo poder governamental.

Os funcionários judiciais deviam ser privados daquela fingida independência que só servira para mascarar sua vil subserviência a todos os sucessivos governos, aos quais, por sua vez, prestavam e quebravam sucessivamente juramentos de fidelidade. Tal como os demais servidores públicos, os magistrados e juízes deviam ser eletivos, responsáveis e demissíveis.

A Comuna de Paris, é claro, devia servir como modelo para todos os grandes centros industriais da França. Uma vez que o regime comunal estava estabelecido em Paris e nos centros secundários, o antigo governo centralizado também teria de ceder lugar nas províncias ao autogoverno dos produtores. No singelo esboço de organização nacional que a Comuna não teve tempo de desenvolver, consta claramente que a Comuna deveria ser a forma política até mesmo das menores aldeias do país e que nos distritos rurais o exército permanente deveria ser substituído por uma milícia popular, com um tempo de serviço extremamente curto. Às comunidades rurais de cada distrito caberia administrar seus assuntos coletivos por meio de uma assembleia de delegados com assento na cidade central do distrito, e essas assembleias, por sua vez, enviariam deputados à delegação nacional em Paris, sendo cada um desses delegados substituível a qualquer momento e vinculado por *mandat impérativ* (instruções formais) de seus eleitores. As poucas, porém importantes, funções que ainda restariam para um governo central não seriam suprimidas, como se divulgou caluniosamente, mas desempenhadas por agentes comunais e, portanto, responsáveis. A unidade da nação não seria quebrada, mas, ao contrário, organizada por meio de uma constituição comunal e tornada realidade pela destruição do poder estatal, que reivindicava ser a encarnação daquela unidade, independente e situado acima da própria nação, da qual ele não passava de uma excrescência parasitária. Ao passo que os órgãos meramente repressivos do velho poder estatal deveriam ser amputados, suas funções legítimas seriam arrancadas a uma autoridade que usurpava à sociedade uma posição preeminente e restituídas aos agentes responsáveis dessa sociedade. Em lugar de escolher uma vez a cada três ou seis anos quais os membros da classe dominante que irão atraiçoar [*misrepresent*] o povo no Parlamento, o sufrágio universal serviria ao povo, constituído em comunas, do mesmo modo que o sufrágio individual serve ao empregador na escolha de operários e administradores para seu negócio. E é um fato bem conhecido que empresas, como se fossem indivíduos, em se tratando de negócios reais geralmente sabem colocar o homem certo no lugar certo, e se nessa escolha alguma vez cometem um erro, sabem repará-lo com presteza. Por outro lado, nada podia ser mais estranho ao espírito da Comuna do que substituir o sufrágio universal por uma investidura hierárquica.

Criações históricas completamente novas estão geralmente destinadas a ser incompreendidas como cópias de formas velhas, e mesmo mortas, de vida social, com as quais podem guardar certa semelhança. Assim, essa nova Comuna, que destrói o poder estatal moderno, foi erroneamente tomada por uma reprodução das comunas medievais, que precederam esse poder estatal e depois converteram-se em seu substrato. O regime comunal foi confundido como uma tentativa de fragmentar em uma federação de pequenos Estados, como sonhavam Montesquieu* e os girondinos**, aquela unidade das grandes nações que, se originalmente fora instaurada pela violência, tornava-se agora um poderoso coeficiente da produção social. O antagonismo da Comuna com o poder do Estado foi erroneamente considerado uma forma exagerada da velha luta contra a hipercentralização. Circunstâncias históricas peculiares podem ter impedido, como na França, o desenvolvimento clássico da forma burguesa de governo e ter permitido, como na Inglaterra, completar os grandes órgãos centrais do Estado com conselhos paroquiais

---

* Montesquieu, *O espírito das leis* (N.T.). [Ed. bras.: São Paulo, Martins Fontes, 2005. (N.E.)]
** Os girondinos defendiam o federalismo, a divisão da França em várias repúblicas federadas, em oposição a um governo centralizado revolucionário-democrático nos moldes da ditadura jacobina. (N. T.)

corrompidos, conselheiros de aluguel, ferozes promotores de assistência social nas cidades e magistrados virtualmente hereditários nos condados. O regime comunal teria restaurado ao corpo social todas as forças até então absorvidas pelo parasita estatal, que se alimenta da sociedade e obstrui seu livre movimento. Esse único ato bastaria para iniciar a regeneração da França. A provinciana classe média da França viu na Comuna uma tentativa de repetir o impulso que sua categoria social experimentara sob Luís Filipe, e que, sob Luís Napoleão, fora suplantado pelo suposto predomínio do campo sobre a cidade. Em realidade, o regime comunal colocava os produtores do campo sob a direção intelectual das cidades centrais de seus distritos, e a eles afiançava, na pessoa dos operários, os fiduciários naturais de seus interesses. A própria existência da Comuna implicava, como algo patente, a autonomia municipal, porém não mais como contrapeso a um agora supérfluo poder estatal. Somente na cabeça de um Bismarck – que, quando não está ocupado com suas intrigas de sangue e ferro, gosta sempre de voltar ao seu antigo ofício, tão adequado ao seu calibre mental, de colaborador do *Kladderadatsch* (o *Punch* de Berlim) –, apenas em uma tal cabeça poderia entrar a ideia de atribuir à Comuna de Paris a aspiração de repetir a caricatura prussiana da organização municipal francesa de 1791, isto é, aquela constituição municipal que degradava os governos das cidades a meras engrenagens secundárias do aparelho policial do Estado prussiano. A Comuna tornou realidade o lema das revoluções burguesas – o governo barato – ao destruir as duas maiores fontes de gastos: o exército permanente e o funcionalismo estatal. Sua própria existência pressupunha a inexistência da monarquia, que, ao menos na Europa, é o suporte normal e o véu indispensável da dominação de classe. A Comuna dotou a República de uma base de instituições realmente democráticas. Mas nem o governo barato nem a "verdadeira República" constituíam sua finalidade última. Eles eram apenas suas consequências.

A multiplicidade de interpretações a que tem sido submetida a Comuna e a multiplicidade de interesses que a interpretam em seu benefício próprio demonstram que ela era uma forma política completamente flexível, ao passo que todas as formas anteriores de governo haviam sido fundamentalmente repressivas. Eis o verdadeiro segredo da Comuna: era essencialmente um governo da classe operária, o produto da luta da classe produtora contra a classe apropriadora, a forma política enfim descoberta para se levar a efeito a emancipação econômica do trabalho.

A não ser sob essa última condição, o regime comunal teria sido uma impossibilidade e um logro. A dominação política dos produtores não pode coexistir com a perpetuação de sua escravidão social. A Comuna, portanto, devia servir como alavanca para desarraigar o fundamento econômico sobre o qual descansa a existência das classes e, por conseguinte, da dominação de classe. Com o trabalho emancipado, todo homem se converte em trabalhador e o trabalho produtivo deixa de ser um atributo de classe.

Karl Marx

É um fato estranho. Apesar de todos os discursos e da imensa literatura que nos últimos sessenta anos tiveram como objeto a emancipação do trabalho, mal os operários tomam, seja onde for, o problema em suas próprias mãos, ressurge imediatamente toda a fraseologia apologética dos porta-vozes da sociedade atual, com os seus dois polos do capital e da escravidão assalariada (o latifundiário de hoje não é mais do que o sócio-comanditário do capitalista), como se a sociedade capitalista se encontrasse ainda em seu mais puro estado de inocência virginal, com seus antagonismos ainda não desenvolvidos, com suas ilusões ainda preservadas, com suas prostituídas realidades ainda não desnudadas. A Comuna, exclamam, pretende abolir a propriedade, a base de toda civilização! Sim, cavalheiros, a Comuna pretendia abolir essa propriedade de classe que faz do trabalho de muitos a riqueza de poucos. Ela visava a expropriação dos expropriadores. Queria fazer da propriedade individual uma verdade, transformando os meios de produção, a terra e o capital, hoje essencialmente meios de escravização e exploração do trabalho, em simples instrumentos de trabalho livre e associado. Mas isso é comunismo, o "irrealizável" comunismo! Mas como se explica, então, que os indivíduos das classes dominantes, que são suficientemente inteligentes para perceber a impossibilidade de manter o sistema atual – e eles são muitos –, tenham se convertido em apóstolos abstrusos e prolixos da produção cooperativa? Se a produção cooperativa é algo mais que uma fraude e um ardil, se há de substituir o sistema capitalista, se as sociedades cooperativas unidas devem regular a produção nacional segundo um plano comum, tomando-a assim sob seu controle e pondo fim à anarquia constante e às convulsões periódicas que são a fatalidade da produção capitalista – o que seria isso, cavalheiros, senão comunismo, comunismo "realizável"?

A classe trabalhadora não esperava milagres da Comuna. Os trabalhadores não têm nenhuma utopia já pronta para introduzir *par décret du peuple**. Sabem que, para atingir sua própria emancipação, e com ela essa forma superior de vida para a qual a sociedade atual, por seu próprio desenvolvimento econômico, tende irresistivelmente, terão de passar por longas lutas, por uma série de processos históricos que transformarão as circunstâncias e os homens. Eles não têm nenhum ideal a realizar, mas sim querem libertar os elementos da nova sociedade dos quais a velha e agonizante sociedade burguesa está grávida. Em plena consciência de sua missão histórica e com a heroica resolução de atuar de acordo com ela, a classe trabalhadora pode sorrir para as rudes invectivas desses lacaios com pena e tinteiro e do didático patronato de doutrinadores burgueses bem intencionados, a verter suas ignorantes platitudes e extravagâncias sectárias em tom oracular de infalibilidade científica.

---

* Por decreto do povo. (N. T.)

A guerra civil na França

Quando a Comuna de Paris assumiu em suas mãos o controle da revolução; quando, pela primeira vez na história, os simples operários ousaram infringir o privilégio estatal de seus "superiores naturais" e, sob circunstâncias de inédita dificuldade, realizaram seu trabalho de modo modesto, consciente e eficaz, por salários dos quais o mais alto mal chegava a uma quinta parte do valor que, de acordo com uma alta autoridade científica, é o mínimo exigido para um secretário de um conselho escolar metropolitano – então o velho mundo contorceu-se em convulsões de raiva ante a visão da bandeira vermelha, símbolo da República do Trabalho, tremulando sobre o Hôtel de Ville.

E, no entanto, essa foi a primeira revolução em que a classe trabalhadora foi abertamente reconhecida como a única classe capaz de iniciativa social, mesmo pela grande massa da classe média parisiense – lojistas, negociantes, mercadores –, excetuando-se unicamente os capitalistas ricos. A Comuna os salvara por meio de uma arguta solução para a recorrente causa de discórdias entre os próprios membros da classe média: o ajuste de contas entre devedores e credores. A mesma porção da classe média, depois de ter contribuído para aniquilar a insurreição operária de junho de 1848, foi imediatamente sacrificada sem cerimônia aos seus credores pela Assembleia Constituinte[30]. Mas esse não foi o único motivo para que ela agora cerrasse fileiras ao lado da classe trabalhadora. Ela sentia que havia apenas uma alternativa, a Comuna ou o Império, qualquer que fosse o nome sob o qual este viesse a ressurgir. O Império a arruinara economicamente, promovendo a dilapidação da riqueza pública, fomentando a fraude financeira e a centralização artificialmente acelerada do capital, com a concomitante expropriação de muitos dos membros de sua classe. Suprimira-a politicamente, escandalizara-a moralmente com suas orgias, insultara o seu voltairianismo ao entregar a educação de seus filhos aos *frères ignorantins**, revoltara seu sentimento nacional de franceses ao lançá-la violentamente em uma guerra que deixou apenas uma compensação para as ruínas que produziu: a desaparição do Império. Realmente, depois que a alta boêmia bonapartista e capitalista abandonou Paris, o verdadeiro partido da ordem da classe média apareceu na figura da *"Union républicaine"*[31], enrolando a si mesma

---

[30] O projeto de lei sobre a *Concordats à l'amiable* ("Concordata amistosa", acordo entre credores e devedores) tramitara de 17 a 22 de agosto de 1848, sendo ao fim rejeitado em seus pontos essenciais. (N. E. A.)

* "Irmãos ignorantinos": designação jocosa que Voltaire (ou seus seguidores) aplicou aos irmãos lassallistas, a partir de *Frères Yontins*, como se chamavam esses irmãos, que tinham sua base em Saint-Yon, próximo a Rouen. (N. T.)

[31] Referência à União Republicana dos Departamentos, associação política fundada em meados de abril de 1871 por J.-B. Millière e radicalmente orientada contra os versalheses. Entre suas ações, estavam a organização de grandes reuniões de solidariedade à

na bandeira da Comuna e defendendo-a contra as desfigurações intencionais de Thiers. Se a gratidão desse grande corpo da classe média resistirá às duras provas atuais, só o tempo dirá.

A Comuna estava perfeitamente certa quando dizia aos camponeses: "nossa vitória é a vossa única esperança!". De todas as mentiras incubadas em Versalhes e ecoadas pelos gloriosos escritores a soldo que encontramos na Europa, uma das mais assombrosas era a de que os "rurais" representavam o campesinato francês. Imaginai apenas o amor dos campônios da França pelos homens a quem, após 1815, foram obrigados a pagar uma reparação bilionária. Aos olhos do camponês da França, a simples existência de um grande proprietário de terra já é em si mesma uma usurpação de suas conquistas de 1789. Em 1848, a burguesia sobrecarregara seu lote de terra, instituindo uma taxa adicional de 45 centavos por franco[32], mas então o fizera em nome da revolução, ao passo que agora ela fomentava uma guerra civil contra a Revolução a fim de lançar sobre os ombros dos camponeses a maior parte da carga dos 5 bilhões de reparação a serem pagos aos prussianos. A Comuna, por outro lado, em uma de suas primeiras proclamações, declarava que os custos da guerra seriam pagos pelos seus verdadeiros perpetradores. A Comuna teria isentado o camponês da maldita taxa, ter-lhe-ia dado um governo barato, teria convertido os seus atuais sanguessugas – o notário, o advogado, o coletor e outros vampiros judiciais – em empregados comunais assalariados, eleitos por ele e responsáveis perante ele. Tê-lo-ia libertado da tirania do *garde champêtre**, do gendarme e do prefeito, teria posto o esclarecimento do professor escolar no lugar do embrutecimento do pároco. E o camponês francês é, acima de tudo, um homem de cálculo. Ele acharia extremamente razoável que o pagamento do pároco, em vez de lhe ser arrancado pelo coletor de impostos, dependesse exclusivamente da ação espontânea do instinto religioso dos paroquianos. Tais eram os grandes benefícios imediatos que o governo da Comuna – e apenas ele – oferecia ao campesinato francês. Seria, portanto, inteiramente supérfluo proceder aqui a uma exposição minuciosa dos problemas mais complicados, porém vitais, que só a Comuna podia resolver – ao mesmo tempo que se via obrigada a isso – em favor do camponês, como a dívida hipotecária, pesando como uma maldição sobre sua parcela de terra, o *prolétariat foncier* (proletariado rural), cres-

---

Comuna e o desenvolvimento de um plano de transformação democrática cujo principal objetivo consistia em fortalecer a ordem republicana e garantir a independência da Comuna. (N. E. A.)

[32] Em 16 de março de 1848, o governo provisório baixou um decreto que instituía uma taxa de 45 cêntimos por franco na arrecadação dos quatro impostos existentes. Essa medida afetou sobretudo os camponeses, que constituíam a maioria da população francesa. (N. E. A.)

* Guarda rural. (N. T.)

cendo diariamente, e a expropriação da terra em que este proletário trabalhava, processo forçado pelo desenvolvimento em ritmo cada vez mais rápido da agricultura moderna e da competição da produção agrícola capitalista.

O camponês francês elegeu Luís Bonaparte presidente da República, mas foi o Partido da Ordem quem criou o Império. O que o camponês francês realmente queria, começou ele mesmo a demonstrar em 1849 e 1850, opondo o seu *maire** ao prefeito do governo, seu professor escolar ao pároco do governo e sua própria pessoa ao gendarme do governo. Todas as leis introduzidas pelo Partido da Ordem em janeiro e fevereiro de 1850 foram medidas confessas de repressão contra o camponês. O camponês era um bonapartista porque a seus olhos a Grande Revolução, com todos os benefícios que ela lhe trouxera, estava personificada em Napoleão. Essa ilusão, que ia rapidamente se esvanecendo sob o Segundo Império (e que, por natureza, era hostil aos "rurais"), esse preconceito do passado, como teria ele resistido ao apelo da Comuna aos interesses vitais e às necessidades mais urgentes do campesinato?

Os "rurais" – esta era, na verdade, sua principal apreensão – sabiam que três meses de livre comunicação da Paris comunal com as províncias desencadeariam uma sublevação geral dos camponeses; daí sua ansiedade em estabelecer um bloqueio policial em torno de Paris, a fim de deter a propagação da peste bovina.

Assim, se a Comuna era a verdadeira representante de todos os elementos saudáveis da sociedade francesa e, portanto, o verdadeiro governo nacional, ela era, ao mesmo tempo, como governo operário e paladino audaz da emancipação do trabalho, um governo enfaticamente internacional. Sob a mira do mesmo exército prussiano que havia anexado à Alemanha duas províncias francesas, a Comuna anexou à França os trabalhadores do mundo inteiro.

O Segundo Império fora o jubileu da vigarice cosmopolita. Velhacos de todos os países acorreram ao chamado para tomar parte em suas orgias e na pilhagem do povo francês. Ainda hoje o braço direito de Thiers é Ganesco, o valáquio asqueroso, e seu braço esquerdo Markovski, o espião russo. A Comuna concedeu a todos os estrangeiros a honra de morrer por uma causa imortal. Entre a guerra externa perdida por sua traição e a guerra civil fomentada por sua conspiração com o invasor estrangeiro, a burguesia achara tempo para exibir seu patriotismo organizando batidas policiais contra os alemães residentes na França. A Comuna nomeou um operário alemão** seu ministro do Trabalho. Thiers, a burguesia e o Segundo Império haviam por

---

* Prefeito ou subprefeito. (N. T.)
** Leo Frankel.

todo o tempo enganado a Polônia com espalhafatosas declarações de simpatia, quando na verdade traíam-na aos interesses da Rússia, fazendo para esta o serviço sujo. A Comuna honrou os heroicos filhos da Polônia* colocando-os na vanguarda dos defensores de Paris. E, para marcar claramente a nova era histórica que estava consciente de inaugurar, ela jogou por terra, ante os olhos dos conquistadores prussianos, de um lado, e do exército bonapartista comandado por generais bonapartistas, de outro, aquele símbolo colossal da glória bélica, a Coluna Vendôme.

A grande medida social da Comuna foi a sua própria existência produtiva. Suas medidas especiais não podiam senão exprimir a tendência de um governo do povo pelo povo. Tais medidas eram a abolição do trabalho noturno para os padeiros, a interdição penal da prática, comum entre os empregadores, de reduzir salários impondo a seus trabalhadores taxas sob os mais variados pretextos – um processo em que o patrão reúne em sua pessoa as funções de legislador, juiz e agente executivo, e ao fim surrupia o dinheiro. Outra medida desse tipo foi a entrega às organizações operárias, sob reserva de domínio, de todas as oficinas e fábricas fechadas, não importando se os respectivos capitalistas fugiram ou preferiram interromper o trabalho.

As medidas financeiras da Comuna, notáveis por sua sagacidade e moderação, só podiam ser aquelas compatíveis com a situação de uma cidade sitiada. Considerando-se a roubalheira colossal realizada nos cofres da cidade de Paris pelas grandes companhias financeiras e empreiteiras, sob a proteção de Haussmann, a Comuna teria tido um motivo incomparavelmente melhor para confiscar suas propriedades do que Luís Bonaparte o tinha para confiscar os da família Orléans. Os Hohenzollern e os oligarcas ingleses, cujas propriedades haviam se beneficiado largamente dos saques da igreja, ficaram certamente chocados quando a Comuna reteve minguados 8 mil francos pela secularização desses bens.

Enquanto o governo de Versalhes, tão logo recuperou algum ânimo e forças, usava contra a Comuna os meios mais violentos, enquanto reprimia a liberdade de opinião por toda a França, chegando à proibição de reuniões de delegados das grandes cidades, enquanto submetia Versalhes e o resto da França a uma espionagem que ultrapassava em muito aquela do Segundo Império, enquanto queimava por meio de seus gendarmes inquisidores todos os jornais impressos em Paris e violava toda correspondência que partia ou chegava à capital, enquanto na Assembleia Nacional as mais tímidas tentativas de balbuciar uma palavra em favor de Paris eram esmagadas por uma avalanche de vaias inédita até mesmo na *Chambre introuvable*** de 1816, enfim, enquanto enfrentava uma guerra selvagem dos versalheses fora, e suas ten-

---

* J. Dombrowski e W. Wróblewski. (N. T.)
** Ver nota 15 na página 44. (N. T.)

tativas de corrupção e conspiração dentro de Paris – não teria a Comuna traído vergonhosamente seu juramento se simulasse conservar todos os decoros e aparências de liberalismo, como se estivesse em um tempo de profunda paz? Se o governo da Comuna se assemelhasse ao do senhor Thiers, não teria havido mais motivos para suprimir os jornais do Partido da Ordem em Paris do que para suprimir os jornais da Comuna em Versalhes.

De fato, era algo irritante para os "rurais" que ao mesmo tempo em que eles declaravam o retorno à Igreja como o único meio de salvação para a França, a infiel Comuna desenterrasse os mistérios peculiares do convento de Picpus e da igreja de Saint-Laurent*. E significava uma chacota para o senhor Thiers que, enquanto ele despejava grandes cruzes sobre os generais bonapartistas em reconhecimento à sua maestria em perder batalhas, assinava capitulações e enrolava cigarros em Wilhelmshöhe[33], a Comuna destituísse e encarcerasse seus generais sempre que havia alguma suspeita de negligência no cumprimento de seu dever. A expulsão da Comuna e a detenção, por ordem dela, de um de seus membros[34], que nela se infiltrara com um falso nome e que em Lyon pegara seis dias de cadeia por simples falência, não significava isso um deliberado insulto lançado ao falsário Jules Favre, então ainda ministro do Exterior da França, que continuava vendendo a França a Bismarck e ditando suas ordens àquele incomparável governo da Bélgica? Porém, de fato, a Comuna não fingia possuir o dom da infalibilidade, o invariável atributo de todos os governos do velho tipo. Ela publicou seus atos e declarações, revelando ao público todas as suas falhas.

Em todas as revoluções, ao lado de seus verdadeiros agentes, surgem homens de outro tipo; alguns deles, sobreviventes e devotos de revoluções passadas, desprovidos de visão do movimento atual, porém ainda capazes de exercer influência sobre o povo, seja por sua manifesta honestidade e coragem, seja unicamente por força da tradição; outros são meros brigões que, em virtude de repetir ano após ano o mesmo pacote de declarações estereotipadas contra o governo do dia, moveram-se furtivamente até conquistar a reputação de revolucionários de primeira classe. Depois de 18 de março surgiram também alguns homens desse tipo e, em alguns casos, che-

---

* Em maio de 1871, publicaram-se notícias sobre crimes cometidos em conventos. Assim, constatou-se, na investigação realizada no convento de Picpus, na cidade satélite de S. Antoine, que freiras haviam sido aprisionadas ao longo de muitos anos em suas celas. Ao mesmo tempo, foram encontrados instrumentos de tortura, assim como, na igreja de S. Laurent, uma pequena capela secreta com esqueletos. (N. T.)

[33] De 1870 a 1871, o imperador Napoleão III esteve aprisionado, juntamente com seus seguidores, no castelo de Wilhelmshöhe, em Kassel. Enrolar cigarros para si mesmos era uma das principais ocupações dos prisioneiros. (N. E. A.)

[34] Stanislas Pourille, que foi eleito para a Comuna sob o falso nome de Blanchet, foi excluído da Comuna em 5 de maio de 1871 e posteriormente preso. (N. E. A.)

garam a desempenhar papéis preeminentes. Na medida em que seu poder permitia, obstruíram a ação real da classe operária, exatamente do mesmo modo que outros de sua mesma espécie haviam impedido o pleno desenvolvimento de todas as revoluções anteriores. Tais homens são um mal inevitável: com o tempo, são expurgados; mas tempo é algo que não foi dado à Comuna.

Magnífica, de fato, foi a mudança que a Comuna operou em Paris! Nem um traço sequer daquela Paris prostituída do Segundo Império! Paris deixava de ser o *rendez-vous* de latifundiários britânicos, absenteístas irlandeses[35], ex-escravistas e mercenários americanos, ex-proprietários russos de servos e boiardos da Valáquia. Não havia mais cadáveres no necrotério, assaltos noturnos, os furtos eram raros; pela primeira vez desde os dias de fevereiro de 1848, as ruas de Paris estavam seguras, e isso sem polícia de nenhuma espécie. "Não ouvimos mais falar" – dizia um membro da Comuna – "de assassinato, roubo e agressão; de fato, é como se a polícia tivesse arrastado consigo para Versalhes todos os seus amigos conservadores". As cocotes seguiram o rastro de seus protetores, os fugitivos homens de família, de religião e, acima de tudo, de propriedade. Em seu lugar, as verdadeiras mulheres de Paris voltavam a emergir: heroicas, nobres e devotadas como as mulheres da antiguidade. Trabalhando, pensando, lutando, sangrando: assim se encontrava Paris, em sua incubação de uma sociedade nova e quase esquecida dos canibais à espreita diante de suas portas, radiante no entusiasmo de sua iniciativa histórica!

Oposto a esse mundo novo em Paris, estava o mundo velho de Versalhes – aquela assembleia de abutres de todos os regimes mortos, legitimistas e orleanistas, ávidos por nutrir-se da carcaça da nação – com sua fileira de republicanos antediluvianos, a sancionar, com sua presença na Assembleia, a rebelião dos escravistas, confiando a manutenção de sua República parlamentar à vaidade do senil charlatão a presidi-la e caricaturando a Revolução de 1789 com suas fantasmagóricas assembleias no *Jeu de Paume**. Assim essa assembleia, representante de tudo o que havia de morto na França, ganhava uma aparência de vida graças tão somente aos sabres dos generais de Luís Bonaparte. Paris era toda verdade, Versalhes toda mentira, e uma mentira que exalava da boca de Thiers.

"Podeis confiar em minha palavra, à qual jamais faltei" – disse Thiers a uma comissão de prefeitos municipais do departamento de Seine-et-Oise. À própria Assembleia Nacional, ele afirma que "é a Assembleia mais livremen-

---

[35] Proprietários de terra que, na maioria das vezes, viviam no exterior. Seus administradores se encarregavam de seus negócios, cobrando altos valores dos arrendatários. (N. E. A.)

* Salão (quadra de *jeu de paume*, antecessor do jogo de tênis) onde a Assembleia Nacional de 1789 realizou, em 20 de junho, o célebre "juramento do *Jeu de Paume*". (N. T.)

te eleita e mais liberal que a França jamais possuiu", à sua soldadesca multicor diz que ela é "o prodígio do mundo e o melhor exército que a França jamais possuiu", diz às províncias que o bombardeio de Paris, ordenado por ele, é um mito: "se alguns tiros de canhão foram disparados, eles não partiram do exército de Versalhes, mas de alguns insurgentes com o intuito de fazer crer que estavam a lutar, quando na verdade não ousavam mostrar suas faces". Ele novamente diz às províncias que "a artilharia de Versalhes não bombardeou Paris, mas apenas a canhonou". Declara ao arcebispo de Paris que as supostas execuções e represálias (!) atribuídas às tropas versalhesas eram todas fantasias. Diz a Paris que ele anseia somente "libertá-la dos terríveis tiranos que a oprimem" e que, na verdade, a Paris da Comuna não passa "de um punhado de criminosos".

A Paris do senhor Thiers não era a verdadeira Paris da "multidão vil", mas uma Paris fantasma, a Paris dos *franc-fileurs**, a Paris dos bulevares, masculina e feminina. Era a Paris rica, capitalista, dourada, ociosa, agora a correr – com seus lacaios, seus escroques, sua boêmia literária e suas cocotes – para Versalhes, Saint-Denis, Rueil e Saint-Germain. A Paris que considerava a guerra civil apenas uma agradável diversão, acompanhando o desenrolar das batalhas através de binóculos, contando os tiros de canhão, jurando por sua própria honra e pela de suas prostitutas que aquele espetáculo era muito melhor do que aqueles da porta Saint-Martin**. Os homens que ali caíam estavam realmente mortos; os gritos dos feridos eram gritos verdadeiros também e, ademais, a coisa toda era tão intensamente histórica!

Essa é a Paris do senhor Thiers, tal como os emigrados de Coblença*** eram a França do senhor Calonne.

IV

A primeira tentativa da conspiração dos escravistas para subjugar Paris por meio de sua ocupação pelos prussianos foi frustrada pela recusa de Bismarck. A segunda tentativa, de 18 de março, terminou com a derrota do exército e a fuga do governo para Versalhes, tendo todo o conjunto da administração recebido ordens para abandonar seus postos e acompanhar o governo em sua fuga. Simulando negociações de paz com Paris, Thiers ganhou tempo para preparar a guerra contra ela. Mas onde conseguir um exército? Os remanescentes dos regimentos de linha eram escassos em número e perigosos

---

* Literalmente, "livre-fugitivo", em oposição irônica a *franc-tireur*, "livre-atirador". Apelido dado aos cidadãos parisienses que fugiram da cidade durante seu cerco. (N. T.)

** Referência ao Teatro da Porta Saint-Martin. (N. T.)

*** Coblença fora, no tempo da Revolução Francesa, o centro da emigração monarquista e reacionária. (N. T.)

quanto ao caráter. Seu apelo urgente às províncias para que socorressem Versalhes, por meio de suas guardas nacionais e seus voluntários, teve como resposta uma retumbante recusa. Apenas a Bretanha mandou um punhado de *chouans**, que lutavam sob uma bandeira branca, cada um portando sobre o peito um coração de Jesus em pano branco e a gritar *"Vive le Roi!"* (Viva o Rei!). Thiers fora, assim, obrigado a reunir às pressas uma malta variada, composta de marinheiros, fuzileiros navais, zuavos pontifícios**, gendarmes de Valentin e *sergents de ville* e *mouchards**** de Piétri. Esse exército, porém, teria sido ridiculamente ineficaz sem a incorporação dos prisioneiros de guerra imperiais que Bismarck concedeu em parcelas grandes o bastante para conservar viva a guerra civil e manter o governo de Versalhes em abjeta dependência em relação à Prússia. Durante a própria guerra, a polícia de Versalhes teve de vigiar o exército de Versalhes, enquanto os gendarmes precisavam arrastá-lo, expondo-se a si mesmos em todos os postos de perigo. Os fortes que caíram não foram tomados, mas comprados. O heroísmo dos federais convenceu Thiers de que a resistência de Paris não poderia ser vencida pelo seu gênio estratégico nem pelas baionetas de que dispunha.

Enquanto isso, suas relações com as províncias tornavam-se cada vez mais difíceis. Nem uma única mensagem de aprovação chegava para alegrar Thiers e seus "rurais". Muito pelo contrário. Delegações e mensagens que pediam, em um tom que podia ser tudo, menos respeitoso, a reconciliação com Paris nos termos do reconhecimento inequívoco da República, das liberdades comunais e da dissolução da Assembleia Nacional, cujo mandato já expirara, chegavam a tal número que Dufaure, ministro da Justiça de Thiers, em sua circular de 23 de abril aos promotores públicos, ordenou-lhes considerar como um crime o "apelo à conciliação"! No entanto, em face da desesperada perspectiva que se abria ante sua campanha militar, Thiers resolveu alterar suas táticas, ordenando que, em 30 de abril, fossem realizadas eleições municipais em todo o país tendo como base a nova lei municipal ditada por ele mesmo à Assembleia Nacional. Seja utilizando-se das intrigas de seus prefeitos, seja com intimidação policial, ele estava certo de que, com o veredicto das províncias, poderia conferir à Assembleia Nacional aquele

---

* Na época da Revolução Francesa, o termo *chouan* designava os revoltosos monarquistas na França ocidental (Bretanha, Normandia, Maine). Durante a Comuna de Paris, ele foi usado para caracterizar uma fração dos versalheses com raízes na Bretanha e orientada para a monarquia. (N. T.)

** Regimento da guarda papal formada em 1860 segundo o modelo dos zuavos (tropa colonial francesa que gozava da fama de uma tropa de elite). Após a supressão do poder temporal do papa, os zuavos pontifícios foram levados à França em 1870 e, em 1871, empregados na repressão à Comuna de Paris. (N. T.)

*** Delatores. (N. T.)

poder moral que ela jamais tivera e obteria das províncias, enfim, a força física necessária para a conquista de Paris.

À sua guerra de bandidos contra Paris, exaltada em seus próprios boletins, e às tentativas de seus ministros de instaurar por toda a França o reino do terror, Thiers estava desde o início ansioso por acrescentar uma pequena farsa de conciliação, que deveria servir-lhe a mais de uma finalidade. Tratava-se de enganar as províncias, de persuadir os elementos da classe média de Paris e, além de tudo, proporcionar aos supostos republicanos da Assembleia Nacional a oportunidade de esconder sua traição contra Paris detrás de sua fé em Thiers. Em 21 de março, ainda sem um exército, Thiers declarava à Assembleia: "Haja o que houver, jamais enviarei um exército a Paris". Em 27 de março, interveio novamente: "Encontrei a República como um fato consumado e estou firmemente resolvido a mantê-la". Na verdade, ele esmagou a revolução em Lyon e Marselha[36] em nome da República, enquanto os rugidos de seus "rurais" abafavam qualquer referência ao seu nome em Versalhes. Depois dessa façanha, ele rebaixou o "fato consumado" à categoria de fato hipotético. Os príncipes de Orléans, que Thiers havia cautelosamente afastado de Bordeaux, obtinham agora, em flagrante violação da lei, permissão para fazer intrigas em Dreux. As concessões prometidas por Thiers em seus intermináveis colóquios com os delegados de Paris e das províncias, embora variassem constantemente de tom e de cor segundo o tempo e as circunstâncias, nunca foram além, é verdade, da promessa de restringir sua vingança ao "punhado de criminosos envolvidos nos assassinatos de Lecomte e Clément Thomas", sob a clara condição de que Paris e a França aceitassem sem reservas o próprio sr. Thiers como a melhor das repúblicas possíveis, tal como ele procedera em 1830 com Luís Filipe. E ele ainda tinha o cuidado de tornar essas concessões suspeitas através dos comentários que seus ministros delas faziam na Assembleia Nacional. Ele tinha seu Dufaure pronto para agir. Dufaure, esse velho advogado orleanista, fora sempre o juiz supremo do estado de sítio, tanto agora, em 1871, sob Thiers, como em 1839, sob Luís Filipe, e em 1849, sob a presidência de Luís Bonaparte. Enquanto esteve fora do ministério, fez fortuna advogando para os capitalistas de Paris e acumulara capital político atuando contra as leis que

---

[36] Sob a influência da revolução em Paris, ocorreram comícios em Lyon, Marselha e outras cidades. Em 22 de março, guardas nacionais e trabalhadores ocuparam a prefeitura municipal em Lyon, proclamaram a comuna e elegeram uma comissão comunal de cinco membros. Em 25 de março, porém, as antigas autoridades retomaram seus postos. Uma nova sublevação dos trabalhadores de Lyon foi esmagada pelo exército e pela polícia em 30 de abril.

Em Marselha, houve também levantes populares. Em 23 de março de 1871, a prefeitura foi ocupada. Formou-se uma comissão departamental e eleições para a Comuna foram marcadas para 5 de abril. No entanto, o movimento revolucionário de Marselha foi suprimido em 4 de abril. (N. E. A.)

ele mesmo criara. Agora, apressava-se em propor à Assembleia Nacional não apenas um pacote de leis repressivas que, depois da queda de Paris, haveriam de servir para extirpar os últimos vestígios da liberdade republicana na França, como traçava de antemão o destino de Paris, abreviando as tramitações das cortes marciais, que lhe pareciam demasiadamente lentas, e criando um novíssimo código draconiano de deportação. A Revolução de 1848, ao abolir a pena de morte para os crimes políticos, substituíra-a pela deportação. Luís Bonaparte não ousou, ao menos em teoria, restabelecer o regime da guilhotina. A Assembleia dos "rurais", ainda não atrevidos o suficiente para chegar a insinuar que os parisienses não eram rebeldes, mas assassinos, teve de manter sua planejada vingança contra Paris nos limites da nova lei de deportação de Dufaure. Sob todas essas circunstâncias, Thiers não teria podido continuar com sua comédia de conciliação, se esta não tivesse provocado, como ele próprio queria, gritos de raiva entre os "rurais", cujas mentes ruminantes eram incapazes de entender não apenas a encenação, como também suas doses necessárias de hipocrisia, tergiversação e procrastinação.

Na iminência das eleições municipais de 30 de abril, Thiers protagonizou uma de suas grandes cenas conciliatórias, em 27 de abril. Em meio a um dilúvio de retórica sentimental, exclamou da tribuna da Assembleia:

> Não há nenhuma conspiração contra a República, a não ser a conspiração de Paris, que nos obriga a derramar sangue francês. Não me cansarei de repetir. Deponham as armas infames aquelas mãos que ainda as empunham e o castigo será imediatamente limitado por um ato de anistia da qual só estará excluído um pequeno número de criminosos.

E à violenta interrupção dos "rurais", replicou:

> Senhores, dizei-me, eu vos suplico, caso eu esteja errado. Lamentais realmente que eu tenha dito aqui que os criminosos constituem apenas um pequeno grupo? Não é uma felicidade em meio às nossas desgraças que aqueles que foram capazes de derramar o sangue de Clément Thomas e do general Lecomte sejam apenas raras exceções?

A França, contudo, fez ouvidos moucos àquilo que Thiers acreditava ser um canto de sereia parlamentar. Dos 700 mil conselheiros municipais eleitos nas 35 mil comunas ainda deixadas à França, a coligação dos legitimistas, orleanistas e bonapartistas não chegou a obter 8 mil. As eleições suplementares que se seguiram foram ainda mais decididamente hostis. Desse modo, em vez de obter das províncias a força física de que urgentemente necessitava, a Assembleia Nacional perdeu até mesmo sua última aspiração de força moral, isto é, a de ser a expressão do sufrágio universal do país. Para completar a derrota, os recém-eleitos conselhos municipais de todas as cidades da França ameaçaram abertamente a Assembleia usurpadora de Versalhes com a criação de uma contra-assembleia em Bordeaux.

O tão esperado momento da ação decisiva finalmente chegara para Bismarck. Este ordenou peremptoriamente a Thiers que enviasse a Frankfurt plenipotenciários para estabelecer a paz de forma definitiva. Em humilde obediência ao chamado do seu senhor, Thiers apressou-se em despachar seu fiel Jules Favre, seguido por Poyer-Quertier. Poyer-Quertier, um "eminente" fiandeiro de algodão de Rouen, fervoroso e até servil partidário do Segundo Império, nunca encontrara neste nenhuma falha exceto o seu tratado comercial com a Inglaterra[37], prejudicial ao seu próprio interesse. Nem bem se instalara em Bordeaux, como ministro da Fazenda de Thiers, e já denunciava esse "infausto" tratado, pedia sua imediata revogação e chegou até à afronta de tentar, embora em vão (não levando em conta Bismarck em seus cálculos), a imediata reinstituição das antigas tarifas protecionistas contra a Alsácia, tendo em vista, dizia ele, que nenhum tratado internacional anterior a isso se opunha. Esse homem, que considerava a contrarrevolução um meio de arrochar os salários em Rouen, e via na rendição das províncias francesas um meio para aumentar os preços de seus artigos na França – não era ele *o homem* predestinado a ser escolhido por Thiers, em sua última e culminante traição, como ajudante de ordens de Jules Favre?

Quando da chegada a Frankfurt dessa notável parelha de plenipotenciários, o rude Bismarck os recebeu com uma categórica alternativa: "Ou a restauração do Império, ou a aceitação incondicional de meus termos de paz!". Entre esses termos, estava a redução dos prazos de pagamento da reparação de guerra e a ocupação continuada dos fortes de Paris pelas tropas prussianas até que Bismarck estivesse satisfeito com o estado de coisas na França. E desse modo a Prússia seria reconhecida como o árbitro supremo da política interna francesa! Em troca, oferecia libertar o exército bonapartista para o extermínio de Paris e emprestar a Thiers a direta assistência das tropas do imperador Guilherme. Ele empenhava sua boa fé condicionando o pagamento da primeira parcela da reparação à prévia "pacificação" de Paris. É evidente que uma tal isca foi afoitamente engolida por Thiers e seus plenipotenciários. Assinaram o tratado de paz em 10 de maio e o fizeram ratificar na Assembleia de Versalhes no dia 18 do mesmo mês[38].

---

[37] Alusão ao acordo comercial firmado entre Inglaterra e França em 23 de janeiro de 1860, que garantia à França o direito de exportar uma série de mercadorias isentas de tarifas, mas, em contrapartida, a obrigava a remover as barreiras contra as mercadorias inglesas, substituindo-as por uma tarifa que não podia ultrapassar 30% do preço das mercadorias. O acordo teve como resultado o aumento do fluxo de mercadorias inglesas introduzidas no mercado francês, o que gerou uma maior concorrência no mercado interno e a insatisfação dos industriais franceses. (N. E. A.)

[38] Nas negociações sobre as condições do tratado de paz travadas por Bismarck e Favre em Frankurt, de 6 a 10 de maio de 1871, ficou estabelecido que o pagamento da primeira parcela da reparação de guerra à França, no valor total de 500 milhões de francos, estava condicionada ao esmagamento da Comuna de Paris. O tratado de paz de

No intervalo entre a conclusão da paz e a chegada dos prisioneiros bonapartistas, Thiers sentiu-se obrigado a retomar sua farsa de conciliação, uma vez que suas marionetes republicanas necessitavam desesperadamente de um pretexto que lhes fechasse os olhos para os preparativos da carnificina de Paris. Ainda em 18 de maio, ele respondeu a uma comissão de conciliadores da classe média: "Assim que os insurgentes decidirem capitular, as portas de Paris se manterão abertas para todos por uma semana, com exceção dos assassinos dos generais Clément Thomas e Lecomte".

Poucos dias depois, quando violentamente interpelado acerca dessas promessas pelos "rurais", recusou-se a dar qualquer explicação, mas não sem conceder-lhes esse indício significativo: "Digo-vos que há entre vós homens impacientes, homens por demais apressados. Tais homens devem aguardar ainda oito dias, ao fim dos quais não haverá mais qualquer perigo e a tarefa será proporcional à sua valentia e capacidade". Assim que Mac-Mahon pôde assegurar-lhe que dentro em pouco poderia entrar em Paris Thiers declarou à Assembleia que "ele entraria em Paris com as *leis* em suas mãos e exigiria uma plena punição para os miseráveis que sacrificaram as vidas de soldados e destruíram monumentos públicos". Quando o momento decisivo estava próximo, disse – à Assembleia: "Serei impiedoso!" – a Paris que ela estava condenada; e aos seus bandidos bonapartistas, que estes tinham licença estatal para vingar-se de Paris como bem o entendessem. Por fim, quando a traição abriu as portas de Paris ao general Douay, em 21 de maio, Thiers veio revelar aos "rurais", no dia 22, a "meta" de sua farsa reconciliatória, que eles tão obstinadamente haviam persistido em não compreender: "Há poucos dias informei-vos que estávamos nos aproximando de *nossa meta*; hoje, venho informar-vos que *a* meta foi atingida. A vitória da ordem, da justiça e da civilização foi por fim realizada!".

E assim foi. A civilização e a justiça da ordem burguesa aparecem em todo o seu pálido esplendor sempre que os escravos e os párias dessa ordem se rebelam contra seus senhores. Então essa civilização e essa justiça mostram-se como uma indisfarçada selvageria e vingança sem lei. Cada nova crise na luta de classes entre o apropriador e o produtor faz ressaltar esse fato com mais clareza. Mesmo as atrocidades da burguesia em junho de 1848 se esvanecem diante da infâmia de 1871. O abnegado heroísmo com que a população de Paris – homens, mulheres e crianças – lutou por oito dias desde a entrada dos versalheses reflete a grandeza de sua causa tanto quanto as façanhas infernais dessa soldadesca refletem o espírito inato da civili-

---

Frankfurt confirmou as linhas estabelecidas nas negociações preliminares de Versalhes. A França devia pagar à Prússia uma reparação de guerra de 5 bilhões de francos, além de ceder a Alsácia e a Lorena à Alemanha. Mas as condições de pagamento e de disposição territorial eram agora ainda mais duras do que as acertadas em Versalhes. (N. E. A.)

zação da qual eles são os mercenários defensores. Esta gloriosa civilização, cujo grande problema é saber como se ver livre, finda a batalha, das pilhas de cadáveres que ela produziu!

Para encontrar um paralelo para a conduta de Thiers e seus cães de caça temos de voltar aos tempos de Sula e dos dois triunviratos de Roma[39]. Os mesmos morticínios em massa a sangue-frio, o mesmo desdém, no massacre, pela idade e pelo sexo, o mesmo sistema de tortura dos prisioneiros, as mesmas proscrições, mas agora de uma classe inteira, a mesma caça selvagem dos líderes na clandestinidade para evitar que qualquer um deles conseguisse escapar, as mesmas delações de inimigos políticos e privados, a mesma indiferença pela chacina de pessoas inteiramente estranhas à luta. Há somente uma diferença: os romanos não dispunham de *mitrailleuses* para despachar em massa os proscritos e não tinham "a lei em suas mãos", nem em seus lábios o brado de "civilização".

E depois desses horrores, vejam agora a outra face, ainda mais horripilante, da civilização burguesa tal como ela é descrita por sua própria imprensa!

"Com disparos esparsos", escreve o correspondente parisiense de um jornal conservador de Londres,

> ainda zumbindo à distância e com feridos abandonados entre as tumbas do cemitério de Père-Lachaise, com 6 mil insurretos gravemente feridos vagando em uma agonia de desespero no labirinto das catacumbas, enquanto pelas ruas se veem infelizes arrastados para serem abatidos pela *mitrailleuse*, é revoltante ver os cafés cheios dos devotos do absinto, dos bilhares e dos dominós, ver mulheres depravadas perambulando pelos bulevares e ouvir o barulho das orgias perturbando o silêncio da noite nos *cabinets particuliers** dos restaurante elegantes.

O senhor Edouard Hervé escreve no *Journal de Paris*, diário versalhista suprimido pela Comuna:

> O modo como a população de Paris (!) manifestou ontem sua satisfação foi mais do que frívolo e tememos que isso piore com o passar do tempo. Paris tem, agora, a aparência de um dia de festa, o que é tristemente inadequado; e, a menos que queiramos ser chamados de *Parisiens de la décadence***, esse tipo de coisa precisa acabar.

---

[39] Alusão às sangrentas ditaduras da Roma antiga. Sob a ditadura de Sula (82 a 79 a. C.), houve uma terrível perseguição aos inimigos do ditador. O primeiro e o segundo Triunvirato (60 a 53 e 46 a 43 a. C.) foram as ditaduras, respectivamente, de Pompeu, César e Crasso, e de Antônio, Otaviano e Lépido. Os triúnviros empregavam contra seus inimigos principalmente o método do assassinato. (N. E. A.)

* Gabinetes particulares. (N. T.)

** Parisienses da decadência. (N. T.)

E, em continuação, cita a passagem de Tácito:

Porém, na manhã seguinte daquela horrível batalha, e mesmo antes de ela estar terminada, Roma – degradada e corrompida – voltou a chafurdar na lama voluptuosa que destruía seu corpo e maculava sua alma: *alibi proelia et vulnera, alibi balnea popinoeque* (aqui, combates e feridas; ali, banhos e divertimento).[40]

O senhor Hervé só se esquece de dizer que a "população de Paris" de que ele fala é, exclusivamente, a população de Paris do senhor Thiers – os *franc-fileurs* retornando em tropel de Versalhes, Saint-Denis, Rueil e Saint-Germain –, a Paris da "decadência".

Em cada um de seus sangrentos triunfos sobre os abnegados paladinos de uma nova e melhor sociedade, essa abominável civilização, baseada na escravização do trabalho, afoga os gemidos de suas vítimas em uma gritaria selvagem de calúnias reverberadas por um eco mundial. A serena Paris operária da Comuna é subitamente transformada em pandemônio pelos cães de caça da "ordem". E o que prova essa tremenda mudança para a mente burguesa de todos os países? Ora, prova que a Comuna conspirou contra a civilização! O povo de Paris morre entusiasticamente pela Comuna em quantidade não igualada por nenhuma batalha conhecida da história. O que isso prova? Ora, prova que a Comuna não era o governo próprio do povo, mas a usurpação do poder por um punhado de criminosos! As mulheres de Paris dão alegremente as suas vidas nas barricadas e no campo de fuzilamento. O que isso prova? Ora, prova que o demônio da Comuna as converteu em Megeras e Hécates! A moderação da Comuna durante os dois meses de seu governo indisputado só se iguala ao heroísmo de sua defesa. O que isso prova? Ora, prova que por vários meses a Comuna escondeu cuidadosamente sob uma máscara de moderação e humanidade a sede de sangue de seus instintos demoníacos, para desvelá-los no momento de sua agonia!

A Paris operária, no instante de seu heroico auto-holocausto, envolveu em chamas edifícios e monumentos. Enquanto esquartejam o corpo vivo do proletariado, seus dominadores não devem mais alimentar a esperança de retornar triunfantemente à arquitetura intacta de seus domicílios. O governo de Versalhes grita: "Incendiários!" e sussurra essa palavra de ordem a todos os seus agentes, chegando à mais remota aldeia, incitando a população à caça de seus inimigos, por toda parte, como incendiários profissionais. E a burguesia do mundo inteiro, que complacentemente assiste a essa matança em massa depois da batalha, tem convulsões de horror ante a profanação do tijolo e do azulejo!

Quando os governos conferem licença estatal aos seus fuzileiros para "matar, *queimar* e destruir", significa isso licença para a ação de incendiários?

---

[40] Tácito, *Histórias*, livro 3, 83. (N. E. A.) [Ed. bras.: Rio de Janeiro, Athena, 1937. (N. E.)]

A guerra civil na França

Quando as tropas britânicas intencionalmente atearam fogo no Capitólio de Washington e no palácio de verão do Imperador da China[41], foram esses atos incendiários? Quando os prussianos, não por razões militares, mas por mero espírito de vingança, fizeram arder com a ajuda do petróleo cidades como Châteaudun e inúmeras aldeias, não foram eles incendiários? Quando Thiers bombardeou Paris durante seis semanas, sob o pretexto de que só queria pôr fogo nas casas habitadas, foi ele incendiário? Na guerra, o fogo é uma arma tão legítima quanto qualquer outra. Os edifícios ocupados pelo inimigo são bombardeados a fim de incendiá-los. Se seus ocupantes são forçados a se retirar, eles próprios ateiam fogo para prevenir que os agressores façam uso dos prédios. Arder em chamas tem sido sempre o destino inevitável de todos os edifícios que se situam no *front* de batalha de todos os exércitos regulares do mundo. Mas na guerra dos escravizados contra os escravocratas, a única guerra justificável da história, esse argumento não tem validade, de modo algum! A Comuna usou do fogo estritamente como um meio de defesa. Utilizou-o para bloquear às tropas de Versalhes o acesso àquelas amplas e retas avenidas que Haussmann havia aberto expressamente para que nelas pudesse se deslocar o fogo da artilharia; empregou-o para cobrir sua retirada, do mesmo modo que os versalheses, em seu avanço, usaram suas granadas que destruíram pelo menos tantos edifícios como o fogo da Comuna. Ainda hoje é matéria controversa quais edifícios foram incendiados pelos defensores e quais pelos atacantes. E os defensores recorreram ao fogo apenas quando as tropas versalhesas já haviam dado início ao assassinato em massa de prisioneiros. Além disso, há muito tempo a Comuna havia anunciado publicamente que, caso fosse levada a uma situação extrema, enterraria a si mesma sob as ruínas de Paris e faria desta capital uma segunda Moscou, o que o Governo da Defesa Nacional também prometera fazer, mas apenas como um disfarce para sua traição. Trochu preparara para eles o petróleo necessário para essa finalidade. A Comuna sabia que seus inimigos não se importavam com as vidas do povo de Paris, mas se importavam muito com os edifícios parisienses que lhes pertenciam. E Thiers, por outro lado, lhes havia advertido que seria implacável em sua vingança. Mal ele viu, de um lado, o seu exército pronto para a batalha e, do outro, os prussianos fechando o cerco, exclamou: "Serei impiedoso! A expiação será completa e a justiça implacável!". Se os atos dos trabalhadores de Paris foram de vandalismo, era o vandalismo da defesa em desespero, não o vandalismo do triunfo, como aquele que os cristãos perpetraram ao destruir os inestimá-

---

[41] Em agosto de 1814, durante a guerra entre a Inglaterra e os EUA (1812 a 1814), o Capitólio e a Casa Branca foram incendiados pelas tropas inglesas. Durante a Guerra Colonial Anglo-Francesa contra a China (1857 a 1860), tropas inglesas e francesas invadiram o Palácio Imperial de verão, em Pequim, e o incendiaram completamente. (N. E. A.)

veis tesouros artísticos da antiguidade pagã; e mesmo esse vandalismo foi justificado pelos historiadores como inevitável e insignificante se comparado à luta titânica entre uma sociedade nova a surgir e uma sociedade velha a se despedaçar. E ainda menos que o vandalismo de Haussmann, que arrasou a Paris histórica para dar lugar à Paris do turista!

Mas como justificar a execução pela Comuna de 64 reféns, com o arcebispo de Paris à frente? A burguesia e seu exército, em junho de 1848, restabeleceram um costume que havia desaparecido há muito tempo das práticas da guerra: o fuzilamento de seus prisioneiros indefesos. Desde então, esse costume brutal recebeu a adesão mais ou menos estrita dos supressores de todas as comoções populares na Europa e na Índia, provando assim que ele constitui um verdadeiro "progresso da civilização"! Por outro lado, os prussianos restabeleceram na França a prática de fazer reféns: inocentes que, com suas vidas, tinham de responder pelos atos de outros. Quando Thiers, como vimos, empregou desde o início do conflito a prática humanitária de fuzilar os prisioneiros comunais, a Comuna, para proteger suas vidas, foi obrigada a adotar a prática prussiana de fazer reféns. As vidas dos reféns foram ameaçadas mais de uma vez pelos incessantes fuzilamentos de prisioneiros por parte dos versalheses. Como elas poderiam continuar a ser poupadas após a carnificina com que os pretorianos de Mac-Mahon celebraram sua entrada em Paris? Devia este último contrapeso à inescrupulosa ferocidade dos governos burgueses – a tomada de reféns – também ele converter-se em um engodo? O verdadeiro assassino do arcebispo Bardoy é Thiers. A Comuna ofereceu reiteradas vezes a troca do arcebispo, e de quebra muitos outros sacerdotes, por um único prisioneiro, Blanqui, então nas garras de Thiers. E este recusou a proposta obstinadamente. Ele sabia que, com Blanqui, daria à Comuna uma cabeça, enquanto o arcebispo serviria melhor ao seu propósito sob a forma de um cadáver. Thiers agiu segundo o precedente de Cavaignac. Este não havia, em junho de 1848, juntamente com seus homens da Ordem, soltado gritos de horror, estigmatizando os insurretos como assassinos do arcebispo Affre? Eles sabiam perfeitamente que o arcebispo fora fuzilado pelos soldados da Ordem. O sr. Jacquemet, vigário-geral do arcebispo, presente à execução, apontara imediatamente os assassinos em seu relato do ocorrido.

Todo esse coro de calúnias que o Partido da Ordem, em suas orgias de sangue, jamais deixa de erguer contra suas vítimas demonstra apenas que o burguês dos nossos dias se considera o sucessor legítimo do antigo barão, para quem todas as armas em suas mãos eram justas contra o plebeu, enquanto que, em mãos do plebeu, qualquer arma constituía por si mesma um crime.

A conspiração da classe dominante para esmagar a revolução por meio de uma guerra civil realizada sob o patrocínio do invasor estrangeiro – uma conspiração que temos acompanhado desde o 4 de setembro até a entrada dos pretorianos de Mac-Mahon pela porta de Saint-Cloud – culminou na carnificina de Paris. Bismarck deleita-se sobre as ruínas de Paris, nas quais viu talvez o prelúdio daquela destruição geral das grandes cidades que ele pregava quando era ainda um simples "rural" na *Chambre introuvable* prussiana de 1849[42]. Deleita-se sobre os cadáveres do proletariado de Paris. Para ele, isso significa não somente o extermínio da Revolução, como também o aniquilamento da França, agora decapitada de fato e por obra do próprio governo francês. Com a leviandade característica a todos os estadistas bem-sucedidos, ele não enxerga senão a camada mais superficial desse formidável evento histórico. Quando foi que a história exibiu o espetáculo de um conquistador a coroar sua vitória convertendo-se não apenas no gendarme, mas no carrasco profissional do governo conquistado? Não havia nenhuma guerra entre a Prússia e a Comuna de Paris. Pelo contrário, a Comuna concordara com as preliminares de paz e a Prússia anunciara sua neutralidade. A Prússia não era, portanto, beligerante. Ela desempenhou o papel de um espadachim, um espadachim covarde, pois não incorreu em nenhum perigo, um espadachim de aluguel, porque negociara previamente que o pagamento de seus 500 milhões encharcados de sangue se daria apenas depois da queda de Paris. E enfim revelava-se o verdadeiro caráter da guerra, mandada pela Providência como castigo da ímpia e corrompida França pelas mãos da piedosa e moral Alemanha! E essa violação sem paralelo do direito das nações, mesmo se interpretado pelos juristas do velho mundo, em vez de erguer os governos "civilizados" da Europa para declarar o criminoso governo prussiano como um fora da lei entre as nações, como mero fantoche do gabinete de São Petersburgo, incita-os apenas a considerar se as poucas vítimas que escaparam do duplo cordão formado em torno de Paris não deveriam também ser entregues ao carrasco de Versalhes!

Que na mais tremenda guerra dos tempos modernos o exército conquistador e o exército conquistado confraternizem no massacre comum do proletariado, esse evento sem paralelo na história não representa, como pensa Bismarck, a repressão final de uma nova sociedade que avança, mas a redução a cinzas da sociedade burguesa. A empresa mais heroica de que ela ainda é capaz é a guerra nacional, a qual se evidenciou agora como uma pura fraude dos governos, engendrada para retardar a luta de classes e a ser descartada

---

[42] Marx refere-se aqui – em analogia à *chambre introuvable* francesa (ver nota n. 15, p. 44) – à assembleia prussiana formada em 1849 com base na constituição outorgada por Frederico Guilherme IV. Ela se dividia em duas câmaras, sendo a primeira constituída exclusivamente por representantes da casa real prussiana, dos proprietários rurais (*Junkertum*) e das oligarquias estatais e eclesiásticas. A segunda câmara – a casa dos deputados – foi escolhida segundo a divisão do sufrágio em três estamentos, o que garantiu maioria aos proprietários rurais. Bismarck, que em 1849 tomara assento na segunda câmara, votou contra a adoção da constituição de Frankfurt e nunca cessou de defender os direitos dos proprietários rurais. (N. E. A.)

toda vez que essa luta de classes desemboque em guerra civil. A dominação de classe já não é mais capaz de se disfarçar sob um uniforme nacional; os governos nacionais são *um só* contra o proletariado!

Após o domingo de Pentecostes de 1871, já não pode haver paz nem trégua entre os trabalhadores da França e os apropriadores de sua produção. O punho de ferro da soldadesca mercenária poderá manter atadas, sob uma opressão comum, essas duas classes, mas a batalha ainda deve eclodir muitas e muitas vezes, em proporções sempre crescentes, e não pode haver dúvida sobre quem se sairá vencedor – os poucos que apropriam, ou a imensa maioria que trabalha. E a classe operária francesa é tão somente a vanguarda do proletariado moderno.

Ao mesmo tempo em que atestam, diante de Paris, o caráter internacional de sua dominação de classe, os governos da Europa proclamam a Associação Internacional dos Trabalhadores – a contraorganização internacional do trabalho em oposição à conspiração cosmopolita do capital – como a fonte principal de todos esses desastres. Thiers a denunciou como a déspota do trabalho que pretende ser seu libertador. Picard ordenou que fosse cortada toda comunicação entre os membros franceses da Internacional e seus membros estrangeiros. O conde de Jaubert, cúmplice mumificado de Thiers em 1835, declara a Internacional como o grande problema, a ser extirpado, de todos os governos civilizados. Os "rurais" rugem contra ela e a imprensa europeia inteira junta-se ao coro. Um honorável escritor francês*, completamente alheio à nossa associação, diz o seguinte:

> Os membros do Comitê Central da Guarda Nacional, assim como a maior parte dos membros da Comuna, são as mentes mais ativas, inteligentes e enérgicas da Associação Internacional dos Trabalhadores; (...) homens absolutamente honrados, sinceros, inteligentes, abnegados, puros e fanáticos no *bom* sentido da palavra.

O espírito burguês, marcado pelo policialismo, naturalmente concebe a Associação Internacional dos Trabalhadores a agir à maneira de uma conspiração secreta, com seu organismo central a planejar, de tempos em tempos, atentados em diferentes países. Na realidade, nossa Associação não é mais do que o vínculo internacional entre os trabalhadores mais avançados nos diversos países do mundo civilizado. Onde quer que a luta de classes ganhe alguma consistência, seja qual for a configuração e as condições sob as quais ela se dê, é um fato natural que os membros de nossa Associação apareçam no primeiro plano. O solo de onde brota a nossa Associação é a própria sociedade moderna. Não haverá carnificina capaz de exterminá-la. Para fazê-lo, os governos teriam de exterminar o despotismo do capital sobre o trabalho, a condição de sua própria existência parasitária.

---

* Robinet. (N. T.)

A guerra civil na França

A Paris dos trabalhadores, com sua Comuna, será eternamente celebrada como a gloriosa precursora de uma nova sociedade. Seus mártires estão gravados no grande coração da classe trabalhadora. Quanto a seus exterminadores, a história já os acorrentou àquele eterno pelourinho, do qual todas as preces de seus clérigos de nada servirão para os redimir.

CONSELHO GERAL

M. J. Boon, Fred. Bradnick, G. H. Buttery, Caihil, Delahaye, William Hales, A. Herrmann, Kolb, Fred. Lessner, Lochner, J. P. MacDonnell, George Milner, Thomas Mottershead, C. Mills, Charles Murray, Pfänder, Roach, Rochat, Rühl, Sadler, A. Serraillier, Cowell Stepney, A. Taylor, William Townshend

SECRETÁRIOS-CORRESPONDENTES

Eugène Dupont, *França*
Karl Marx, *Alemanha e Holanda*
F. Engels, *Bélgica e Espanha*
Hermann Jung, *Suíça*
P. Giovacchini, *Itália*
Zévy Maurice, *Hungria*
Anton Zabicki, *Polônia*
James Cohen, *Dinamarca*
J. G. Eccarius, *Estados Unidos da América*

Hermann Jung, *presidente*
John Weston, *tesoureiro*
George Harris, *secretário-financeiro*
John Hales, *secretário-geral*

Escritório: High Holborn, 256, Londres

Londres, 30 de maio de 1871

Karl Marx

Notas

I

A coluna de prisioneiros deteve-se à Avenida Uhrich e foi disposta sobre a calçada, com quatro ou cinco homens por fileira, de frente para a rua. O general Marquês de Galliffet e seu pessoal desmontaram e começaram a inspeção a partir da esquerda da linha. Caminhando devagar e mirando as fileiras, o general detia-se aqui e ali, dava tapas no ombro de um homem ou retirando-o das fileiras posteriores. Na maioria das vezes, sem mais palavras, o indivíduo assim selecionado tinha de marchar para o meio da rua, onde uma pequena coluna suplementar era, então, formada. (...) Era evidente que havia um considerável espaço para erros. Um oficial montado apontou ao general Galliffet um homem e uma mulher por motivo de alguma ofensa particular. A mulher, saindo da fileira, pôs-se de joelhos e, com os braços abertos, declarou sua inocência arrebatadamente. O general esperou por uma pausa, e então, com a face mais impassível e demonstrando indiferença, disse: 'Madame, eu frequentei todos os teatros de Paris, vossa atuação não terá nenhum efeito sobre mim' (*ce n'est pas la peine de jouer la comédie**). (...) Não era uma boa coisa, naquele dia, ser reconhecidamente mais alto, mais sujo, mais limpo, mais velho ou mais feio do que um de seus vizinhos. Um indivíduo em particular chamou-me a atenção por ter sido rapidamente liberado daquele vale de lágrimas terreno pelo fato provável de estar com o nariz quebrado. (...) Depois que mais de uma centena foram assim escolhidos, um pelotão foi destacado para executar o fuzilamento e a coluna retomou sua marcha, deixando os outros para trás. Alguns minutos depois, começaram os disparos atrás de nós, e continuaram por mais de um quarto de hora. Era a execução daqueles pobres sumariamente condenados. (Correspondente do *Daily News* em Paris, 8 de junho.)

Esse Galliffet, "o gigolô de sua própria mulher, tão famoso por suas desavergonhadas exibições nas orgias do Segundo Império", era conhecido, durante a guerra, com o nome de Alferes Pistola**.

O *Temps*, que é um jornal prudente e pouco dado ao sensacionalismo, relata uma terrível história de pessoas mal executadas e enterradas ainda com vida.

---

*   "Não vale a pena encenar tal comédia." (N. T.)
** Referência ao personagem (Alferes) Pistola, dos dramas históricos *Henrique IV, parte 2* (Rio de Janeiro, Lacerda, 2000), *Henrique V* [Rio de janeiro, Lacerda, 2006] e da comédia *As alegres comadres de Windsor* [São Paulo, Rideel, 2005], de William Shakespeare. (N. T.)

Inúmeras pessoas foram enterradas na praça nos arredores de Saint-Jacques-la-Boucherie, algumas delas muito superficialmente. Durante o dia, o ruído das ruas agitadas impedia que se pudesse ouvir qualquer coisa, mas no silêncio da noite os moradores das casas da vizinhança foram despertados por gemidos distantes, e pela manhã uma mão contraída foi vista a erguer-se através do solo. Em consequência disso, ordenou-se a exumação dos cadáveres. (...) Não tenho a menor dúvida de que muitos feridos foram enterrados vivos. Por um caso posso testemunhar. Quando Brunel foi fuzilado com sua amante, em 24 do mês passado, no quintal de uma casa na praça Vendôme, os corpos ficaram lá estendidos até a tarde do dia 27. Quando um destacamento chegou para remover os cadáveres, encontraram a mulher ainda viva e a levaram a uma ambulância. Embora tenha recebido quatro disparos, ela está agora fora de perigo. (Correspondente do *Evening Standard* em Paris, 8 de junho.)

II

No *Times* do dia 13 de junho, publicou-se a seguinte carta:

Ao editor do *Times*:
Prezado senhor,
Em 6 de junho de 1871, o sr. Jules Favre enviou uma circular a todas as potências europeias, convocando-as a uma caçada à Associação Internacional dos Trabalhadores. Algumas observações bastarão para expor o caráter desse documento.
No próprio preâmbulo de nossos estatutos, é declarado que a Internacional foi fundada a "28 de setembro de 1864, em uma assembleia pública realizada no St-Martin's Hall, Long Acre, Londres". Para seus próprios objetivos, Jules Favre antecipa a data de sua origem para 1862.
A fim de explicar nossos princípios, ele afirma citar 'seu (da Internacional) folheto de 25 de março de 1869'. E, então, o que ele cita? O folheto de uma associação que não é a Internacional. A esse tipo de manobra ele já recorria quando, sendo ainda um advogado comparativamente jovem, tinha de defender o jornal *National* em um processo de calúnia movido por Cabet. Ele simulava, então, ler trechos dos panfletos de Cabet quando, na verdade, lia parágrafos interpolados com seu próprio texto – truque desmascarado ainda durante as sessões da Corte e que, não fosse a indulgência de Cabet, teria sido punido com a expulsão de Jules Favre dos tribunais de Paris. De todos os documentos por ele citados como documentos da Internacional, nem um único pertence à Internacional. Ele afirma, por exemplo: "A Aliança declara a si mesma como ateísta, diz o Conselho Geral, constituído em Londres em julho de 1869". O Conselho Geral jamais publicou semelhante documento. Ao contrário, publicou um documento que anulava os estatutos originais da *Alliance – L'Alliance de la Démocratie Socialiste* em Genebra – citada por Jules Favre.

Em toda a sua circular, que também pretende, em parte, dirigir-se contra o Império, o que Jules Favre repete contra a Internacional não são senão invenções policiais dos promotores públicos do Império, invenções que vêm abaixo de forma miserável até diante dos tribunais desse mesmo Império.

É sabido que o Conselho Geral da Internacional, em suas duas mensagens (de julho e setembro do ano passado) sobre a última guerra, denunciou os planos prussianos de conquista contra a França. Depois disso, o sr. Reitlinger, secretário particular de Jules Favre, dirigiu-se, embora naturalmente em vão, a alguns membros do Conselho Geral a fim de obter deste uma manifestação contra Bismarck e a favor do Governo da Defesa Nacional; pedia-lhes, principalmente, não fazer qualquer menção à República. Os preparativos para uma manifestação por ocasião da chegada de Jules Favre em Londres foram feitos – certamente, com a melhor das intenções – a despeito do Conselho Geral, que, em seu manifesto de 9 de setembro, previnira categoricamente os trabalhadores de Paris contra Jules Favre e seus colegas.

O que diria Jules Favre se, por seu turno, a Internacional enviasse uma circular sobre Jules Favre a todos os gabinetes da Europa, chamando-lhes a atenção para os documentos publicados em Paris pelo falecido sr. Millière?

        Sou, Senhor, seu obediente servo,
        John Hales,
        Secretário do Conselho Geral da Associação Internacional dos Trabalhadores.
        256, High Holborn, Londres, 12 de junho.

Em um artigo sobre "A Associação Internacional e seus fins", este pio informante, o *Spectator* de Londres (24 de junho), cita, entre outros truques similares, ainda mais amplamente do que Jules Favre o fizera, o acima mencionado documento da *Alliance* como obra da Internacional, e isso onze dias depois de a refutação ter sido publicada no *Times*. Isso não nos surpreende. Frederico, o Grande, dizia que de todos os jesuítas os piores são os protestantes.

A GUERRA CIVIL NA FRANÇA
(PRIMEIRO RASCUNHO)

O Governo de Defesa

Quatro meses depois do começo da guerra, quando o Governo de Defesa amansara a Guarda Nacional de Paris permitindo-a demonstrar suas habilidades bélicas em Buzenval[1], o governo considerou ser chegada a hora de preparar Paris para a capitulação. À assembleia dos *maires** de Paris, Trochu, apoiado por Jules Favre e alguns outros colegas, revelou enfim o seu "plano". Disse, literalmente:

> A primeira pergunta dirigida a mim por meus colegas *na noite de 4 de setembro*, foi a seguinte: poderá Paris resistir, com alguma chance de sucesso, a um cerco do exército prussiano? *Não hesitei em responder negativamente*. Alguns de meus colegas aqui presentes confirmarão a verdade dessas palavras e *a persistência de minha opinião*. Expliquei a eles, nesses mesmos termos, que, sob o estado de coisas reinante, a tentativa de Paris de resistir a um cerco contra o exército prussiano seria *uma sandice*. Sem dúvida, acrescentei, seria uma *sandice heroica*, mas nada mais do que isso... *Os eventos não desmentiram minha previsão*.

O plano de Trochu, desde o dia da proclamação da República, era *a capitulação de Paris e da França*. Ele era, na realidade, o comandante-em-chefe dos prussianos. Em uma carta a Gambetta, Jules Favre chegava ao ponto de confessar que o inimigo a ser abatido era não o soldado prussiano, mas os

---

[1] A batalha de Buzenval ocorreu em 19 de janeiro de 1871. Essa última invectiva da sitiada Paris foi comandada por Louis Jules Trochu a fim de solapar as forças da Guarda Nacional, de desmoralizá-las e, com isso, provar à população e às tropas que a continuidade da defesa de Paris era impossível. Como a invectiva foi realizada sem uma preparação adequada, seu fracasso foi total. (N. E. A.)

* Subprefeitos. (N. T.)

"demagogos" (revolucionários) de Paris. As promessas altissonantes ao povo, feitas pelo Governo de Defesa, não passavam, portanto, de mentiras deliberadas. Em seguida, executaram sistematicamente o seu "plano", confiando a defesa de Paris aos generais bonapartistas, desorganizando a Guarda Nacional e organizando a fome sob a má administração de Jules Ferry. As tentativas dos trabalhadores de Paris – em 5 de outubro, 31 de outubro etc. – de suplantar esses traidores pela Comuna foram esmagadas como conspirações com os prussianos! Após a capitulação, a máscara foi arrancada (colocada de lado). Os *capitulards* tornaram-se governo graças a Bismarck. Enquanto eram seus prisioneiros, acertaram com ele um armistício geral, cujas condições desarmaram a França e tornaram impossível qualquer resistência ulterior. Ressuscitando em Bordeaux como governo da República, esses mesmíssimos *capitulards*, por meio de Thiers, seu ex-embaixador, e Jules Favre, seu ministro do Exterior, imploraram fervorosamente a Bismarck, em nome da maioria da assim chamada Assembleia Nacional e muito antes do levante de Paris, que ele desarmasse e ocupasse Paris, esmagando "sua *canaille**", como o próprio Bismarck afirmou ironicamente a seus admiradores em Frankfurt quando de seu retorno da França para *Berlim*. A ocupação de Paris pelos prussianos – tal era a última palavra do "plano" do Governo de Defesa. O cínico desaforo com o qual, desde sua instalação em Versalhes, os mesmos homens pavoneavam-se e apelavam à intervenção armada da Prússia deixou perplexa até mesmo a venal imprensa da Europa. Os feitos heroicos da Guarda Nacional parisiense, desde que eles tinham de lutar não mais sob as ordens *dos*, mas sim *contra os capitulards*, levaram até mesmo o mais cético a bradar a palavra "traidor" às caras de pau de Trochu, Jules Favre e companhia. Os documentos apreendidos pela Comuna forneceram, enfim, as provas jurídicas de sua alta traição. Entre esses papéis, encontram-se cartas dos *sabreurs*** bonapartistas, a quem fora confiada a execução do "plano" de Trochu, nas quais esses infelizes trocam anedotas e se divertem com sua própria "defesa de Paris" (cf. por exemplo, a carta de *Alphonse Simon Guiod*, comandante maior da artilharia do exército de defesa de Paris e Grã-Cruz da Legião de Honra, a *Suzanne*, general da divisão de artilharia, publicada pelo *Journal Officiel* da Comuna).

É evidente, portanto, que os homens do governo de Versalhes só podiam se salvar de sua condenação como traidores – por provocarem a guerra civil, pela morte da República e pela restauração monárquica – sob a proteção das baionetas prussianas.

Porém – e isso é o mais característico dos homens do Império, assim como dos homens que somente no solo do Império e dentro de sua atmosfera po-

---

* Canalha. (N. T.)
** Espadachins. (N. T.)

deriam germinar como falsos tribunos do povo –, a República vitoriosa não apenas os marcaria como traidores, como teria de entregá-los à Corte, como criminosos comuns. Lembremos apenas de *Jules Favre*, *Ernest Picard* e *Jules Ferry*, os grandes homens do Governo de Defesa sob Thiers!

Uma série de documentos judiciários autenticados, emitidos ao longo de vinte anos e publicados pelo sr. Millière, deputado da Assembleia Nacional, prova que *Jules Favre*, vivendo em adúltero concubinato com a mulher de um bêbado residente em Argel*, havia, mediante a mais complicada concatenação de ousadas falsificações, conseguido se apoderar, em nome de seus filhos bastardos, de uma enorme herança que o tornou um homem rico e que, em um processo movido pelos herdeiros legítimos, só escapou do escândalo pela conivência dos tribunais bonapartistas. Desde então, Jules Favre, esse fingido porta-voz da família, da religião, da propriedade e da ordem, entregou-se à elaboração do *Code pénal***. Trabalho forçado perpétuo é o que inevitavelmente lhe caberia sob qualquer governo honesto. *Ernest Picard* – atual ministro do Interior de Versalhes, que no 4 de Setembro nomeou a si mesmo ministro do Interior do Governo de Defesa, depois de ter tentado em vão ser nomeado por Luís Bonaparte –, esse Ernest Picard é o irmão de um tal *Arthur Picard*. Quando, juntamente com Jules Favre e companhia, ele teve a impudência de indicar esse virtuoso irmão como candidato do Seine-et-Oise para o *Corps législatif****, o governo imperial publicou dois documentos: um relatório da Prefeitura de Polícia (13 de julho de 1867) afirmando que Arthur Picard encontrava-se excluído da *Bolsa* como um "escroque" e outro documento, de 11 de setembro de 1868, segundo o qual Arthur confessava o furto de 300 mil francos cometido por ele enquanto diretor de uma das filiais da *Societé Géneerale*, na rua Palestro, n° 5. Ernest fez desse virtuoso Arthur não apenas o *editor-chefe* de um jornal de sua cidade, o *Électeur Libre*, fundado sob o Império e existente ainda hoje – um jornal em que os republicanos são diariamente denunciados como "larápios, bandidos e *partageux*****" –, como também, tão logo se tornou ministro do Interior do Governo de "Defesa", empregou Arthur como seu mediador financeiro entre o Ministério do Interior e a Bolsa, onde deveria converter em lucros os segredos estatais a ele confiados. A inteira correspondência "financeira" entre Ernest e Arthur caiu nas mãos da Comuna. Ernest Picard, tal como Jules Favre, o Joe Miller do Governo versalhês, é um homem entregue ao *Code pénal* e às galés.

Para completar o trio, *Jules Ferry*, que antes de 4 de setembro era um advogado sem um tostão, não contente em organizar a fome de Paris, logrou

---

* Ver nota 3 na página 37. (N. T.)
** Código Penal. (N. T.)
*** Assembleia Legislativa. (N. T.)
**** Ladrões. (N. T.)

fazer fortuna à custa da fome. O dia em que ele tiver de prestar contas de suas extorsões durante o cerco a Paris será para ele o Dia do Juízo!

Não é de admirar, portanto, que esses homens – que somente sob a proteção de uma monarquia, protegidos pelas baionetas prussianas, podem esperar escapar das galés, que apenas no furacão da guerra civil podem obter seu *ticket-of-leave* – tenham sido *escolhidos* por Thiers e aceitos pelos "rurais" como os instrumentos mais seguros da contrarrevolução!

Não é de admirar que nos inícios de abril, quando guardas nacionais capturados foram expostos em Versalhes aos ferozes ultrajes dos "cordeiros" de Piétri e à turba versalhesa, o sr. Ernest Picard, "com as mãos nos bolsos, passeava em frente a eles, escarnecendo-os", enquanto "das sacadas da prefeitura as madames Thiers, Favre e um grupo de *damas* similares, aparentando excelente saúde e humor", jubilavam-se com aquela cena repulsiva. Não é de admirar, portanto, que enquanto uma parte da França padecia sob as solas dos conquistadores, que enquanto Paris, o coração e a cabeça da França, vertia diariamente uma torrente de seu melhor sangue na autodefesa contra os traidores domésticos, os Thiers, Favres e companhia entregavam-se aos seus excessos no palácio de Luís XIV, como na grande *fête** dada por Thiers em honra a Jules Favre quando de seu retorno de Rouen (para onde foi enviado a fim de conspirar com os prussianos, isto é, rastejar diante deles). Uma orgia cínica de criminosos fugitivos!

Se os homens do Governo de Defesa primeiro fizeram de Thiers seu embaixador, enviando-o a todas as cortes da Europa a mendigar um rei para a França em troca de sua intervenção contra a Prússia; se, mais tarde, o mandaram em turnê pelas províncias francesas a fim de conspirar com os *Châteaux*** e secretamente preparar as eleições gerais que, juntamente com a capitulação, tomaria a França de surpresa – Thiers, por sua vez, fez deles seus ministros e altos funcionários. Eram seus homens de confiança.

Há uma coisa um tanto misteriosa nos procedimentos de Thiers: sua negligência ao precipitar a revolução de Paris. Não contente com aferrar Paris por meio das demonstrações antirrepublicanas de seus "rurais" – pelas ameaças de *decapitar* e *descapitalizar* a cidade, pela lei de Dufaure (ministro da Justiça de Thiers) de 10 de março sobre as *échéances**** de faturas que ameaçou de falência o comércio parisiense, pela nomeação de embaixadores orleanistas, pela transferência da *Assemblée***** para Versalhes, pela imposição

---

* Festa. (N. T.)
** Castelos (aqui, a velha aristocracia das províncias). (N. T.)
*** Vencimentos. (N. T.)
**** Assembleia. (N.T.)

de uma nova taxa sobre os jornais, pelo confisco dos jornais republicanos de Paris, pela reinstauração do estado de sítio, primeiramente proclamado por Palikao e anulado com a queda do governo imperialista de 4 de setembro, pela nomeação de Vinoy, o *décembriseur* e ex-senador, para governador de Paris, de *Valentin*, o gendarme imperialista, para prefeito de polícia, e de Aurelle de Paladines, o general jesuíta, para comandante-em-chefe da Guarda Nacional da cidade –, não contente com tudo isso, Thiers iniciou a guerra civil com forças débeis, pelo ataque de Vinoy às colinas de Montmartre, pela tentativa, primeiramente, de roubar dos guardas nacionais os canhões que pertenciam a eles e que a eles haviam sido deixados pela Convenção de Paris justamente pelo fato de que eles constituíam sua propriedade; assim Thiers buscava desarmar Paris.

De onde vinha essa pressa febril *d'en finir**? Desarmar e aniquilar Paris era certamente a primeira condição de uma contrarrevolução monarquista, mas um intriguista astuto como Thiers só arriscaria o futuro do empreendimento – ao realizá-lo sem a devida preparação, com meios ridiculamente insuficientes – caso estivesse em meio à turbulência de uma onda avassaladora. O motivo era o seguinte. Por intermédio de Pouyer-Quertier, seu ministro das Finanças, Thiers acertara um empréstimo de 2 bilhões, a ser pago imediatamente, e outros tantos bilhões a serem pagos em um prazo determinado. Nessa transação, um verdadeiro *pot de vin* (gorjeta) real estava reservado para aqueles grandes cidadãos: Thiers, Jules Favre, Ernest Picard, Jules Simon, Pouyer-Quertier etc. Mas havia um problema na transação. Antes de selar definitivamente o trato, os contratantes exigiram uma garantia: a *pacificação de Paris*. Daí a ação descuidada de Thiers. Daí o ódio selvagem aos operários parisienses, que foram perversos o bastante para atrapalhá-lo nessa tarefa tão nobre.

Quanto aos Jules Favres, Picards etc., dissemos o suficiente para provar que eles eram os dignos cúmplices de uma tal negociata. Quanto ao próprio Thiers, é notório que ele embolsou 2 milhões durante seus dois ministérios sob Luís Filipe e que, ao longo de seu mandato como primeiro-ministro (em março de 1840), ouviu insultos da tribuna da Câmara dos Deputados denunciando suas falcatruas na *Bourse*, ao que ele respondia com lágrimas, uma mercadoria da qual dispõe tão abundantemente quanto Jules Favre e o celebrado comediante Frédérick Lemaître. Não é menos notório que a primeira medida tomada pelo sr. Thiers para salvar a França da ruína financeira causada pela guerra foi agraciar a si mesmo com um salário anual de 3 milhões de francos, exatamente a soma que, em 1850, Luís Bonaparte recebeu de Thiers e seu bando na Assembleia Legislativa como recompensa por ter permitido que eles abolissem o sufrágio universal. Essa dotação do sr. Thiers

---

* De terminar. (N. T.)

com 3 milhões foi a primeira palavra da "república parcimoniosa", cujo cenário ele havia exposto aos seus eleitores de Paris em 1869. Quanto a Pouyer-Quertier, este é um tecelão de algodão em Rouen. Em 1869, ele era o líder de um conclave de donos de moinhos que proclamou a redução geral dos salários como necessária para a "conquista" do mercado inglês – uma intriga frustrada pela *Internacional*. Pouyer-Quertier, de resto um fervente e até mesmo servil partidário do Império, encontrou neste apenas um defeito: o acordo comercial com a Inglaterra, que prejudicava seus próprios interesses comerciais. Seu primeiro passo, como ministro das Finanças do sr. Thiers, foi denunciar esse "odioso" acordo e pronunciar a necessidade de se restabelecer os antigos impostos protecionistas para sua própria fábrica. Seu segundo passo foi a patriótica tentativa de atingir a Alsácia por meio do restabelecimento desses impostos protecionistas, sob pretexto de que nenhum tratado internacional a isso se opunha. Com esse golpe de mestre, sua própria fábrica em Rouen se veria livre da perigosa competição das fábricas rivais em Mülhausen. Seu último passo foi presentear seu genro, o sr. Roche-Lambert, com o cargo de *receveur** geral do Loiret, uma dessas ricas prebendas que costumam cair no colo dos *governantes* burgueses; lembremos que o próprio Pouyer-Quartier considerara uma grave falta quando seu predecessor imperialista, o sr. Magne, conferiu ao seu próprio filho essa gorda prebenda. Esse Pouyer-Quertier era, portanto, o homem certo para a realização da tarefa acima mencionada.

———◆———

30 de março, Rappel. Por meio de uma circular em 28 de março, Jules Ferry, ex-prefeito de Paris, proibiu os empregados da Secretaria da Receita... de continuar qualquer coleta para a cidade de Paris**.

———◆———

Pequenas malandragens estatais – um pequeno caráter... consciência ulcerosa... eterno provocador de intrigas parlamentares... pequenos truques e trapaças... ensaiando suas homilias sobre liberalismo, sobre as *libertés nécessaires**** ... avidamente inclinado a... fortes razões a levar em conta contra as chances de fracasso... argumentos convincentes que contrabalançam... tipo de heroísmo em exagerada baixeza... afortunados estratagemas parlamentares...

———◆———

---

*   Recebedor. (N. T.)
** "30 mars. *Rappel. Jules Ferry, ex-maire de Paris, a défendu, par une circulaire du 28 mars, aux employés de l'octroi... e continuer toute perception for the city of Paris.*" (N. T.)
*** Liberdades necessárias. (N. T.)

A guerra civil na França

O sr. E. Picard é um ladrão que durante toda a duração do cerco especulou na Bolsa, apostando na derrota de nosso exército*.

———◆———

Massacre, traição, incêndio, assassinato, calúnia, mentira**.

Em seu discurso à assembleia dos *maires* etc. (25 de abril), o próprio Thiers diz que os "assassinos de Clément Thomas e Lecomte" são um punhado de criminosos – "e aqueles que podem ser propriamente considerados como cúmplices desses crimes por conspiração ou assistência, isto é, um número *muito pequeno de indivíduos*"***.

Dufaure

Dufaure quer submeter Paris movendo processos contra a imprensa nas províncias. A prática monstruosa de levar jornais ao tribunal pelo fato de eles pregarem "*conciliação*".

Dufaure desempenha um importante papel na intriga de Thiers. Com sua lei de 10 de março, ele sacudiu todo o endividado comércio da capital. Com sua lei sobre os aluguéis de imóveis, ameaçou toda Paris. Ambas as leis serviam para punir Paris por ter salvado a honra da França e atrasado em seis semanas a rendição a Bismarck. Dufaure é um orleanista, e um "liberal" no sentido parlamentar da palavra. Consequentemente, ele foi sempre o ministro da repressão e do estado de sítio.

Ele aceitou seu primeiro *portefeuille***** em 13 de maio de 1839, após a derrota da *dernière prise d'armes****** do partido republicano[2], e foi, assim, o ministro da repressão impiedosa no governo de julho daquele momento.

Em 2 de junho de 1849, Cavaignac, que em 29 de outubro (1848) fora forçado a suspender o estado de sítio, chamou para seu ministério dois ministros de Luís Filipe (*Dufaure*, para o Interior, e *Vivien*). Ele os nomeou a pedido da *Rue de Poitiers* (Thiers)[3], que pedia garantias. Assim ele esperava assegurar o apoio dos monarquistas dinásticos para as eleições presidenciais que se aproximavam. Dufaure empregou os meios mais ilegais para garantir

---

* "M. E. Picard est un malandrin, qui pendant toute la durée du siège a tripoté à la Bourse sur les défaites de nos armées." (N. T.)
** "Massacre, trahison, incendie, assassinat, calomnie, mensonge." (N. T.)
*** "Et ceux qui pourront à juste titre être considérés comme complices de ces crimes par conspiration ou assistance, c'est-à-dire un très petit nombre d'individus." (N. T.)
**** Pasta ministerial. (N. T.)
***** Último levante armado. (N. T.)
[2] Referência ao levante liderado por Auguste Blanqui e Armand Barbès em 12 de maio de 1839, em Paris. (N. E. A.)
[3] Alusão ao clube da *Rue de Poitiers*, órgão dirigente do Partido da Ordem. (N. E. A.)

a candidatura de Cavaignac. Intimidação e corrupção eleitoral nunca haviam sido exercidas em tão larga escala. Dufaure inundou a França com panfletos difamatórios contra os outros candidatos e especialmente contra Luís Bonaparte, o que todavia não impediu que ele mais tarde se tornasse seu ministro. Dufaure tornou-se novamente ministro do *estado de sítio de 13 de junho de 1849* (em repressão à demonstração da Guarda Nacional contra o bombardeio de Roma etc. pelo exército francês). Ele é novamente, agora, ministro do estado de sítio proclamado em Versalhes (para o departamento de Seine-et--Oise). A Thiers foi dado poder para declarar estado de sítio em qualquer departamento. Dufaure, como em 1839, como em 1849, quer novas leis repressivas, novas leis de imprensa, uma lei para "abreviar as formalidades das cortes marciais". Em uma circular aos *procureurs généraux**, ele denuncia o grito de *"conciliação"* como um crime de imprensa a ser severamente processado. É característico da magistratura francesa que apenas um único *procureur général* (o de Mayenne) tenha escrito a Dufaure para demitir-se, nos seguintes termos: "Não posso servir a uma administração que me ordena, em um momento de guerra civil, entrar na luta entre partidos e processar cidadãos – que, segundo minha consciência, são inocentes – por terem proferido a palavra *conciliação*". Ele fez parte da *"Union libérale*[4]" em 1847, que conspirou contra Guizot, assim como fez parte da *"Union libérale"* de 1869, que conspirou contra Luís Bonaparte.

Com respeito à lei de 10 de março e à lei dos aluguéis imobiliários, deve ser observado que os melhores clientes de Dufaure e de Picard (ambos advogados) encontram-se entre os proprietários de imóveis e os *endinheirados* avessos a sofrer qualquer perda no assédio a Paris.

———◆———

Agora, tal como depois da Revolução de Fevereiro de 1848, esses homens dizem à República, como o carrasco disse a Don Carlos, *"Je vais t'assassiner, mais c'est pour ton bien"* (Vou assassinar-te, mas é para teu próprio bem).

Lecomte e Clément Thomas

Após a tentativa de Vinoy de tomar as colinas de Montmartre (eles foram executados nos jardins do Châteaux-Rouge, no dia 18 de março, às 4 horas da manhã), os generais Lecomte e Clément Thomas foram feito prisioneiros e fuzilados pelos mesmos nervosos soldados do 81º Regimento de Linha. Foi

---

* Procuradores gerais. (N. T.)
[4] Com *"Union libérale"* [União liberal], Marx refere-se ao grupo dos assim chamados conservadores progressistas da Câmara dos Deputados, formado após as eleições de 1846. Seus principais representantes eram os orleanistas Girardin, Tocqueville, Dufaure, entre outros. (N. E. A.)

um ato sumário de linchamento, praticado a despeito dos pedidos de alguns delegados do *Comitê Central*. Lecomte, um degolador com distintivo de ombro, ordenara por quatro vezes às suas tropas, na praça Pigalle, que disparassem contra um ajuntamento desarmado de mulheres e crianças. Mas em vez de disparar contra o povo, os soldados dispararam contra ele. Clément Thomas, um ex-quartel-mestre, "general" improvisado na véspera dos massacres de junho (1848) pelos homens do *Nacional*, do qual ele fora o *gérant**, nunca havia banhado sua espada no sangue de nenhum outro inimigo que não fosse a classe trabalhadora de Paris. Ele foi um dos sinistros conspiradores que provocaram deliberadamente a Insurreição de Junho e um dos mais atrozes carrascos dos revoltosos. Quando, em 31 de outubro de 1870, os proletários guardas nacionais de Paris surpreenderam o "Governo de Defesa" no Hôtel de Ville e os fizeram prisioneiros, esses homens, que haviam [sido] nomeados por si mesmos, esses *gens de parole*** – tal como Picard, um deles, os chamou recentemente – deram sua *palavra de honra* de que cederiam o lugar à *Comuna*. Depois que se permitiu que escapassem, eles lançaram os "bretões" de Trochu contra seus capturadores excessivamente confiantes. Todavia, um deles, o sr. *Tamisier*, entregou seu posto de comandante-em-chefe da Guarda Nacional. Ele recusou-se a *quebrar* sua palavra de honra. Chegava novamente a hora de Clément Thomas entrar em cena. Ele foi nomeado comandante-em-chefe da Guarda Nacional no lugar de Tamisier. Ele era o homem certo para o "plano" de Trochu. "Ele nunca combateu contra os prussianos", mas contra a Guarda Nacional, a qual desorganizou, desuniu, caluniou – expurgando dela todos os oficiais hostis ao "plano" de Trochu e colocando uma parcela dos guardas nacionais contra a outra – e sacrificou em "*sorties****" planejadas de modo a cobri-los com o ridículo. Assombrado pelos espectros das vítimas de junho, esse homem, sem qualquer incumbência oficial, tinha de reaparecer no teatro da guerra de 18 de março, a farejar um outro massacre do povo parisiense. Ele caiu vítima de linchamento no primeiro momento do desespero popular. Os homens que haviam rendido Paris à terna misericórdia do *décembriseur* Vinoy, a fim de matar a República e embolsar os *pots de vin* previstos no contrato de Pouyer-Quertier, gritavam agora: *Assassins! Assassins!***** Seus uivos repercutiram pela imprensa da Europa, tão ávida pelo sangue dos "proletários". Uma farsa de "sensibilidade" histérica foi encenada na *Assemblée* dos "rurais", e agora, como antes, os cadáveres de seus amigos eram armas bem-vindas contra seus inimigos. Paris e o Comitê Central foram responsabilizados por um acidente fora de seu controle. É sabido como, nos dias de junho de 1848, os "homens da ordem"

---

* Gerente. (N. T.)
** Homens de palavra. (N. T.)
*** Retiradas. (N. T.)
**** "Assassinos! Assassinos!" (N. T.)

sacudiram a Europa com o grito de indignação contra os insurgentes devido ao assassinato do arcebispo de Paris. Naquele momento eles sabiam perfeitamente bem, pelo testemunho do sr. Jacquemet, *vicaire général** do arcebispo, que o havia acompanhado até as barricadas, que o bispo fora morto pelas tropas de Cavaignac e não pelos insurgentes; mas esse cadáver tinha de servir à causa. O sr. Darboy, atual arcebispo de Paris, um dos reféns tomados pela *Comuna* em autodefesa contra as selvagens atrocidades do governo de Versalhes, parece, no entanto, como se pode ler em suas cartas a Thiers, ter estranhos pressentimentos de [que] *papai Transnonain*** *esteja ávido por especular* sobre seu corpo, como um objeto de sagrada indignação. Mal o governo de Versalhes tivera um primeiro sucesso militar e Thiers já condecorava o capitão Desmarêt, que à frente de seus gendarmes assassinara o nobre Flourens. Este havia salvado a vida dos "homens da defesa" em 31 de outubro. A Vinoy, o fugitivo, foi concedida a Grã-Cruz da Legião de Honra, primeiramente por ter executado, no interior da fortaleza, nosso bravo camarada Duval quando este lá se encontrava prisioneiro; em segundo lugar, porque fuzilara algumas dúzias de tropas de linha presas por terem se unido ao povo de Paris; em terceiro lugar, por ter inaugurado essa guerra civil com os "métodos de dezembro". O general Galliffet – "o marido daquela charmosa marquesa cujos trajes nos bailes de máscaras eram uma das maravilhas do Império", como escreveu delicadamente uma pena de aluguel de Londres –, "tendo surpreendido" perto de Rueil um capitão, um tenente e soldados da Guarda Nacional, ordenou imediatamente sua execução e em seguida mandou publicar uma proclamação a fim de glorificar a si mesmo pelo feito. Essa é uma pequena amostra dos assassinatos *oficialmente* narrados e glorificados pelo governo de Versalhes. Vinte e cinco soldados do 80º Regimento de Linha foram fuzilados como "rebeldes" pelo 75º Regimento. "Todo homem vestindo o uniforme do exército regular capturado nas fileiras comunistas foi imediatamente fuzilado sem a mínima misericórdia. As tropas governamentais foram perfeitamente ferozes." "O sr. Thiers comunicou à Assembleia os encorajadores detalhes da morte de Flourens."

Versalhes, 4 de abril. Thiers, esse anão disforme, relata (em sua proclamação) sobre seus prisioneiros levados a Versalhes: "Nunca os olhares aflitos de homens honestos fixaram semblantes tão degradados de uma degradada democracia". (Os homens de Piétri!) "Vinoy protesta contra qualquer misericórdia aos oficiais insurgentes ou homens de linha."

Em 6 de abril, *decreto da Comuna sobre represálias* (e reféns): "Considerando que o governo de Versalhes esmagou abertamente as leis da humanidade e da guerra, e que ele foi culpado dos horrores pelos quais nem mesmo os

---

*   Vigário-geral. (N. T.)
** Ver nota *** na página 39. (N. E.)

invasores da França aceitaram se desonrar (...) está decretado etc." (*Seguem os artigos.*)

5 de abril, proclamação da Comuna: "Todos os dias os bandidos de Versalhes massacram ou disparam contra nossos prisioneiros, e a cada hora somos informados de que outro assassinato foi cometido. (...) O povo, mesmo em seu ódio, detesta derramamento de sangue e detesta guerra civil, mas é seu dever proteger-se contra os atentados selvagens de seus inimigos; custe o que custar, será olho por olho, dente por dente".

"Os policiais que lutam contra Paris recebem 10 francos por dia."*

Versalhes, 11 de abril. Os mais horríveis detalhes de um fuzilamento a sangue-frio de prisioneiros, não desertores, relatados com um evidente prazer por oficiais e outras testemunhas oculares.

Em sua carta a Thiers, Darboy protesta "contra os excessos atrozes que se somam ao horror de nossa guerra fratricida". Na mesma linha, escreve Deguerry (*curé de la Madeleine*)**: "Essas execuções provocam grandes manifestações de cólera em Paris e podem gerar terríveis represálias". "Assim, tomou-se a resolução de, a cada nova execução, ordenar duas outras dentre os numerosos reféns que se têm em mãos. Julgais vós mesmos em que medida o que vos peço como padre é algo de uma necessidade rigorosa e absoluta."***

Em meio a esses horrores, Thiers escreve aos prefeitos: "A Assembleia funciona *tranquilamente*". (Ela também tem o coração leve.)****

Thiers e *la Commission des Quinze*[5] de seus "rurais" tiveram a fria impudência de "negar oficialmente" as "supostas *execuções sumárias e represálias atribuídas às tropas de Versalhes*". Mas *papai* Transnonain, em sua *circular de 16 de abril sobre o bombardeio de Paris*, disse: "Se alguns tiros de canhão foram disparados, não foi um ato do exército de Versalhes, mas de alguns insurgentes que queriam fazer crer que estavam a lutar, quando na verdade nem mesmo ousavam se mostrar". Thiers provou que ele ultrapassa seu herói, Napoleão I, ao menos em uma coisa: boletins mentirosos. (É claro, Paris bombardeia a si mesma para poder caluniar o sr. Thiers!)

---

* "*Les sergents de ville qui se battent contre Paris ont 10 francs par jour.*" (N. T.)

** Cura da Madeleine. (N. T.)

*** "[Essas execuções provocam de grandes] *colères à Paris et peuvent y produire de terribles représailles*". "*Ansi l'on est résolu, à chaque nouvelle exécution, d'en ordonner deux, des nombreaux otages que l'on a entre les mains. Jugez à quel point ce que [je] vous demande comme prêtre est d'une rigoureuse et absolue nécessité*". (N. T.)

**** "'*L'Assemblée siège* paisiblement'. (*Elle aussi a le coeur léger*)." (N. T.)

[5] A *Commission des Quinze* [Comissão dos Quinze] foi instituída em 20 de março de 1871 a fim de apoiar o governo de Thiers na luta contra a revolução de Paris. A ela pertenciam principalmente monarquistas e republicanos burgueses que representavam os interesses de Thiers. Depois da supressão da Comuna, ela deixou de existir. (N. E. A.)

A essas atrozes provocações dos calças negras bonapartistas, a Comuna se contentou em responder tomando reféns e ameaçando represálias, mas suas ameaças permaneceram letra morta! Nem os gendarmes disfarçados de oficiais, nem os *sergents de ville* feitos prisioneiros, com os quais foram encontrados explosivos, foram levados à corte marcial! A Comuna recusou-se a sujar suas mãos com o sangue desses sabujos!

Alguns dias antes de 18 de março, Clément Thomas expôs ao ministro da Guerra Le Flô um plano para o desarmamento de *trois quarts** da *Garde* Nacional. "A fina flor da canalha, dizia ele, concentrou-se ao redor de Montmartre e uniu-se a Belleville."**

A Assembleia Nacional

A Assembleia eleita em 8 de fevereiro sob pressão do inimigo, para o qual os homens que governam em Versalhes haviam retomado todos os fortes e deixado Paris sem defesa – essa Assembleia de Versalhes tinha um único objetivo, claramente determinado pela própria convenção assinada em Versalhes, em 29 de janeiro, a saber, decidir se a guerra podia continuar ou se era hora de negociar a paz; e, nesse caso, fixar as condições dessa paz e assegurar o mais rapidamente possível a evacuação do território francês***.

Chanzy, o arcebispo de Paris etc.

A liberação de Chanzy ocorreu quase simultaneamente com a retirada de Saisset. Os jornalistas realistas foram unânimes *em decretar a morte do general*. Quiseram imputar esse procedimento amistoso aos vermelhos. Três vezes fora ordenada sua execução, e agora ele realmente estava a caminho do fuzilamento.

Após o caso Vendôme: consternação em Versalhes. Um ataque a Versalhes era esperado em 23 de março, pois os líderes da agitação comunal haviam anunciado que marchariam sobre Versalhes caso a Assembleia tomasse qualquer medida hostil. A Assembleia não o fez. Ao contrário, votou em urgência uma proposta de manter as eleições comunais em Paris etc. Por meio das concessões,

---

* Três quartos. (N. T.)
** "*La fine fleur de la canaille, disait-il, s'est concentrée autour de Montmartre et s'entend avec Belleville.*" (N. T.)
*** "*L'Assemblée élue le 8 février sous la pression de l'ennemi aux mains desquels les hommes qui gouvernent à Versailles avaient remis tous les forts et livré Paris sans défense, l'Assemblée de Versailles avait un but unique et clairement déterminé par la convention même signée à Versailles le 29 janvier – de décider si la guerre pouvait être continuée ou traiter la paix; et, dans ce cas, fixer les conditions de cette paix et assurer le plus promptement possible l'évacuation du territoire français.*" (N. T.)

a Assembleia admitiu sua falta de poder. Ao mesmo tempo, *intrigas realistas em Versalhes*. Generais bonapartistas e o Duque d'Aumale. Favre confessou ter recebido uma carta de Bismarck anunciando que Paris seria ocupada pelas tropas alemãs caso a ordem não fosse restaurada até 26 de março. Os vermelhos enxergaram claramente o que havia por trás desse pequeno artifício. O caso Vendôme foi provocado pelo falsário *J. Favre, este jesuíta infame*, que (em 21 de março?) subiu à tribuna da Assembleia de Versalhes para insultar o povo que o tirara da obscuridade e sublevar Paris contra os departamentos*.

30 de março, proclamação da Comuna: "Hoje os criminosos, que não quisestes nem mesmo perseguir, abusam de vossa magnanimidade para organizar às próprias portas da cidade um foco de conspiração monárquica. Eles invocam a guerra civil, empregam todo tipo de métodos corruptos, aceitam qualquer cumplicidade, ousam até mesmo mendigar apoio estrangeiro"**.

Thiers

Em 25 de abril, em sua recepção dos *maires*, adjuntos e conselheiros municipais das comunas suburbanas do Sena, Thier disse:

"A República existe. *O chefe do poder Executivo* é apenas *um simples cidadão*."***

O progresso da França de 1830 a 1871, de acordo com o sr. Thiers, consiste nisto: em 1830, Luís Filipe era "a melhor das repúblicas". Em 1871, o fóssil ministerial do reino de Luís Filipe, o próprio pequeno Thiers, é a *melhor das repúblicas*.

(O sr. Thiers começou seu regime com uma usurpação. Ele foi escolhido pela Assembleia Nacional como chefe do ministério da Assembleia e escolheu a si mesmo como chefe do poder Executivo da França.)

A Assembleia e a revolução de Paris

(A Assembleia, reunida por ordens do invasor estrangeiro, foi, como ficou claro na convenção de Versalhes de 29 de janeiro, eleita tão somente para um único propósito: decidir a continuação da guerra ou acertar as condições

---

* *"Faussaire J. Favre, ce jésuite infâme, qui (em 21 de março?) est monté à la tribune de l'Assemblée de Versailles pour insulter ce peuple qui l'a tiré du néant et soulever Paris contre les départements."* (N. T.)

** *"Aujourd'hui les criminels, que vous n'avez pas même voulu poursuivre, abusent de votre magnanimité pour organiser aux portes mêmes de la cité un foyer de conspiration monarchique. Ils invoquent la guerre civile, ils mettent en oeuvre toutes les corruptions, ils acceptent toutes les complicités, ils ont osé mendier jusqu'à l'appui de l'étranger."* (N. T.)

*** *"La République existe*. Le chef de pouvoir exécutif *n'est qu'un* simple citoyen." (N. T.)

da paz. Ao chamar o povo francês às urnas, os *capitulards* de Paris definiram claramente essa missão específica da Assembleia, o que ajuda bastante a explicar sua configuração. Tendo a continuação da guerra se tornado impossível pelos próprios termos do armistício humildemente aceito pelos *capitulards*, a Assembleia não tinha mais a fazer do que registrar uma paz infame e, para essa performance específica, os piores homens da França eram [os] melhores.

A República foi proclamada em 4 de setembro, não pelos advogados tratantes que se instalaram no Hôtel de Ville como Governo de Defesa, mas pelo povo de Paris. Ela foi aclamada por toda a França sem uma única voz dissonante. Ela conquistou sua própria existência por uma guerra de cinco meses, cujo elemento decisivo foi a longa resistência de Paris. Sem essa guerra, travada pela República e em nome da República, o Império teria sido restaurado por Bismarck após a capitulação de Sedan, os advogados tratantes, com Thiers à frente, teriam tido de capitular não por Paris, mas em troca de garantias pessoais contra uma viagem a Caiena, e nunca se teria ouvido falar da Assembleia dos "rurais". Ela se reuniu somente graças à revolução republicana, que teve seu ponto de partida em Paris. Não sendo uma assembleia constituinte, como o próprio sr. Thiers repetiu até a exaustão, ela não teria, a não ser como uma mera cronista dos incidentes passados da revolução republicana, nem mesmo tido o direito de proclamar a *destitution** da dinastia Bonaparte. O único poder legítimo na França, portanto, é a própria *Revolução*, cujo centro é Paris. Essa revolução não foi feita contra Napoleão, o Pequeno, mas contra as condições sociais e políticas que engendraram o Segundo Império, as quais receberam seu acabamento final em meio à sua agitação, e que, como o revelou claramente a guerra com a Prússia, transformariam a França em um cadáver não tivessem elas sido eliminadas pelas forças regeneradoras da revolução da classe operária francesa. A Assembleia dos "rurais" – a quem a revolução outorgou plenos poderes apenas para ressaltar a desastrosa situação que o presente "poder Executivo" entregara nas mãos do invasor estrangeiro –, em sua tentativa de tratar a revolução como uma *capitulard*, cometeu uma monstruosa usurpação. Sua guerra contra Paris não é senão uma covarde *chouannerie*** sob a proteção das baionetas prussianas. É uma aberta conspiração para assassinar a França a fim de conservar os privilégios, os monopólios e as luxúrias das classes degeneradas, acabadas e apodrecidas que a arrastaram ao abismo do qual ela só pode ser salva pela mão hercúlea de uma verdadeira Revolução Social.)

---

* Destituição. (N. T.)
** Ver nota * na página 68. (N. E.)

O melhor exército de Thiers

Mesmo antes de se tornar um "estadista", o sr. Thiers já havia provado seus poderes de mentiroso como historiador. Mas a vaidade, tão característica dos homens nanicos, dessa vez o conduziu aos pínçaros do ridículo. Seu Exército da Ordem, os restos da *soldatesca** bonapartista recentemente reimportados, graças a Bismarck, das prisões prussianas, os zuavos pontifícios**, os *chouans* de Charette, os vendeianos de Cathelineau***, os "municipais" de Valentin[6], os *ex-sergents de ville* de Piétri e os gendarmes corsos de Valentin, que sob Luís Bonaparte eram apenas os espiões do exército, mas que sob o sr. Thiers formavam a sua fina flor guerreira, isso tudo sob a supervisão de *mouchards* com distintivos de ombro e sob o comando dos fugitivos marechais dezembristas que não tinham nenhuma honra a perder – a essa súcia multicolorida, canhestra e abjeta, o sr. Thiers chama de *"o melhor exército que a França jamais possuiu"*! Se ele ainda permite que os prussianos se instalem em S. Denis, é apenas para assustá-los com a visão do "melhor exército" de Versalhes.

Thiers

Pequenas malandragens estatais.

Eterno insinuador de intrigas parlamentares, o sr. Thiers nunca foi mais do que um jornalista "capaz" e um hábil "esgrimista" de palavras, um mestre da malandragem parlamentar, um virtuose do perjúrio, um artífice em todos os pequenos estratagemas, baixas perfídias e armadilhas sutis da guerra partidária parlamentar. Esse gnomo deformado só encantou a burguesia francesa durante a primeira metade deste século por ser ele a mais verdadeira expressão intelectual de sua própria corrupção de classe. Quando nas fileiras da oposição, não se cansava de repetir seu velho sermão sobre as *libertés nécessaires*, apenas para eliminá-las quando no poder. Uma vez fora do ministério, ameaçava a Europa com a espada da França. E quais foram, na realidade, suas atividades diplomáticas? Engolir, em 1841, a humilhação do tratado de Londres[7], apressar-se a travar guerra contra a Prússia por meio

---

*   Soldadesca. (N. T.)
** Ver nota * na página 68. (N. E.)
*** Ver nota 3 na página 174. (N. T.)
[6] Polícia militarizada de Paris, que, depois da Revolução de junho de 1830, foi empregada para a repressão dos levantes populares. Sob o comando do prefeito de polícia Louis Ernest Valentin, essa guarda transformou-se na principal tropa do exército de Versalhes. (N. T.)
[7] Após o fracasso da política francesa no oriente próximo, o governo da França conseguiu negociar a participação do país na Convenção de Londres de 1841, que determinava o fechamento dos estreitos do Mar Negro para a navegação de todo navio de guerra

de suas declamações contra a unidade alemã, envergonhar a França em 1870 por meio de sua turnê mendicante por todas as cortes da Europa e assinar, em 1871, a capitulação de Paris, aceitando a "paz a qualquer preço" e implorando à Prússia a permissão e os meios para instaurar uma guerra civil em sua própria nação subjugada. É certo que, para um homem desse feitio, as forças subterrâneas da sociedade moderna tinham de permanecer desconhecidas; mas ele falhava em compreender mesmo as mudanças mais palpáveis em sua superfície. Por exemplo, qualquer desvio do antigo sistema protecionista francês era por ele denunciado como um sacrilégio e, como ministro de Luís Filipe, tratava a construção de ferrovias com desdém, como uma tola quimera, e ainda sob Luís Bonaparte opunha-se a qualquer reforma da apodrecida organização do exército francês. Um homem sem ideias, sem convicções e sem coragem.

Um "revolucionário" profissional, no sentido em que, ávido por exibir-se, brandir poder e enfiar a mão no tesouro nacional, nunca demonstrou escrúpulos, uma vez banido para as fileiras da oposição, em incitar as paixões populares e provocar uma catástrofe a fim de derrubar um rival; trata-se, ao mesmo tempo, de um homem extremamente rotineiro etc. A classe trabalhadora é por ele insultada como "a *multidão vil*". O *sr. Beslay*, um dos seus antigos colegas nas assembleias legislativas, seu contemporâneo, capitalista e, entretanto, membro da Comuna de Paris, dirige-se a ele, em um discurso público, da seguinte forma: "A sujeição (*asservissement*) do trabalho ao capital, tal é o *'fonds'** de vossa política, e [desde] o dia em que vistes a *República do Trabalho* instalada no Hôtel de Ville, não cessastes jamais de gritar à França: 'são criminosos!'".

Não admira que o sr. Thiers, por meio de seu ministro do Interior, Ernest Picard, tenha dado ordens para impedir a comunicação da Associação Internacional com Paris (*reunião da Assembleia*, 28 de março). *Circular de Thiers aos prefeitos e subprefeitos***: "Os bons operários, tão numerosos em comparação com os maus, deveriam saber que, se o pão foge mais uma vez de sua boca, os culpados disso são os membros da Internacional, os tiranos do trabalho, do qual fingem ser os libertadores".

Sem a *Internacional* (...)

(Agora a história do dinheiro.) (Ele e Favre transferiram seu dinheiro para Londres.) Há um provérbio que diz: quando os patifes brigam, a verdade vem à tona. Não poderíamos, portanto, finalizar o retrato de Thiers

---

  estrangeiro em tempos de paz. Essa convenção foi assinada em 13 de julho de 1841 pelos representantes de Rússia, Inglaterra, França, Áustria e Prússia, por um lado, e da Turquia, por outro. (N. E. A.)

* Fundamento. (N. T.)

** "*Circulaire de Thiers aux préfets et sous-préfets.*" (N. T.)

com palavras melhores do que as do *Moniteur* londrino sobre o chefe de seus generais de Versalhes. Diz o *Situation*, no número de 28 de março: "O sr. Thiers nunca foi ministro sem empurrar os soldados para o massacre do povo; ele, o parricida, o homem do incesto, o peculador, o plagiador, o traidor, o ambicioso, o *impuissant**".

Astuto em engenhosas artimanhas e hábeis subterfúgios.

———◆———

Unido aos republicanos antes da Revolução de Julho, abocanhou seu primeiro ministério traindo Laffitte, seu antigo protetor. Seu primeiro feito foi mandar para a prisão seu antigo colaborador Armand Carrel. Insinuou-se, sob Luís Filipe, como espião e *accoucheur* penitenciário da duquesa de Berry**, mas sua atividade centrou-se no massacre dos republicanos insurgentes de Paris na Rua Transnonain*** e nas leis de setembro contra a imprensa, para enfim ser descartado como um lâmina tornada cega. Depois de plantar intrigas para voltar ao poder em 1840, planejou as fortificações de Paris, às quais se opunha, como um atentado à liberdade de Paris, o partido democrático inteiro, com exceção dos republicanos burgueses do *Nacional*. Thiers respondeu aos seus protestos do alto da tribuna da *Chambre des députés****:* "Como? Imaginar que quaisquer obras de fortificação possam ameaçar a liberdade! E, antes de mais nada, caluniais *qualquer governo possível* ao supordes que ele poderia tentar se manter bombardeando a capital. Como? Depois de ter explodido com suas bombas a cúpula dos Inválidos ou do Panthéon, depois de ter inundado com seu fogo os lares de vossas famílias, ele se apresentaria a vós para vos pedir a confirmação de sua existência! *Mas assim ele seria cem vezes mais impossível depois de sua vitória do que antes.*"*****

De fato, nem o governo de Luís Filipe nem aquele da regência bonapartista ousaram afastar-se de Paris e bombardeá-la. Esse emprego das fortificações estava reservado ao sr. Thiers, seu planejador original.

Quando o rei Bomba de Nápoles****** bombardeou Palermo, em janeiro de 1848, o sr. Thiers voltou a declarar, na Câmara dos Deputados:

---

*   Impotente. (N. T.)
**   Ver nota ** na página 39. (N. T.)
***   Ver nota *** na página 39. (N. T.)
**** Câmara dos Deputados. (N. T.)
***** "*Quoi? Imaginer que des ouvragines que des fortification quelconque peuvent nuire a la liberté. [...] C'est se placer hors de toute réalité. Et d'abord, c'est calomnier un gouvernement quel qu'il soit de supposer qu'll puisse un jour chercher à se maintenir en bombardant la capitale. Quoi? Après avoir percé de ses bombes la voute des Invalides ou du Panthéon, après avoir inondé de ses feux la demeure de vos familles, il se présenterait à vous pour vous demander la confirmation de son existence! Mais il serait cent fois plus impossible après la victoire qu'auparavant.*" (N. T.)
****** Ver nota 10 na página 40. (N. T.)

Sabeis, senhores, o que está acontecendo em Palermo. Vós, todos vós, vos comoveis com horror ao ouvir que uma grande cidade foi bombardeada por 48 horas seguidas – por quem? Tratava-se de um inimigo estrangeiro exercendo os direitos da guerra? Não, senhores, ela foi bombardeada pelo *seu próprio governo. E por quê? Porque a desafortunada cidade reivindicou seus direitos.* Pois bem! Pela reivindicação dos seus direitos ela sofreu 48 horas de bombardeio... Permiti-me apelar à opinião europeia. É prestar um serviço à humanidade levantar-se e fazer reverberar, desta que é talvez a maior tribuna na Europa, *algumas palavras de indignação contra tais atos.* Senhores, quando, há cinquenta anos, os austríacos, exercendo os direitos da guerra, para se pouparem da longa duração de um cerco, quiseram bombardear Lille, quando mais tarde os ingleses, que exerciam também os direitos da guerra, bombardearam Copenhague, e mais recentemente, *quando o regente Espartero,* que havia prestado serviços ao seu país, *para reprimir uma insurreição, quis bombardear Barcelona,* irrompeu em todos os partidos uma indignação geral.*

Pouco mais de um ano depois, Thiers estava entre os mais ferozes apologistas do bombardeio de Roma pelas tropas da República Francesa, e exaltava seu amigo, o general Changarnier, por ter executado os guardas nacionais de Paris que protestavam contra o rompimento da constituição francesa.

Poucos dias antes da Revolução de Fevereiro de 1848, irritado com o longo exílio de cargos a que Guizot o havia condenado, [e] farejando a comoção crescente das massas, que, assim ele esperava, o permitiria desalojar seu rival e impor-se a Luís Filipe, *Thiers* exclamou na Câmara dos Deputados:

Sou do partido da Revolução, não apenas na França, mas na Europa. Gostaria que o governo da Revolução permanecesse nas mãos de homens moderados... Mas se esse governo cair nas mãos de espíritos ardentes, mesmo nas mãos de radicais, nem por isso desertarei de minha causa. *Serei sempre do partido da Revolução.***

---

* "Vous savez, Messieurs, ce qui se passe à Palerme: vous avez tous tressailli d'horreur en apprenant que, pendant 48 heures, une grande ville a été bombardée. Par qui? Etait-ce par un ennemi étranger, exerçant les droits de la guerre? Non, Messieurs, par son propre gouvernement. Et pourquoi? Parce que cette ville infortunée demandait des droits. *Eh bien! pour la demande de ses droits il y a eu 48 heures de bombardement. Permettez-moi d'en appeler à l'opinion européenne. C'est un service à rendre à l'humanité que de venir, du haut de la plus grande tribune peut-être de l'Europe, faire retentir* quelques paroles d'indignation contre de tels actes. Messieurs, lorsque, il y a 50 ans, les Autrichiens, exerçant les droits de la guerre, pour s'épargner les longueurs d'un siège, voulurent bombarder Lille, lorsque plus tard les Anglais, qui exerçaient aussi les droits de la guerre, bombardèrent Copenhague, et tout récemment, quand le régent Espartero, *qui avait rendu des services à son pays,* pour réprimet une insurrection, a voulu bombarder Barcelone, *dans tous les partis, il y a eu une générale indignation.*" (N. T.)

** "Je suis du parti de la révolution, tant en France qu'en Europe. Je souhaite que le gouvernement de la révolution reste dans les mains des hommes modérés... Mais quand ce gouver-

Nos primeiros dias após a explosão de fevereiro, ele escondeu-se ansiosamente, mas os operários de Paris o desprezavam demais para chegar a odiá-lo. Com sua notória covardia – que fez Armand Carrel responder à sua jactância de que ele "um dia morreria [às] margens do Reno" com as seguintes palavras: "tu morrerás na sarjeta" –, não ousou desempenhar um papel no palco público antes que as forças populares fossem esmagadas pelo massacre dos insurgentes de junho. Ele confinou-se, primeiro, à direção secreta da conspiração da *réunion* da *Rue de Poitiers*, que resultou na *restauração* do Império, até que o palco estivesse suficientemente livre para que ele pudesse voltar à cena.

Durante o cerco a Paris, à pergunta se a cidade estava prestes à capitular, Jules Favre respondeu que, para se poder falar em capitulação, era necessário o bombardeio de Paris! Isso explica seus protestos melodramáticos contra o bombardeio prussiano, a indicar que este era um bombardeio de mentira, ao passo que o bombardeio de Thiers era uma dura realidade.

Charlatanices parlamentares

Ele está há quarenta anos em cartaz. Nunca propôs sequer uma medida útil em qualquer departamento, seja de Estado, seja da vida. Vão, cético, epicurista, nunca escreveu ou falou em prol de alguma coisa. A seus olhos, as próprias coisas são meros pretextos para o emprego de sua pena ou sua língua. Com exceção de sua sede por cargos, pilhagens e exibicionismo, nele não há nada real, nem mesmo seu chauvinismo.

No verdadeiro estilo dos vulgares jornalistas profissionais, ele ora escarnece, em seus boletins, da má aparência dos prisioneiros de Versalhes, ora informa que os "rurais" estão *"à leur aise"**, ora cobre a si mesmo de ridículo com seu boletim sobre a tomada do Moulin-Saquet (4 de maio), quando foram feitos trezentos prisioneiros: "O resto dos insurgentes fugiu, deixando 150 mortos e feridos sobre o campo de batalha", e acrescenta rabugentamente: "Eis a vitória que a Comuna pode celebrar amanhã em seus boletins". *"Paris* será em pouco tempo libertada desses terríveis tiranos que a oprimem."**

---

nement passerait dans les mains d'hommes ardents, fût-ce des radicaux, je n'abandonnerai pas ma cause pour cela. Je serai toujours du parti de la révolution." (N. T.)

* Tranquilos. (N. T.)

** "Le reste des insurgés s'est enfui à toutes jambes, laissant 150 morts et blessés sur le champ de bataille (...) Voilà la victoire que la Commune peut célébrer demain dans ses bulletins". "Paris sera sous peu délivré de ses terribles tyrans qui l'oppriment." (N. T.)

Paris – a "Paris" da massa do povo parisiense, lutando contra ele, não é "Paris". "Paris – é o rico, o capitalista, o preguiçoso" (por que não o bordel cosmopolita?). Essa é a Paris do sr. Thiers. A Paris real, que trabalha, pensa, luta, a Paris do povo, a Paris da Comuna, essa é a "multidão vil". Essa é a concepção geral do sr. Thiers, não apenas sobre Paris, mas sobre a França. A Paris que mostrou sua coragem na "passeata pacífica" e na *escapade** de Saisset, que se espreme agora em Versalhes, em Rueil, em S. Denis, em S. Germain-en-Laye, seguida pelas cocotes penduradas nos "homens de religião, família, ordem e propriedade" (a Paris das classes realmente "perigosas", exploradoras e vadias) ("os *franc-fileurs*") e divertindo-se ao olhar pelo telescópio o desenrolar da batalha, aqueles para quem "a guerra civil é apenas uma agradável diversão" – essa é a Paris do sr. Thiers (assim como a emigração de Coblenz era a França do sr. Calonne). Em seu estilo vulgar de jornalista, ele não só não consegue manter uma fingida dignidade, como, para não se desviar do rótulo da "legitimidade", assassina as viúvas, moças e crianças encontradas sob as ruínas de Neuilly. Ele não pôde deixar de iluminar as eleições municipais – que ele havia conclamado na França – por meio da conflagração de Clamart, transformada em cinzas por bombas incendiárias. Os historiadores de Roma pintam o retrato de Nero contando-nos que o monstro se ufanava de ser versista e comediante. Mas ponham no poder um mero jornalista profissional e charlatão parlamentar como Thiers e ele será mais neroniano do que Nero.

Ao permitir que os "generais" bonapartistas se vinguem de Paris, ele encena apenas seu papel como o instrumento cego dos interesses de classe; mas ele desempenha seu papel pessoal na pequena subcomédia dos boletins, discursos, comunicados, nos quais se sobressaem a vaidade, vulgaridade e mau gosto do jornalista.

———◆———

Ele compara a si mesmo com Lincoln e os parisienses com os escravocratas do sul. Os sulistas lutavam pela escravização do trabalho e por separar-se territorialmente dos Estados Unidos. Paris luta pela emancipação do trabalho e por separar-se do poder dos parasitas do Estado de Thiers, dos pretendentes a escravocratas da França!

———◆———

Em seu discurso aos *maires*: "Podeis confiar em minha palavra, à qual jamais faltei!"**

---

* Escapada. (N. T.)
** "*On peut compter sur ma parole à laquelle je n'ai jamais manqué!*" (N. T.)

"Essa assembleia é uma das mais liberais que a França já instituiu."*

Ele salvará a República, "contanto que a ordem e o trabalho não estejam constantemente ameaçados por aqueles que se pretendem os guardiões particulares da segurança da República".**

———◆———

Na sessão de 27 de abril da Assembleia, disse que "a Assembleia é mais liberal do que ele mesmo!"***

———◆———

Ele, cujo trunfo retórico foi sempre a denúncia dos tratados de Viena[8], assinou o tratado de Paris, que significou não só o desmembramento de uma parte da França (não apenas a ocupação de quase metade de seu território), mas bilhões em reparação, sem nem mesmo solicitar a Bismarck que especificasse e provasse suas despesas de guerra! Ele nem sequer permitiu que a Assembleia em Bordeaux discutisse os parágrafos de sua capitulação!

Ele, que a vida inteira censurou os Bourbons por estes terem retornado na retaguarda de exércitos estrangeiros e por seu comportamento indigno para com os aliados que ocuparam a França após a conclusão da paz, pediu a Bismarck apenas uma concessão no tratado: 40 mil homens para submeter Paris (como Bismarck afirmou na Dieta). Paris estava protegida, por sua Guarda Nacional, contra toda tentativa de ameaça interna e agressão estrangeira, mas à capitulação de Paris ao estrangeiro Thiers acrescentou a capitulação de Paris a ele mesmo e seus sequazes. Essa cláusula era uma cláusula para a guerra civil. Tal guerra foi iniciada por ele não só com a passiva permissão da Prússia, mas pelas facilidades que ela lhe arranjou, pelas tropas francesas prisioneiras que ela generosamente despachou para ele dos calabouços alemães! Em seus boletins, em seus discursos e nos discursos de Favre na Assembleia, ele rasteja na poeira diante da Prússia e ameaça Paris todo santo dia com sua intervenção, depois de ter fracassado em consegui-la,

---

* "*L'assemblée est une des plus libérales qu'ait nommée la France.*" (N. T.)
** "*Pourvu que l'ordre et le travail ne soient pas perpétuellement compromis par ceux qui se prétendent les gardiens particuliers du salut de la République.*" (N. T.)
*** "*L'assemblée est plus libérale que lui-même!*" (N. T.)
[8] Marx refere-se aos documentos diplomáticos que fixaram a situação da Europa depois das guerras napoleônicas. Os Tratados de Viena, resultado do Congresso de Viena de 1814-1815, foram acordados entre os Estados que tomaram parte nas guerras napoleônicas. Os Tratados de Paz de Paris foram acertados de 30 de maio de 1814 a 20 de novembro de 1815 entre a França e os principais membros da sexta e sétima coalizão antifrancesa (Rússia, Inglaterra, Áustria e Prússia). Nos termos desses tratados, a França perdia todos os territórios que havia conquistado entre 1790 e 1814, as fronteiras de 1790 deviam ser restabelecidas e os aliados podiam manter a ocupação das fortalezas francesas situadas nas fronteiras até 1818. (N. E. A.)

como declarou o próprio Bismarck. Os Bourbons eram a dignidade em pessoa se comparados a esse charlatão, esse grande apóstolo do chauvinismo!

———◆———

Depois do colapso da Prússia (Paz de Tilsit, 1807), seu governo sentiu que só poderia salvar a si e à nação por uma grande regeneração social. Ele naturalizou na Prússia, em pequena escala, dentro dos limites de uma monarquia feudal, os resultados da Revolução Francesa. Liberou os camponeses etc.* Após a derrota da Crimeia[9], que, apesar de a Rússia ter salvo sua honra com a defesa de Sebastopol e deslumbrado o estrangeiro com seus triunfos diplomáticos em Paris, escancarou internamente a podridão de seu sistema social e administrativo, seu governo emancipou os servos e [reformou] todo o sistema administrativo e judicial. Em ambos os países, a ousada reforma social foi barrada e limitada em seu alcance por ter sido outorgada pela coroa e não (ao invés de ser) conquistada pelo povo. Houve ainda grandes mudanças sociais, que eliminaram os piores privilégios das classes governantes e mudaram a base econômica da velha sociedade. Eles perceberam que a grande doença só poderia ser curada por medidas heroicas. Perceberam que só poderiam responder aos vencedores com reformas sociais, chamando à vida elementos de regeneração popular. A catástrofe francesa de 1870 é um evento sem paralelo na história do mundo moderno! Ela mostrou a França oficial, a França de Luís Bonaparte, a França das classes governantes e seus parasitas estatais – um cadáver putrefato. E qual é a primeira tentativa dos homens infames que chegaram ao governo da França por meio de um descuido do povo e que continuam a detê-lo por uma conspiração com o invasor estrangeiro, qual é [sua] primeira tentativa? Assassinar, sob patrocínio prussiano, por intermédio da soldadesca de Luís Bonaparte e da polícia de Piétri, a obra gloriosa de regeneração popular começada em Paris, invocar todos os antigos fantasmas legitimistas surrados pela Revolução de Julho, todos os caloteiros fossilizados de Luís Filipe surrados pela Revolução de Fevereiro, e celebrar uma orgia da contrarrevolução! Tal heroísmo em auto-humilhação exagerada é algo inédito nos anais da história! Mas, o que é mais caracterís-

---

* Após a derrota da Prússia (1806) na guerra contra Napoleão, uma série de reformas foram implementadas ali nos anos 1807 até 1811. Uma reforma agrária aboliu a servidão dos camponeses e a Ordem dos Municípios (*Städteordnung*) de 1808 introduziu uma limitada autonomia das administrações locais. O exército e as mais altas autoridades administrativas foram reorganizadas e o livre-comércio foi proclamado. (N. T.)

[9] Na Rússia, após a derrota na Guerra da Crimeia (1853-1856), foram introduzidas as seguintes reformas: a reforma dos camponeses de 1861, que aboliu a servidão, a reforma do Zemstvo, de 1864, a reforma das municipalidades, de 1870, o novo ordenamento judiciário de 1864 e a reforma do sistema financeiro. (N. E. A.)

tico, em vez de provocar um grito geral de indignação da parte da Europa e da América oficiais, ele evoca uma corrente de simpatia e de denúncia feroz contra Paris! (Retrógrados, vilões, homens degenerados*.) Isso prova que Paris, fiel aos seus antecedentes históricos, busca a regeneração do povo francês fazendo dele o paladino da regeneração da velha sociedade, fazendo da regeneração do gênero humano o negócio nacional da França! É a classe produtora em sua emancipação das classes exploradoras, de seus apropriadores e parasitas estatais, os quais provam a verdade do adágio francês que diz que "os criados do diabo são piores que o próprio diabo"**. Paris hasteou a bandeira do gênero humano!

18 de março: o governo exige para "cada cópia de todo periódico, seja qual for sua natureza, uma taxa de dois cêntimos". "É proibido fundar novos jornais até a suspensão do estado de sítio."

As diferentes frações da burguesia francesa tiveram sucessivamente *seus reinos*, os grandes proprietários fundiários sob a *Restauração* (os velhos Bourbons), os capitalistas sob a Monarquia parlamentar de julho (Luís Filipe), enquanto seus elementos bonapartistas e republicanos continuavam a incomodar no *background*. Suas brigas partidárias e intrigas eram, é claro, realizadas sob o pretexto do *bem-estar público*, e cada vez que uma revolução popular se via livre de uma dessas monarquias, a outra se instalava. Tudo isso mudou com a República (fevereiro). Todas as frações da burguesia se coligaram no *Partido da Ordem*, que é o partido dos proprietários e capitalistas, unindo-se para manter a subjugação econômica do trabalho e a maquinaria repressiva estatal que lhe presta suporte. Em vez de uma monarquia, cujo próprio nome significa a prevalência de uma fração burguesa sobre a outra, a vitória de um lado e a derrota do outro (o triunfo de um lado e a humilhação do outro), a *República* era a sociedade anônima das frações burguesas coligadas, de todos os *exploiteurs**** do povo agrupados e, de fato, legitimistas, bonapartistas, orleanistas, republicanos burgueses, jesuítas e voltairianos abraçaram uns aos outros – não mais ocultos pelo abrigo da coroa, não mais capazes de atrair a atenção do povo para suas lutas partidárias mascarando-as em lutas pelo interesse popular, não mais sujeitando um ao outro. Antagonismo direto e confesso entre seu domínio de classe e a emancipação das massas produtoras – *ordem*, o nome para as condições econômicas e políticas de seu domínio de classe e da servidão do trabalho, essa forma anônima ou republicana do regime burguês –, essa república burguesa, essa República do *Partido da Ordem*, é o mais *odioso* de todos os

---

* "Fossiles, vilains, hommes tarés." (N. T.)
** "Les valets du diable sont pires que le propre diable." (N. T.)
*** Exploradores. (N. T.)

regimes políticos. Seu interesse imediato, sua única *raison d'être** é esmagar o povo. É o *terrorismo* do domínio de classe. A coisa se dá da seguinte forma. Tendo o povo lutado e feito a revolução, proclamado a República e criado o espaço para uma Assembleia Nacional, então os burgueses, cujas conhecidas profissões de fé republicanas são uma garantia para sua "República", são empurrados para o primeiro plano da cena pela maioria da Assembleia, composta pelos inimigos derrotados e professos da República. Os republicanos são imbuídos da tarefa de atrair o povo para a armadilha de uma insurreição, a ser esmagada pelo fogo e pela espada. Esse papel foi desempenhado pelo partido do *Nacional*, com Cavaignac à frente, depois da Revolução de Fevereiro (com a Insurreição de Junho). Devido aos seus crimes contra as massas, esses republicanos perdem, então, o equilíbrio. Eles fizeram o seu trabalho e, se ainda lhes é permitido apoiar o *Partido da Ordem* em sua luta geral contra o proletariado, eles são, ao mesmo tempo, excluídos do governo, forçados a cair para as últimas fileiras e aceitos apenas "por tolerância". Os burgueses realistas coligados se tornam, então, os pais da República, e instaura-se o verdadeiro governo do "Partido da Ordem". Com as forças materiais do povo temporariamente quebradas, a obra de reação – a supressão de todas as concessões conquistadas em quatro revoluções – tem início, peça por peça. O povo é levado à loucura não apenas pelos atos do *Partido da Ordem*, como também pela afronta cínica com a qual ele, o povo, é tratado como vencido, com a qual em seu próprio nome, em nome da República, aquela escória a governa com poder supremo. É claro que essa espasmódica forma de despotismo *anônimo* de classe não pode durar muito, pode apenas ser uma fase transitória. Ela sabe que está sentada sobre um vulcão revolucionário. Por outro lado, se o Partido da Ordem está unido em sua guerra contra a classe trabalhadora, o mesmo não ocorre quanto à sua capacidade de ser o *Partido da Ordem*: o jogo de intrigas de suas diferentes frações, uma contra a outra, cada uma querendo fazer prevalecer seu interesse particular na velha ordem da sociedade, cada uma brigando pela restauração de suas pretensões e ambições pessoais, surge com toda a força tão logo seu domínio parece assegurado (garantido) por meio da destruição das forças materiais revolucionárias. Essa combinação de uma guerra comum contra o povo e uma conspiração comum contra a República, combinada com as brigas internas de seus governantes e seu jogo de intrigas, paralisa a sociedade, enoja e desnorteia a massa da classe média e "perturba" os negócios, mantendo-os em um estado crônico de inquietação. Todas as condições do despotismo foram criadas (engendradas) sob esse regime, mas o despotismo sem quietude, despotismo com anarquia parlamentar em seu vértice. Então soou a hora do *coup d'état* e os incapazes tiveram de ceder lugar para qualquer

---

*   Razão de ser. (N. T.)

sortudo fingidor, dando [um] fim à forma *anônima* do domínio de classe. Desse modo Luís Bonaparte deu um fim à República depois de seus quatro anos de existência. Durante todo esse tempo, Thiers foi a *"âme damnée"** do Partido da Ordem, que em nome da República fez guerra contra a República, uma guerra de classe contra o povo e que, em realidade, criou o Império. Ele interpretou, agora, o mesmo papel que interpretara antes; porém, se antes atuara como intriguista parlamentar, agora atuou como chefe do poder Executivo. Caso não seja capturado pela Revolução, ele será agora, como antes, uma ferramenta inutilizada. Qualquer que seja o governo contraversor que se instale, seu primeiro ato será descartar o homem que rendeu a França à Prússia e bombardeou Paris.

Thiers tem várias queixas contra Luís Bonaparte. Este o usou como uma ferramenta e um *dupe***. Aterrorizou-o (abalou seus nervos) com sua prisão após o *coup d'état*. Ele o anulou ao derrubar o regime parlamentar, o único no qual um mero parasita estatal como Thiers, um mero falador, pode desempenhar algum papel político. *Last but not least****, Thiers, tendo sido o borra-botas histórico de Napoleão, passou tanto tempo a descrever seus feitos que começou a fantasiar que ele mesmo os havia protagonizado. A caricatura legítima de Napoleão I era, a seus olhos, não Napoleão, o Pequeno, mas o pequeno Thiers. Com tudo isso, não há nenhuma infâmia cometida por Luís Bonaparte que não tenha sido reprisada por Thiers, da ocupação de Roma pelas tropas francesas à guerra contra a Prússia.

Apenas um homem com uma cabeça tão oca poderia por um momento imaginar que uma república com sua cabeça sobre os ombros, com uma Assembleia Nacional metade legitimista, metade orleanista, com um exército dirigido por líderes bonapartistas, não iria querer descartá-lo uma vez vitoriosa.

———◆———

Não há nada mais grotescamente horrível do que um Pequeno Polegar fingindo representar (atuando no papel [de]) Tamerlão. Com ele, os atos de crueldade são não apenas uma questão de negócio, mas de espetáculo teatral (efeito de palco), de vaidade extravagante. Escrever "seus" boletins, mostrar "sua" severidade, ter "suas" tropas, "sua" estratégia, "seus" bombardeios, "suas" bombas incendiárias, esconder "sua" covardia sob a frieza de sangue com a qual ele permite aos trapaceiros dezembristas vingar-se de Paris! Esse tipo de heroísmo em exagerada pusilanimidade! Ele exulta com o importante papel que representa e com o barulho que faz no mundo! Ele realmente

---

* Instrumento. (N. T.)
** Simplório. (N. T.)
*** "Por último, mas não menos importante." (N. T.)

imagina ser um grande homem: e quão gigante (titânico) ele, o anão, o driblador parlamentar, deve parecer aos olhos do mundo! Em meio às terríveis cenas desta guerra não se pode deixar de sorrir com as ridículas cabriolas da vaidade de Thiers! O sr. Thiers é um homem de imaginação viva, em suas veias corre um sangue de artista, uma vaidade de artista capaz de levá-lo a acreditar em suas próprias mentiras e uma crença em sua própria grandeza.

———◆———

Por todos os discursos, boletins etc. de Thiers, perpassa uma veia de exultante vaidade.

———◆———

Esse *affreux Triboulet**.

Esplêndido bombardeio (com bombas incendiárias) lançado do Mont-Valérien sobre uma parte das casas em Ternes no interior dos muros de defesa, com uma grandiosa conflagração e o temível estrondo do canhão a tremer Paris inteira. Bombas propositalmente lançadas sobre Ternes e quarteirões do Champs-Élysées.

Bombas explosivas, bombas incendiárias.

A Comuna

As gloriosas penas de aluguel britânicas realizaram a esplêndida descoberta de que a Comuna não é o que costumamos entender por autogoverno. De fato, não é. Não é a autoadministração das cidades por vereadores empanturrados de sopa de tartaruga, conselhos paroquiais corrompidos e ferozes inspetores de *workhouses***. Não é a autoadministração dos municípios por grandes fazendeiros, ricaços e cabeças ocas. Não é a abominação judicial dos *"The Great Unpaid"****. Não é o autogoverno político do país por um clube oligárquico e pela leitura do *Times*. Ela é o povo agindo para si mesmo, por si mesmo.

———◆———

Nessa guerra de canibais, os mais repugnantes guinchos "literários" do hediondo gnomo ocuparam o topo do governo!

---

* "Asqueroso Triboulet": referência ao personagem Triboulet, o bobo da corte da obra *Le roi s'amuse* [O rei se diverte], de Victor Hugo. (N. T.)
** Casas de correção. (N. T.)
*** "Os grandes não pagos": apelido dado aos magistrados e tribunais não remunerados na Inglaterra. (N. T.)

O feroz tratamento dos prisioneiros de Versalhes não foi interrompido um só momento e seus assassinatos a sangue-frio foram retomados tão logo Versalhes convenceu a si mesma de que a Comuna era muito humana para executar seus decretos de represálias!

O *Journal de Paris* (em Versalhes) diz que foram baleados à queima-roupa treze soldados de linha feitos prisioneiros na estação ferroviária de Clamart e que todos os prisioneiros usando uniformes de soldados de linha que chegarem em Versalhes serão executados tão logo sejam esclarecidas as dúvidas sobre suas identidades!

O sr. Alexandre Dumas *fils** conta que um jovem, exercendo – embora sem deter o título – as funções de general, foi executado depois de ter marchado (sob custódia) algumas centenas de jardas ao longo de uma estrada.

5 de maio, Mot d'Ordre: segundo o *La Liberté*, publicado em Versalhes, "todos os soldados do exército regular que foram encontrados entre os insurgentes em Clamart foram fuzilados no local"** (por Lincoln Thiers!). (Mas Lincoln reconhecia os direitos dos beligerantes.) "Esses são os homens que, sobre os muros de todas as comunas francesas, acusam os parisienses de assassinos!" Os *banditti****!

Desmarêt.

Uma delegação da Comuna encontra-se em Bicêtre (em 27 de abril) para fazer uma investigação sobre os quatro guardas nacionais do 185º Batalhão de Infantaria da Guarda Nacional, tendo lá visitado o sobrevivente (gravemente ferido) *Scheffer*.****

> O convalescente declarou que, em 15 de abril, em Belle Epine, perto de Villejuif, fora surpreendido com três de seus camaradas pelos caçadores a cavalo, que exigiram sua rendição. Como lhes era impossível resistir contra as forças que os cercavam, lançaram ao chão suas armas e se renderam. Os soldados os cercaram, fizeram-nos prisioneiros sem fazer uso de qualquer violência ou ameaça. Eles já estavam presos há algum tempo, quando surgiu um capitão dos caçadores a cavalo e precipitou-se contra os prisioneiros com o revólver em punho. Disparou contra um deles sem dizer uma palavra e o matou, voltando-se depois para o guarda Scheffer, que recebeu uma bala em pleno peito e caiu ao lado de seus camaradas. Os dois outros guardas fugiram aterrorizados com essa infame agressão, mas o feroz capitão foi ao encalço dos dois prisioneiros e os matou com dois outros disparos de revólver. Os caça-

---

*   Filho. (N. T.)
**   "*D'apres La Liberté, qui parait à Versailles, 'tous les soldats de l'armée régulière qui ont été trouvés à Clamart parmi les insurgents ont été fusillés séance tenante'.*" (N. T.)
***   Bandidos. (N. T.)
**** "*Députation de [la] Commune à Bicêtre (27 April) pour faire une enquête sur les 4 gardes nationaux du 185 bataillon de marche de la Garde nationale, où ils ont visité le survivant (grièvement blessé) Scheffer.*" (N. T.)

dores, após esses atos de covardia atroz e feroz, retiraram-se com seu chefe, deixando as vítimas estendidas no chão.*

———◆———

New-York [Daily] Tribune ultrapassa os jornais londrinos.
A "mais liberal e mais livre Assembleia Nacional que já existiu na França" do sr. Thiers combina perfeitamente com o seu "melhor exército que a França jamais possuiu". Essa senil *Chambre introuvable*, escolhida sob um falso pretexto, consiste quase exclusivamente de legitimistas e orleanistas. As eleições municipais, realizadas sob o próprio Thiers em 30 de abril, mostram sua relação com o povo francês! Dos 700 mil conselheiros (arredondados os números) eleitos pelas 35 mil comunas que restaram na mutilada França, 200 são legitimistas, 600 orleanistas, 7 mil são bonapartistas confessos e o restante são republicanos ou comunistas. (*Versalhes Cor., Daily News*, 5 de maio.) Precisa-se de mais alguma prova de que essa Assembleia, tendo em seu topo a múmia orleanista de Thiers, representa uma minoria usurpadora?

Paris

O sr. Thiers referiu-se seguidamente à Comuna como o instrumento de um punhado de "condenados" e de *"homens ticket-of-leave"*, da escória de Paris. E esse "punhado" de bandidos controla já há mais de seis semanas o "melhor exército que a França jamais possuiu", conduzido pelo invencível Mac-Mahon e inspirado pelo próprio gênio de Thiers!

Não apenas as façanhas dos parisienses o refutaram. Todos os elementos de Paris se pronunciaram. "Não se deve confundir o movimento de Paris com o ataque a Montmartre, que foi apenas sua causa e ponto de partida; esse movimento é geral e tem raízes profundas na consciência de Paris; mes-

---

* "Le malade a déclaré que, le 15 April, à la Belle-Epine, près de Villejuif, il était surpris avec trois de ses camarades par les chasseurs à cheval, qui leur ont dit de se rendre. Comme il leur était impossible de faire une résistance utile contre les forces qui les entouraient, ils jetèrent leurs armes à terre et se rendirent. Les soldats les entourèrent, les firent prisonniers sans exercer aucune violence ni aucune menace envers eux. Ils étaient déjà prisonniers depuis quelques instants, lorsqu'un capitaine des chasseurs à cheval arriva et se précipita sur eux, le revolver au poing. Il fit feu sur l'un d'eux sans dire un seul mot et l'étendit raide mort, puis il en fit autant sur le garde Scheffer, qui reçut une balle en pleine poitrine et tomba à côté de ses camarades. Les deux autres gardes re retirèrent effrayés de cette infâme agression, mais le féroce capitaine se précipita sur les deux prisonniers et les tua de deux autres coups de revolver. Les chasseurs, après les actes d'atroce et de féroce lâcheté, se retirèrent avec leur chef, laissant leurs victimes étendues sur le sol." (N. T.)

mo a maioria daqueles que, por uma razão ou outra, mantêm-se dele afastados, não nega sua legitimidade social."* Quem diz isso? Os delegados das câmaras sindicais, homens que falam em nome de 7 a 8 mil comerciantes e industriais. Eles foram a Versalhes e lá disseram... A *Ligue d'Union Républicaine... a manifestation dos francs-maçons etc.*[10]

A Província

*Les provinciaux espiègles***

Se por um momento Thiers imaginasse que as províncias eram realmente inimigas do movimento de Paris, ele faria tudo em seu poder para dar a elas os melhores meios possíveis para travar conhecimento com o movimento e com todos os "seus horrores". Ele solicitaria a elas que o observassem em sua realidade nua e crua, a fim de convencerem a si mesmas, com seus próprios olhos e ouvidos, da natureza do movimento. Ele não o faz! Ele e seus "homens da defesa" procuram reprimir as províncias para prevenir sua sublevação geral em apoio a Paris, e o fazem por meio de um *muro de mentiras*, tal como fizeram durante o cerco prussiano, quando esconderam de Paris as notícias das províncias. Às províncias só é permitido olhar para Paris através da *camera obscura* (lente de distorção). (Apenas as mentiras e calúnias dos jornais de Versalhes chegam aos departamentos e têm alguma validade.)*** Pilhagens e assassinatos de 20 mil *homens ticket-of-leave* deson-

---

* "Il ne faut point confondre le mouvement de Paris avec la surprise de Montmartre, qui n'en a été que l'occasion et le point de départ; ce mouvement est général et profond dans la conscience de Paris; le plus grand nombre de ceux-là mêmes qui, pour une cause ou pour une autre, s'en sont tenus à l'ècart n'en désavouent point pour cela la légitimité sociale." (N. T.)

[10] A *Ligue d'Union Républicaine pour les Droits de Paris* (Liga da União Republicana pelos direitos de Paris, foi uma união surgida em Paris, em 6 de abril de 1871. Tinha como objetivo contribuir para o fim da guerra civil e esperava que um acordo entre Versalhes e Paris, com base no reconhecimento da República e das liberdades municipais, pudesse conduzir à liquidação da Comuna por meios pacíficos.
A manifestação dos maçons ocorreu em 29 de abril de 1871. Sua meta era mover as tropas versalhesas a cessar os ataques a Paris. Em 26 e 29 de abril, representantes da Comuna reuniram-se com delegações dos maçons para angariar a simpatia da pequena e média burguesia republicana, cujos ideais os maçons representavam. Nessa reunião, os maçons anunciaram seu apoio à Comuna. A referida manifestação, que contou com a participação de uma delegação da Comuna, deu-se após a reunião de 29 de abril. (N. E. A.)

** Os velhacos provinciais. (N. T.)

*** "Les mensonges et les calomnies des journaux de Versailles parviennent seuls aux départements et y font loi." (N. T.)

ram a capital. "A *Liga* considera como sua primeira tarefa esclarecer os fatos e restaurar as relações normais entre as províncias e Paris."* Tal como eram quando foram cercados em Paris, assim são eles agora, em que são eles que a cercam. *"A mentira, como antes, é sua arma favorita.* Eles suprimem, apreendem os jornais da capital, interceptam as comunicações, filtram as cartas de tal modo que a província só tem acesso às notícias que agradam a Jules Favre, Picard e companhia, sem que seja possível verificar a exatidão do que elas dizem."** Os boletins de Thiers, as *circulares* de Picard, de Dufaure... Os cartazes nas comunas. A imprensa criminosa de Versalhes e os alemães. O *pétit moniteur****. A reintrodução de passaportes para se viajar de um lugar a outro. Um exército de *mouchards* espalhado em todas as direções. Detenções (em Rouen etc., sob autoridade prussiana) etc. Os milhares de comissários de polícia espalhados nos arredores de Paris receberam do prefeito-gendarme Valentin a ordem de apreender todos os jornais, seja qual for sua tendência, impressos na cidade insurgente, e de queimá-los em praça pública como nos melhores tempos da Santa Inquisição****.

O governo de Thiers primeiramente pediu às províncias que formassem batalhões da Guarda Nacional e os enviassem a Versalhes, contra Paris. "A província", como relata o *Journal de Limoges*, "mostrou seu descontentamento ao recusar os *bataillons de volontaires****** que lhe foram solicitados por Thiers e seus *ruraux*******." Uns poucos idiotas bretões, lutando sob uma bandeira branca, cada um portando sobre o peito um coração de Jesus em pano branco e a gritar *"Vive le Roi!"********, foi o único exército "provincial" reunido em torno de Thiers.

As eleições. Vengeur, 6 de maio.

A lei de imprensa do sr. Dufaure (8 de abril). Confessadamente dirigida contra os "excessos" da imprensa provinciana.

---

* "*La* Ligue *se donne pour premier devoir de faire la lumière et de rétablir les relations normales entre la province and Paris.*" (N. T.)

** "*Le mensonge comme par le passé est leur arme favorite. Ils suppriment, saisissent les journaux de la capitale, interceptent les communications, filtrer les lettres, de telle sorte que la province est réduite aux nouvelles qu'il plaît aux Jules Favre, Picard et Cons. de lui donner, sans qu'il soit possible de vérifier l'exactitude de leur dire.*" (N. T.)

*** *Moniteur des communes* (Monitor das comunas): jornal semanal de Versalhes, publicado de maio a junho de 1871, órgão a serviço do ministro do Interior do governo de Thiers, Ernest Picard. (N. T.)

**** "*Les milliers de commissaires de police répandus dans les environs de Paris ont reçu du préfet-gendarme Valentin l'ordre de saisir tous les journaux, à quelque nuance qu'ils appartiennent, qui s'impriment dans la ville insurgée, et de les brûler en place publique comme au meilleur temps de la Ste. Inquisition.*" (N. T.)

***** Batalhões de voluntários. (N. T.)

****** Rurais. (N. T.)

******* Viva o Rei! (N. T.)

A guerra civil na França

Então, as numerosas detenções na província, vítimas da *lei sobre os suspeitos*[11]. *Bloqueio intelectual e policial da província.**

23 de abril, Havre: o conselho municipal despachou três de seus membros a Paris e Versalhes com instruções de oferecer mediação a fim de terminar a guerra civil sobre a base da manutenção da República e de garantir liberdades municipais para toda a França. (...) *23 de abril, delegados de Lyon recebidos por Picard e Thiers* – "Guerra a qualquer preço"**, foi a resposta. 24 de abril. Pronunciamento dos delegados de Lyon apresentado à Assembleia por Greppo***, em 24 de abril.

As municipalidades das cidades provinciais cometeram a grande impudência de enviar suas deputações a Versalhes para requerer que cumprissem com o que era exigido por Paris; nenhuma comuna da França enviou qualquer comunicado aprovando os atos de Thiers e dos "rurais"; os jornais provinciais, tal como esses conselhos municipais – como reclama Dufaure em sua *circular contra a conciliação, dirigida ao procurador-geral* –, "põem no mesmo plano a Assembleia, nascida do sufrágio universal, e a pretensa Comuna de Paris, reprova esta última por não ter concedido a Paris seus direitos municipais etc."**** e, o que é pior, esses conselhos municipais, como *o de Auch*, "unanimemente lhe pedem *que proponha de imediato um armistício com Paris*****e que a Assembleia eleita em 8 de fevereiro dissolva a si mesma porque seu mandato expirara". (*Dufaure* à *Assembleia de Versalhes, 26 de abril.*)

Devemos lembrar que esses eram os velhos conselhos municipais, não aqueles eleitos em 30 de abril[12]. Suas delegações eram tão numerosas que Thiers decidiu não mais recebê-los pessoalmente, mas encaminhá-los a um subalterno ministerial.

Por fim, as eleições de 30 de abril, o juízo final da Assembleia e da surpresa eleitoral da qual ela surgira. Se, então, as províncias exerceram até agora uma passiva resistência contra Versalhes sem se sublevar por Paris, [isso] deve ser explicado pelos baluartes que as velhas autoridades lá ainda mantêm e pelo

---

[11] Referência à lei dos suspeitos, aprovada em 19 de fevereiro de 1858 pelo *Corps législatif*. Ela conferia ao imperador e ao governo o direito ilimitado de proceder como bem entendessem com pessoas consideradas suspeitas. Marx compara essa lei com as leis repressivas do governo Thiers do ano de 1871. (N. E. A.)

* "Blocus intellectual et policier de la province." (N. T.)

** "Guerre a tout prix." (N. T.)

*** "Adresse des delegues de Lyon présentée a l'Assemblée par Greppo." (N. T.)

**** "Mettent sur la même ligne l'Assemblée issue du suffrage universel et la prétendue commune de Paris, reprochent à la première de n'avoir pas accordé à Paris ses droits municipaux, etc." (N. T.)

***** "Unanimement lui demandent *de proposer immédiatement un armistice avec Paris.*" (N. T.)

[12] Esses conselhos municipais foram eleitos em 22 e 23 de abril de 1865. (N. E. A.)

transe em que o Império a submergiu e que a guerra ajudou a manter. É evidente que entre Paris e as províncias interpõe-se apenas Versalhes, com seu exército, seu governo e sua muralha chinesa de mentiras. Quando cair essa muralha, eles se unirão.

É bastante característico que os mesmos homens (Thiers e companhia) que em maio de 1850 aboliram, por meio de uma conspiração parlamentar (Bonaparte os ajudou com o objetivo de capturá-los em uma armadilha, de tê-los ao seu dispor e de proclamar a si mesmo, após *coup d'état*, como o restaurador do sufrágio universal contra o Partido da Ordem e sua Assembleia), *o sufrágio universal* – porque, sob a República, ele poderia pregar-lhes uma peça – são agora seus adeptos fanáticos, fazem dele seu título "legítimo" contra Paris, e isso depois que, sob Bonaparte, o sufrágio foi configurado de tal forma a se tornar um mero joguete nas mãos do Executivo, uma simples máquina de fraude, assombro e falsificação por parte do Executivo. (*Congrès de la Ligue des villes*[13].) (*Rappel, 6 de maio!*)

Trochu, Jules Favre e Thiers, provincianos

Pode-se perguntar como esses ultrapassados charlatães e intriguistas parlamentares como Thiers, Favre, Dufaure, Garnier-Pagès (apenas fortalecidos por uns poucos tratantes da mesma laia) continuam a ressurgir à superfície após cada revolução e a usurpar o poder Executivo – esses homens que sempre exploram e traem a revolução, fuzilam o povo que a fez e sequestram as poucas concessões liberais conquistadas dos governos anteriores (aos quais se opuseram).

A questão é muito simples. Em um primeiro momento, se são muito impopulares, tal como Thiers depois da Revolução de Fevereiro, eles são poupados pela magnanimidade popular. Após cada levante bem-sucedido do povo, o grito de conciliação, proferido pelos inimigos implacáveis do povo, é ecoado pelo povo nos primeiros momentos de entusiasmo por sua própria vitória. Depois do primeiro momento, homens como Thiers e Dufaure escondem-se durante o tempo em que o povo detém poder material e operam nas

---

[13] Republicanos burgueses, que com uma eventual derrota da Comuna de Paris temiam a restauração da monarquia, decidiram, em abril e maio de 1871, fundar a *Ligue des Villes* (Liga das Cidades). O comitê provisório dessa liga convocou, com o ativo apoio da *Ligue d'Union Républicaine pour le Droits de Paris* (ver nota 10 na página 111), um congresso dos delegados das assembleias dos municípios da província, a ser realizado em Bordeaux, em 9 de maio de 1871, com a finalidade de contribuir para o fim da guerra civil e o fortalecimento da República. O governo de Versalhes proibiu esse congresso com base na lei de 1831, que limitava os direitos das assembleias municipais, e na lei de 1855, que proibia a aliança entre elas. Logo depois disso, o comitê provisório desistiu de suas atividades. (N. E. A.)

sombras. Eles reaparecem tão logo o povo é desarmado e então são aclamados pela burguesia como seus *chefs de file**.

Ou pergunta-se, ainda, como Favre, Garnier-Pagès, Jules Simon etc. (recrutados por alguns mais jovens do mesmo gabarito) e o próprio Thiers depois do 4 de setembro puderam constituir a "respeitável" oposição republicana sob Luís Filipe e, posteriormente, a oposição parlamentar sob Luís Bonaparte. Os regimes reacionários, que eles mesmos iniciaram quando alçados ao poder pela Revolução, asseguram a eles as fileiras da oposição, deportando, matando e exilando os verdadeiros revolucionários. O povo esquece o passado desses indivíduos, a classe média olha para eles como os seus homens, seu passado infame é esquecido e assim eles reaparecem para recomeçar sua traição e sua obra de infâmia.

Noite de 1º e 2 de maio: a aldeia de Clamart esteve nas mãos dos militares, a estação ferroviária nas mãos dos insurgentes (essa estação é controlada pelo forte de Issy). Com um assalto de surpresa (em que suas *patrouilles****, em posse da senha que lhes fora revelada em traição*, lograram passar por um soldado que fazia a guarda), o 23. *Bataillon**** de Caçadores entrou, surpreendeu a guarnição, muitos deles dormindo em suas camas, fazendo apenas sessenta prisioneiros e *matando a baionetas trezentos insurgentes*. Posteriormente, soldados de linha ainda foram fuzilados à queima-roupa. *Thiers, em sua circular de 2 de maio aos prefeitos e autoridades civis e militares*, teve a impudência de dizer: "Ela (a Comuna) prende generais (Cluseret!) apenas para fuzilá-los e institui um comitê de segurança pública absolutamente indigno!".

Tropas sob o general Lacretelle tomaram de surpresa o *reduto de Moulin-Saquet* situado entre o forte Issy e Montrouge. A guarnição foi surpreendida devido à traição do comandante *Gallien*, que vendera a senha às tropas versalhesas. Cento e cinquenta dos federais foram mortos a baionetas e mais de trezentos foram feitos prisioneiros. O sr. Thiers, diz o correspondente do *Times*, foi fraco quando deveria ter sido firme (o covarde é sempre fraco enquanto vê algum perigo para si mesmo) e firme quando poderia ter obtido tudo, desde que fizesse algumas concessões. (O malandro é sempre firme quando o emprego de força material sangra a França e se pavoneia apenas quando está pessoalmente em segurança. Isso é pura esperteza. Tal como Antônio, Thiers é um "homem honesto"[14].)

---

* Líderes. (N. T.)
** Patrulhas. (N. T.)
*** Batalhão. (N. T.)
[14] Referência a uma cena do drama *Júlio César*, de William Shakespeare, ato 3, cena 2. (N. E. A.) [Porto Alegre, L&PM, 2003. (N. E.)]

Boletim de *Thiers* sobre *Moulin-Saquet (4 de maio)*: "Libertação de Paris dos terríveis tiranos que a oprimem." ("Os homens de Versalhes disfarçados de guardas nacionais.") ("A maioria dos *communards** dormia e foram mortos ou capturados durante o sono.")**

Picard: "Nossa artilharia não bombardeia: ela canhoneia, é verdade."(*Moniteur des communes, jornal de Picard.*) "Blanqui, morrendo encerrado em uma cela de prisão, Flourens, feito em pedaços pelos gendarmes, e Duval, fuzilado por Vinoy; todos eles tinham essa gente nas mãos em 31 de outubro e não lhe fizeram nada." ***

A Comuna

1) Medidas para a classe trabalhadora

Supressão do trabalho noturno para padeiros diaristas (20 de abril).
Abolição, nas oficinas públicas e privadas, da *jurisdição privada,* usurpada pelos senhores dos moinhos etc. (manufatureiros) (empregadores, grandes e pequenos), que fazia destes ao mesmo tempo juízes, executores, beneficiários e partes nas disputas, dando a eles o direito a um *código penal próprio,* permitindo-os roubar o salário dos trabalhadores por meio de multas e descontos a título de punição etc.; estabelecimento de penalidades sobre os empregadores no caso de infração dessa lei; exigência de devolução aos trabalhadores das *multas e descontos* efetuados a partir de 18 de março (*27 de abril*). Suspensão da venda de artigos penhorados nas casas de penhores (*29 de março*).

Um grande número de oficinas e manufaturas foi fechado em Paris depois que seus proprietários fugiram. Esse é o velho método dos capitalistas industriais, que se consideram autorizados, "pela ação espontânea das leis da economia política", não apenas a extrair lucro sobre o trabalho – já que eles encarnam a condição do trabalho –, mas também a interrompê-lo inteiramente e lançar os trabalhadores ao chão, produzindo uma crise artificial sempre que uma revolução vitoriosa ameace a "ordem" de seu "sistema". A Comu-

---

* Apoiadores da Comuna. (N. T.)
** "'Délivrance de Paris des affreux tyrans qui l'oppriment.' ('Les Versaillais étaient déguisés en gardes nationaux.') ('Le plus grand nombre des fédérés dormaient et ont été frappés ou saisis dans leur sommeil.')" (N. T.)
*** "'Notre artillerie ne bombarde pas: elle canonne, il est vrai.' 'Blanqui, enseveli mourant dans un cachot, Flourens, haché par les gendarmes, Duval, fusillé par Vinoy, les ont tenus dans leurs mains au 31 octobre et [qu'] ils [ne] leur ont rien faits.'" (N. T.)

na, muito sabiamente, formou uma comissão que, em cooperação com delegados escolhidos por diferentes ramos do comércio, investigará os meios de transferir as oficinas e as manufaturas abandonadas a sociedades cooperativas de trabalhadores, com alguma indenização para os desertores capitalistas (*16 de abril*); (essa comissão deverá, também, levantar estatísticas das oficinas abandonadas).

A Comuna deu ordem às *mairies** de, quanto à indenização de 75 cêntimos, não fazer qualquer distinção entre as mulheres chamadas de ilegítimas, as mães e as viúvas dos guardas nacionais.

As prostitutas públicas, até então mantidas em Paris para os "homens da Ordem", porém mantidas, para sua "segurança", em condições de servidão pessoal sob o domínio arbitrário da polícia, foram libertadas de sua escravidão degradante pela Comuna, que, não obstante, varreu o solo sobre o qual a prostituição floresce, bem como os homens que a alimentam. Obviamente, as prostitutas mais graduadas – as cocotes – eram, sob o governo da Ordem, não as escravas, mas as senhoras da polícia e dos governantes.

Não houve tempo, é claro, para reorganizar a instrução pública (educação); mas ao remover dela o elemento religioso e clerical, a Comuna tomou a iniciativa da emancipação mental do povo.

Formou uma comissão para a organização *de l'enseignement*** (primário (elementar) e profissional) (*28 de abril*). Ordenou que todos os materiais didáticos, como livros, mapas, papel etc., fossem dados gratuitamente aos professores, que doravante passam a recebê-lo das respectivas *mairies* às quais pertencem. A nenhum professor é permitido, sob nenhum pretexto, exigir de seus pupilos pagamento por esses materiais (*28 de abril*).

Lojas de penhores: todos os bilhetes de penhor para artigos de vestuário, móveis, roupas de cama, livros, leitos e instrumentos de trabalho, datados anteriormente em 25 de abril de 1871 e que não ultrapassem o valor de 20 francos poderão ser descontados gratuitamente a partir de 12 de maio deste ano**** (*7 de maio*).

2) Medidas para a classe trabalhadora, mas principalmente para as classes médias

Devolução integral, a partir de abril, do valor dos aluguéis de casas referente aos últimos três trimestres: quem tiver pago qualquer desses três trimestres terá

---

* Prefeituras. (N. T.)
** Do ensino. (N. T.)
*** "*Toute reconnaissance du mont-de-piété antérieure au 25 avril 1871, portant engagement d'effets d'habillement, de meubles, de linge, de livres, d'objets de literie et d'instruments de travail nicht über 20 frs. pourra être dégagée gratuitement à partir du 12 mai courant.*" (N. T.)

direito a descontar essa soma nos futuros pagamentos. A mesma lei valerá no caso de apartamentos mobiliados. Nenhuma ordem de cobrança poderá ser emitida pelos proprietários nos próximos três meses (*29 de março*).

Échéances (pagamento de dívidas de letras de câmbio) (vencimento das letras): estão suspensas todas as execuções por letras de câmbio vencidas (*12 de abril*).

Todos os papéis comerciais desse tipo devem ser repagos em (um prazo estendido por) dois anos, a começar no próximo 15 de julho, não sendo a dívida acrescida de juros. O valor total das quantias devidas, divididas em 8 *coupures* iguais*, poderá ser pago trimestralmente (primeiro trimestre a contar a partir de 15 de julho). Execuções judiciais serão permitidas apenas sobre esses pagamentos parciais depois de vencidos (*16 de abril*). As leis de Dufaure sobre arrendamentos e letras de câmbio levaram à falência a maioria dos respeitáveis lojistas de Paris.

Os notários, *huissiers***, leiloeiros, cobradores e outros oficiais judiciais, que até então fizeram fortuna com suas funções, agora são transformados em agentes da Comuna, dela recebendo salários fixos como qualquer outro trabalhador.

Tendo fugido os professores da *École de Médecine****, a Comuna formou uma comissão para a fundação de *universidades livres*, não mais parasitas estatais; deu-se aos estudantes aprovados em seus exames os meios de praticar, independentemente dos títulos de doutor (títulos a serem conferidos pela faculdade).

Diante da fuga dos juízes do *Tribunal civil do Sena* – que, como outros magistrados, estão sempre prontos a servir sob qualquer tipo de governo –, a Comuna nomeou um advogado para a execução das tarefas mais urgentes até a reorganização dos tribunais com base no sufrágio universal (*26 de abril*).

3) Medidas gerais

Abolição do alistamento. Na atual guerra, todo homem apto (Guarda Nacional) deve servir. Medida excelente para livrar Paris de todos os traidores e covardes que nela se escondiam (*29 de março*).

Supressão dos jogos de azar (2 de abril).

A Igreja é separada do Estado; o orçamento religioso é suprimido; todos os estados clericais são declarados propriedades nacionais (*3 de abril*). A Comuna, depois de investigações a partir de denúncias privadas, descobriu que, além da velha guilhotina, o *"governo da ordem"* encomendara a construção de uma nova (mais funcional e portátil), pagando adiantado. A Comuna,

---

* Parcelas. (N. T.)
** Oficiais de justiça. (N. T.)
*** Escola de Medicina. (N. T.)

em 6 de abril, ordenou a queima pública das duas guilhotinas. Os jornais de Versalhes, ecoados pela imprensa da Ordem em todo o mundo, divulgaram que o povo de Paris queimara as guilhotinas em protesto contra a sede de sangue dos *communards*! (*6 de abril*) Todos os prisioneiros políticos foram libertados imediatamente após a Revolução de 18 de março. Mas a Comuna sabia que sob o *regime de Luís Bonaparte* e de seu virtuoso sucessor, o Governo de Defesa, muita gente fora simplesmente encarcerada sem nenhuma acusação além da de serem politicamente suspeitos. Assim, a Comuna encarregou [um] de seus membros – Protot – de realizar uma investigação. Cento e cinquenta pessoas [foram] libertadas por ele, as quais, tendo sido presas havia seis meses, ainda não haviam sido submetidas a nenhum exame judicial; muitas delas, já presas sob Bonaparte, haviam estado na prisão por um ano sem nenhuma acusação ou exame judicial (*9 de abril*). Esse fato tão característico do Governo de Defesa enfureceu-nos. Afirmaram que a Comuna havia libertado todos os criminosos. Mas quem liberou criminosos condenados? O falsificador Jules Favre. Mal chegara ao poder, ele se apressara em libertar *Pic* e *Taillefer*, condenados por furto e falsificação no caso do *Étendard*. Um desses homens, Taillefer, ousando retornar a Paris, foi reconduzido ao seu confortável lar. Mas isso não é tudo. Nas *maisons centrales** de toda a França, ladrões condenados foram postos em liberdade pelo governo de Versalhes sob a condição de que ingressassem no exército do sr. Thiers.

Decretação da demolição da coluna da Place Vendôme como "um monumento de barbarismo, símbolo da força bruta e da falsa glória, afirmação de militarismo, negação do direito internacional" (*12 de abril*).

Declaração da validade da *eleição de Frankel* (membro alemão da Internacional) para a Comuna: "considerando que a bandeira da Comuna é a da República Universal e que nela estrangeiros podem ter um assento" (*4 de abril*); Frankel foi, em seguida, escolhido como membro da executiva da Comuna (*21 de abril*).

O *Journal Officiel* inaugurou a publicidade das reuniões da Comuna (*15 de abril*).

Decreto de Paschal Grousset para a proteção dos estrangeiros contra requisições. Nunca um governo em Paris foi tão cortês com os estrangeiros (*27 de abril*).

A Comuna aboliu os juramentos políticos e profissionais (*27 de abril*).

Destruição do monumento chamado "Chapelle expiatoire de Louis XVI**", à rua d'Anjou-S.Thérèse (obra da *Chambre introuvable* de 1816) (*7 de maio*).

---

*   Prisões. (N. T.)
** Capela Expiatória de Luís XVI. (N. T.)

4) Medidas de segurança pública

Desarmamento dos guardas nacionais "legalistas" (*30 de março*); a Comuna declara a incompatibilidade entre as patentes de suas fileiras e as de Versalhes (*29 de março*).

Decreto de represálias. Nunca executado. Presos apenas confrades religiosos, o *arcebispo de Paris e o cura da Madeleine*, todos os funcionários do colégio dos jesuítas, os encarregados de todas as igrejas principais; *parte desses confrades foram detidos como reféns*, parte como conspiradores por Versalhes, outra parte porque tentaram salvar a propriedade da igreja das mãos da Comuna (*6 de abril*).

"Os monarquistas fazem guerra como selvagens; fuzilam prisioneiros, assassinam os feridos, incendeiam as ambulâncias; as tropas apontam os seus rifles para o alto, mas depois disparam traiçoeiramente." (*Declaração da Comuna*.)

Sobre esses decretos de represálias, cabem as considerações:

Em primeiro lugar, homens de todas as camadas da sociedade parisiense – após o êxodo dos capitalistas, dos preguiçosos e dos parasitas – interpuseram-se em Versalhes a fim de parar a guerra civil, *exceto o clero de Paris*. O arcebispo e o cura da *Madeleine* escreveram a Thiers apenas porque se opunham à *"efusão de seu próprio sangue"* na qualidade de reféns.

Em segundo lugar, a publicação, pela Comuna, do decreto de represálias não fez cessar a tomada de reféns etc. e o tratamento atroz dispensado aos prisioneiros de Versalhes pelos cordeiros de Piétri e pelos gendarmes de Valentin, mas o assassínio dos soldados de Paris detidos e dos guardas nacionais só cessou para ser retomado com fúria redobrada tão logo o governo de Versalhes percebeu que a Comuna era muito humana para executar os decretos de 6 de abril. A partir de então, o assassínio voltou a ser feito em atacado. A Comuna não executou nem um refém, nem um prisioneiro, nem mesmo qualquer dos oficiais gendarmes que, sob o disfarce de guardas nacionais, entraram em Paris como espiões e foram apenas detidos.

Emboscada do reduto de Clamart (2 de maio). *Estação ferroviária em mãos dos parisienses:* massacre, ataque com baionetas; o 22º Batalhão de Caçadores (*Gallifet?*) dispara sobre soldados de linha à queima-roupa, sem qualquer formalidade (*2 de maio*). *Reduto de Moulin-Saquet*, situado entre Fort Issy e Montrouge: emboscada no meio da noite devida à traição do comandante Gallien, que vendera a senha às tropas de Versalhes. Soldados federais surpreendidos em suas camas, dormindo, grande parte deles massacrados (*4 de maio?*).

25 de abril. Quatro guardas nacionais (o fato foi constatado por comissários enviados a Bicêtre, onde se encontrava o único sobrevivente dos quatro homens, em Belle Epine, próximo a Villejuif. Seu nome é *Scheffer*). Esses homens, tendo sido cercados por caçadores montados, incapazes de resistir, foram rendidos, desarmados, nada sendo feito pelos soldados contra eles. Mas eis que chega o capitão dos caçadores e dispara sobre eles, um após o outro, com seu revólver. Deixou-os lá, estendidos no chão. Scheffer, gravemente ferido, sobreviveu.

Treze soldados de linha feito prisioneiros na estação ferroviária de Clamart foram fuzilados à queima-roupa e todos os prisioneiros usando uniformes de linha que chegaram em Versalhes serão executados assim que as dúvidas sobre sua identidade forem esclarecidas. (*Liberté** em Versalhes.) Alexander Dumas *fils*, agora em Versalhes, relata que um jovem no exercício das funções de general – é incerto se ele possuía ou não a patente – foi fuzilado, por ordem de um general bonapartista, depois de ter marchado sob custódia algumas centenas de jardas pela estrada. Alguns cadáveres de guardas nacionais (*calcinés***) foram transportados pela ambulância da imprensa de Ternes. (*Mot d'Ordre*, 20 de abril.) "Eles não têm direito a ambulâncias."

Thiers, Blanqui, arcebispo, General Chanzy. (Thiers disse que seus bonapartistas devem ter gostado de ter sido fuzilados.)

Apreensões em casas etc. Casimir Bouis, nomeado presidente de uma comissão de inquérito*** sobre os atos dos ditadores de 4 de setembro (*14 de abril*). Casas privadas invadidas e papéis apreendidos, mas nem uma parte de mobília foi levada e vendida em leilão (papéis dos confrades do 4 de setembro, de Thiers etc. e da polícia bonapartista), por exemplo, no hotel de Lafont, inspetor geral de prisões**** (*11 de abril*). As casas (propriedades) de Thiers e companhia, tal como as dos traidores, foram revistadas, mas *apenas papéis* foram confiscados.

Prisões entre suas próprias fileiras: isso choca o burguês, que tanto anseia por ídolos políticos e "grandes homens".

"É provocante (*Daily News*, 6 de maio, *correspondente em Paris*), porém, e *desencorajador*, que qualquer que [possa] ser a autoridade que a Comuna possui, o fato é que ela está sempre trocando de mãos, de modo que hoje não sabemos com quem o poder estará amanhã. (...) Em todas essas eternas mudanças, vê-se mais do que nunca a necessidade de uma mão que presida. A Comuna é uma concorrência de átomos equivalentes, cada um deles com ciúme do outro e *nenhum deles investido de controle supremo sobre os outros*."

Supressão dos jornais!

---

* Liberdade. (N. T.)
** Carbonizados. (N. T.)
*** "*Casimin Bouis, nommé président d'une commission d'enquête.*" (N. T.)
**** *Inspecteur général des Prisons.* (N. T.)

Karl Marx

5) Medidas financeiras

Ver *Daily News*, 6 de maio.
  Principal edição para a guerra!
  Apenas 8.928 francos de *saisies** – todos tomados de eclesiásticos etc.
  Vengeur, 6 de maio.

A Comuna

O surgimento da Comuna e o Comitê Central

A Comuna fora proclamada em Lyon, então em Marselha, Toulouse etc., depois de Sedan. Gambetta fez o que pôde para esmagá-la.

Os diferentes movimentos em Paris no início de outubro visavam o estabelecimento da Comuna como uma medida de defesa contra a invasão estrangeira, como a realização do levante de 4 de setembro. Seu estabelecimento pelo movimento de 31 de outubro fracassou apenas porque Blanqui, Flourens e os outros líderes do movimento acreditaram nas *gens de paroles* que haviam dado sua *parole d'honneur*** de que abdicariam e dariam lugar a uma Comuna livremente eleita por todos os *arrondissements**** de Paris. Fracassou porque eles preservaram as vidas daqueles homens tão ávidos de assassinar seus salvadores. Deixaram que Trochu e Ferry escapassem e os atacassem com os bretões de Trochu. Devemos lembrar que, em 31 de outubro, o autoproclamado "Governo de Defesa" existia somente por tolerância. Ele ainda não havia sequer passado pela farsa de um plebiscito****. Sob essas circunstâncias, é claro que não havia nada mais fácil do que distorcer o caráter do movimento, denunciá-lo como uma conspiração traiçoeira com os prussianos, precipitar o afastamento do único entre seus homens***** capaz de honrar sua palavra, fortalecer os bretões de Trochu – que eram para o Governo de Defesa o que os *spadassins* corsos haviam sido para Luís Bonaparte – mediante a nomeação de Clément Thomas como comandante-em-chefe da Guarda Nacional; não havia nada mais fácil para esses velhos vendedores

---

* Espadachins (aqui, bandidos). (N. T.)
** Palavra de honra. (N. T.)
*** Bairros (divisões administrativas). (N. T.)
**** Em 3 de novembro de 1870, o Governo de Defesa Nacional convocou um plebiscito em Paris a fim de oficializar o apoio da população ao governo depois dos acontecimentos revolucionários de 31 de outubro. Apesar de uma expressiva votação contrária à política do governo, este logrou obter a maioria dos votos. (N. T.)
***** François L. A. Tamisier (N. T.)

de pânico [do que] – despertando os covardes temores da classe média [em relação aos] *bataillons* de trabalhadores que haviam tomado a iniciativa, lançando desconfiança e dissenso em meio aos próprios *batalhões* por uma conclamação ao patriotismo – criar um desses dias de cega reação e desastrosos mal-entendidos por meio dos quais eles sempre logram manter seu poder usurpado. Assim como tomaram o poder de surpresa em 4 de setembro, agora eles podiam dar à sua tomada de poder uma falsa sanção com um plebiscito nos mesmos moldes bonapartistas da época do terror reacionário.

A instauração vitoriosa da Comuna em Paris no início de novembro de 1870 (então já iniciada nas grandes cidades do [país] e que certamente seria imitada por toda a França) teria não apenas tomado a defesa das mãos dos traidores e [nela] imprimido seu entusiasmo, tal como mostra a atual guerra heroica de Paris, mas também mudado o caráter da guerra. Ela teria se tornado a guerra da França republicana, hasteando a bandeira da Revolução Social do século XIX contra a Prússia, a porta-estandarte da guerra de conquista e da contrarrevolução. Em vez de enviar o velho intriguista vulgar a mendigar por todas as cortes da Europa, ela teria eletrizado as massas produtoras no velho e no novo mundo. Com a *escamotage** da Comuna em 31 de outubro, Jules Favre e companhia asseguraram a capitulação da França à Prússia e iniciaram a atual guerra civil.

Mas uma coisa está clara: a Revolução de 4 de setembro não foi apenas a reinstauração da República porque o lugar do usurpador vagara após sua capitulação em Sedan; ela não conquistou apenas a República das mãos do invasor estrangeiro por meio da resistência prolongada de Paris, mesmo lutando sob a liderança de seus inimigos: essa revolução abriu para si o caminho do coração das classes trabalhadoras. A República deixou de ser um nome de uma coisa do passado. Ela foi impregnada com um novo mundo. Sua tendência real, escondida dos olhos do mundo pelos enganos, mentiras e vulgaridades de uma corja de advogados intriguistas e espadachins de palavras, não cessou de emergir nos movimentos espasmódicos das classes trabalhadoras de Paris (e do sul da França), cuja palavra de ordem foi sempre a mesma: a *Comuna*!

A Comuna – a forma positiva da Revolução contra o Império e as condições de sua existência –, cuja primeira tentativa de instauração se deu nas cidades do sul da França e que foi mais de uma vez proclamada em movimentos espasmódicos durante o cerco de Paris, onde foi *escamoté*** pelos truques do Governo de Defesa e dos bretões de Trochu, o herói do "plano de capitulação" – essa Comuna foi, enfim, vitoriosamente instalada em 26 de março, mas não surgiu repentinamente do nada naquele dia. Ela era a

---

* Conjuração. (N. T.)
** Traída, frustrada. (N. T.)

meta inalterável da revolução dos trabalhadores. A capitulação de Paris, a conspiração aberta contra a República em Bordeaux, o *coup d'état* iniciado pelo ataque noturno a Montmartre, reuniu em torno da Comuna todos os mais vigorosos elementos de Paris, não mais permitindo aos homens da defesa limitá-la aos esforços isolados das porções mais conscientes e revolucionárias da classe trabalhadora de Paris.

O Governo de Defesa foi apenas suportado como um *pis aller** diante do primeiro sobressalto, como uma necessidade da guerra. A verdadeira resposta do povo de Paris ao Segundo Império, o Império das Mentiras, foi a Comuna.

Desse modo, também a sublevação de toda a Paris vigorosa – com exceção dos pilares do bonapartismo e sua oposição oficial, dos grandes capitalistas, dos especuladores financeiros, dos trapaceiros, dos preguiçosos e dos velhos parasitas do Estado – contra o Governo de Defesa não data de 18 de março, embora ela tenha conquistado neste dia sua primeira vitória contra a *conspiration***; ela data de 31 de janeiro, o dia da capitulação. A Guarda Nacional – que são todos os homens armados de Paris – organizou a si mesma e realmente governou Paris a partir desse dia, independentemente do governo usurpador dos *capitulards* instalado pela graça de Bismarck. Ela se recusou a entregar as armas e artilharia que lhe pertenciam e que só haviam sido deixadas em sua posse quando da capitulação pelo fato de constituírem sua propriedade. Não foi a magnanimidade de Jules Favre que salvou essas armas das garras de Bismarck, mas a prontidão da Paris armada em lutar por suas armas contra Jules Favre e Bismarck. Em face do invasor estrangeiro e das negociações de paz, Paris não iria complicar a situação. Ela temia a guerra civil. Ela se limitou a uma simples atitude de defesa e se contentou com um autogoverno *de facto* de Paris. Porém, organizou-se silenciosa e decididamente para a resistência. (Mesmo nos próprios termos da capitulação, os *capitulards* mostraram inconfundivelmente sua inclinação a fazer da rendição à Prússia, ao mesmo tempo, um meio de sua dominação sobre Paris. A única concessão por parte da Prússia em que eles insistiram – uma concessão que Bismarck lhes teria imposto como uma condição se eles não tivessem implorado por ela como uma concessão – foi 40 mil soldados para a subjugação de Paris. Diante de seus 300 mil guardas nacionais – mais do que o suficiente para assegurar Paris contra uma agressão estrangeira e para a defesa de sua ordem interna –, a demanda desses 40 mil homens não poderia ter outro propósito; um fato que, além disso, foi confessado.) Apoiada em sua organização militar existente, Paris formou uma federação política de

---

* Paliativo. (N. T.)
** Conspiração. (N. T.)

acordo com um plano muito simples. Este consistia na aliança de todas as guardas *nationale**, postas em conexão umas com as outras *pelos delegados* de cada companhia, que nomeariam, por sua vez, os delegados dos *batalhões*, que por seu turno nomeariam os delegados gerais, generais de legiões, cada um a representar um *arrondissement* e a cooperar com os delegados dos 19 outros *arrondissements*. Esses 20 delegados, escolhidos pela maioria dos *bataillons* da Guarda Nacional, compunham o *Comitê Central* que em 18 de março iniciou a maior revolução desse século e que ainda conserva seu lugar na atual luta gloriosa de Paris. Nunca houve eleições tão seletivas, nunca delegados representaram tão plenamente as massas das quais eles provinham. Às objeções dos observadores externos de que eles eram desconhecidos – e, de fato, eles só eram conhecidos das classes trabalhadoras, sendo desconhecidos daquelas velhas figuras marcadas, homens ilustres pelas infâmias de seu passado, por sua caça por propinas e cargos –, eles orgulhosamente replicavam: "Também o eram os doze apóstolos", e respondiam com seus atos.

O caráter da Comuna

A máquina estatal centralizada, que com seus onipresentes e complicados órgãos militares, burocráticos, clericais e judiciários, constringe (estrangula) a sociedade viva tal qual uma jiboia, foi primeiramente forjada nos dias da monarquia absoluta como uma arma da nascente sociedade moderna em sua luta para emancipar-se do feudalismo. Os privilégios senhoriais dos lordes, das cidades e do clero medievais foram transformados em atributos de um poder estatal unitário, substituindo os dignitários feudais por funcionários estatais assalariados, transferindo para um exército permanente as armas das guardas dos proprietários de terra e das corporações de cidadãos urbanos medievais, substituindo o anárquico xadrez (de colorações partidárias) dos poderes medievais conflitantes pelo plano regulado de um poder estatal dotado de uma divisão do trabalho sistemática e hierárquica. A primeira Revolução Francesa, com sua tarefa de fundar a unidade nacional (de criar uma nação), teve de eliminar toda independência local, territorial, municipal e provincial. Ela foi, portanto, forçada a desenvolver aquilo que a monarquia absoluta começara: a centralização e organização do poder do Estado e a expandir a circunferência e os atributos do poder estatal, o número de seus instrumentos, sua independência e seu poder sobrenatural sobre a sociedade real, poder que, de fato, tomou o lugar do céu sobrenatural medieval e seus santos. Todo interesse singular engendrado pelas relações entre grupos sociais foi separado da própria sociedade, fixado e tornado independente dela e a ela oposto na forma do interesse

---

* Nacionais. (N. T.)

estatal, administrado por padres estatais com funções hierárquicas bem determinadas.

Essa [excrescência] parasitária [colada à] sociedade civil, pretendendo ser sua contrapartida ideal, cresceu até atingir seu pleno desenvolvimento sob o poder do primeiro Bonaparte. A Restauração e a Monarquia de julho acrescentaram a ela apenas uma maior divisão do trabalho, crescendo na mesma medida em que a divisão do trabalho dentro da sociedade civil criava novos grupos de interesse e, portanto, novo material para a ação estatal. Em sua luta contra a Revolução de 1848, a República Parlamentar da França e os governos de toda a Europa continental foram obrigados a reforçar, com medidas repressivas contra o movimento popular, os meios de ação e a centralização do poder governamental. Todas as revoluções, assim, apenas aperfeiçoaram a maquinaria estatal, em vez de se livrar desse pesadelo sufocante. As frações e partidos das classes dominantes, que lutavam alternadamente pela supremacia, consideravam a ocupação (controle) (conquista) e a direção dessa imensa maquinaria de governo como o principal butim do vencedor. Tal maquinaria concentrou-se na criação de imensos exércitos permanentes, uma multidão de vermes estatais e enormes débitos nacionais. Durante o tempo da monarquia absoluta, esse Estado foi um meio da luta da sociedade moderna contra o feudalismo, coroado pela Revolução Francesa e servindo, sob o primeiro Bonaparte, não apenas para subjugar a Revolução e aniquilar todas as liberdades populares, como também como instrumento da Revolução Francesa para a luta no exterior, a fim de, no interesse da França, criar no continente Estados mais ou menos à sua imagem, no lugar das monarquias feudais. Sob a Restauração e a Monarquia de julho, ele tornou-se não só [um] meio da violenta dominação de classe da classe média, [como também] um meio de acrescentar à exploração econômica direta uma segunda exploração do povo garantindo às famílias dessa classe todos os ricos cargos do aparato estatal. Durante a luta revolucionária de 1848 ele serviu, por fim, como um meio de aniquilar aquela revolução e todas as aspirações à emancipação das massas populares. Mas o Estado parasita recebeu seu último desenvolvimento apenas durante o Segundo Império. O poder governamental, com seu exército permanente, sua burocracia a dirigir tudo, seu clero embrutecedor e seu servil tribunal hierárquico, crescera tão independente da própria sociedade que um aventureiro grotescamente medíocre, seguido de um bando de bandidos famintos, era o suficiente para governá-lo. Ele apareceu não mais como um meio da dominação de classe, subordinado ao seu ministério parlamentar ou legislatura. O poder estatal recebera sua última e suprema expressão no Segundo Império, humilhando sob seu jugo até mesmo os interesses das classes dominantes, cuja farsa parlamentar ele substituiu por *Corps législatifs* autoeleitos e senados autopagos, sancionados em seu governo absoluto pelo sufrágio universal, pela reconhecida necessidade de se manter a "ordem" – quer dizer, o domínio do proprietário fundiário e do capitalista sobre o produtor, escondendo sob os farrapos de uma pantomima do passado as orgias e a corrupção do presente – e pela vitória da fração mais parasita, a dos vigaristas financeiros, expressão plena da devassidão de todas as influências reacionárias do passado: um pandemônio de infâmias. O que parecia ser a vitória final desse poder governamental sobre a sociedade era na verdade a orgia de todos os elementos corruptos dessa sociedade. Aos olhos do leigo, tratava-se da vitória do Executivo sobre o Legislativo, da derrota final da forma da dominação de classe que finge passar-se pelo autogoverno da sociedade pela sua forma que finge ser um poder superior à sociedade. Porém, ela era apenas a última forma degradada e a única forma possível da dominação de classe, tão humilhante para as classes dominantes quanto para as classes trabalhadoras que assim elas mantinham agrilhoadas.

O 4 de setembro foi apenas a reivindicação da *República* contra o grotesco aventureiro que a havia assassinado. A verdadeira antítese do *próprio Império* – isto é, do poder estatal, do Executivo centralizado do qual o Segundo Império fora somente a fórmula exaustiva – foi *a Comuna*. Esse poder estatal é, na verdade, uma criação da classe média, primeiramente [como] um meio para eliminar o feudalismo, depois [como] um meio para esmagar as aspirações emancipatórias dos produtores, da classe trabalhadora. Todas as reações e todas as revoluções serviram tão somente para transferir esse poder organizado – essa força organizada da escravização do trabalho – de uma mão para outra, de uma fração das classes dominantes para outra. Ele serviu às classes dominantes como um meio de subjugação e corrupção. Ganhou novas forças a cada nova mudança. Serviu como instrumento para suprimir toda sublevação popular e esmagar as classes trabalhadoras depois de estas terem sido combatidas e usadas para assegurar a transferência do poder estatal de uma parte de seus opressores para outra. Foi, portanto, uma revolução não contra essa ou aquela forma de poder estatal, seja ela legítima, constitucional, republicana ou imperial. Foi uma revolução contra o Estado mesmo, este aborto sobrenatural da sociedade, uma reassunção, pelo povo e para o povo, de sua própria vida social. Não foi uma revolução feita para transferi-lo de uma fração das classes dominantes para outra, mas para destruir essa horrenda maquinaria da dominação de classe ela mesma. Não foi uma dessas lutas insignificantes entre as formas executiva e parlamentar da dominação de classe, mas uma revolta contra ambas essas formas, integrando uma à outra, e da qual a forma parlamentar era apenas um apêndice defeituoso do Executivo. O Segundo Império foi a forma final dessa usurpação estatal. A Comuna foi sua direta negação e, assim, o início da Revolução Social do século XIX. Portanto, seja qual for seu destino em Paris, ela fará *le*

Karl Marx

tour du monde*. Ela foi imediatamente aclamada pela classe trabalhadora da Europa e dos Estados Unidos como uma palavra mágica de libertação. As glórias e os atos antediluvianos do conquistador prussiano pareciam [diante da Comuna] meras alucinações de um passado remoto.

Apenas a classe trabalhadora podia formular essa nova aspiração por meio da palavra "comuna" e colocá-la em prática com a combativa Comuna de Paris. Até mesmo a última expressão desse poder de Estado – o Segundo Império –, mesmo que humilhando o orgulho das classes dominantes e varrendo suas pretensões parlamentares de autogoverno, fora apenas a última forma possível de seu domínio de classe. Se, por um lado, ele desapropriou politicamente as classes dominantes, por outro lado, esse Estado foi a orgia sob a qual todas as infâmias econômicas e sociais de seu regime ganharam pleno impulso. A burguesia mediana e a pequena classe média estavam, por suas condições econômicas de vida, impedidas de iniciar uma nova revolução e eram obrigadas ou a seguir os passos das classes dominantes ou [a tornar-se] as seguidoras da classe trabalhadora. Os camponeses eram a base econômica passiva do Segundo Império, desse último triunfo do *Estado* separado e independente da sociedade. Somente os proletários, inflamados por uma nova missão social a ser cumprida em nome de toda a sociedade, a missão de eliminar todas as classes e a dominação de classe, eram os homens que podiam quebrar o instrumento dessa dominação de classe: o Estado, o poder governamental centralizado e organizado, a usurpar a posição de senhor ao invés de ser o servo da sociedade. O Segundo Império, o corolário final e, ao mesmo tempo, a marca definitiva da prostituição do Estado – que havia tomado o lugar da Igreja medieval –, fora engendrado na aguerrida luta contra os proletários, luta promovida pelas classes dominantes e sustentada pelo apoio passivo do campesinato. Ele nasceu contra os proletários. Por estes ele foi demolido, não como uma forma peculiar de poder governamental (centralizado), mas como sua mais poderosa expressão, elaborada de modo a aparentar independência em relação à sociedade e, portanto, também como sua mais prostituída realidade, coberta de infâmia de cima a baixo, tendo como núcleo a absoluta corrupção interna e a absoluta impotência no exterior.

O parlamentarismo na França chegara ao fim. Seu último suspiro foi a República parlamentar, de maio de 1848 até o *coup d'état*. O Império, que o matou, foi sua própria criação. Sob o Império, com seus *Corps législatif* e seu senado – forma sob a qual ele foi reproduzido nas monarquias militares da Prússia e da Áustria –, ele fora uma mera farsa, uma mera derivação do despotismo em sua forma mais crua. O parlamentarismo estava, então, morto na França, e certamente não seria a Revolução dos trabalhadores que iria ressuscitá-lo.

---

* A volta ao mundo. (N. T.)

A guerra civil na França

Mas essa forma de dominação de classe fora destruída apenas para fazer do Executivo, da máquina governamental do Estado, o grande e único objeto de ataque da Revolução.

———◆———

A Comuna – a reabsorção, pela sociedade, pelas próprias massas populares, do poder estatal como suas próprias forças vitais em vez de forças que a controlam e subjugam, constituindo sua própria força em vez da força organizada de sua supressão –, a forma política de sua emancipação social, no lugar da força artificial (apropriada por seus opressores) (sua própria força oposta a elas e organizadas contra elas) da sociedade erguida por seus inimigos para sua opressão. A forma era simples, como o são todas as coisas grandiosas. A reação das revoluções anteriores: o tempo exigido por todos os desenvolvimentos históricos, e com o passado sempre perdido em todas as revoluções, nos dias do triunfo popular, assim que ele descansa suas armas vitoriosas, estas se voltam contra ele – primeiro, substituindo o exército pela Guarda Nacional.*

"Pela primeira vez desde o 4 de setembro, a República está livre do *governo de seus inimigos*. (...) [A Comuna organiza para] a cidade uma milícia nacional que defende os cidadãos contra o poder (o governo) *em vez de um exército permanente que defende o governo* contra os cidadãos." (*Proclamação* do Comitê Central, em 22 de março.)

(Bastaria ao povo organizar essa milícia em uma escala nacional e ele estaria livre dos exércitos permanentes; [essa é] a primeira *conditio sine qua [non]* econômica para todos os melhoramentos sociais, eliminando de uma vez essa fonte de taxas e do endividamento estatal e esse constante perigo de usurpação governamental do domínio de classe – seja do domínio de classe regular ou de um aventureiro fingindo-se de salvador de todas as classes); sendo ela, ao mesmo tempo, a mais segura garantia contra uma agressão estrangeira e tornando de fato impossível o custoso aparato militar em todos os outros Estados; emancipando o camponês da taxa de sangue e [de ser] a mais fértil fonte de toda taxação e dívidas estatais. Aqui já se encontra aquilo que faz da Comuna uma *sorte para o camponês*, a primeira palavra de sua emancipação. Com a abolição da "polícia independente" e a suplantação de seus rufiões pelos servidores da Comuna. O sufrágio universal, que fora até então abusado – seja servindo para a sanção parlamentar do Sagrado Poder Estatal, seja como um joguete nas mãos das classes dominantes, tendo sido exercido pelo povo apenas uma vez em muitos anos a

---

* Na tradução alemã (MEW), consta: "Contrariamente às revoluções anteriores – nas quais o tempo exigido por todo desenvolvimento histórico sempre era perdido com o passado e nas quais, nos primeiros dias do triunfo do povo, mal este havia deposto suas armas vitoriosas, estas eram voltadas contra ele mesmo –, a Comuna substituiu primeiramente o exército pela Guarda Nacional". (N. T.)

fim de sancionar o (para escolher os instrumentos do) domínio parlamentar de classe –, [é] adaptado aos seus propósitos reais: escolher, mediante as Comunas, seus próprios funcionários para a administração e legislação. Cai a ilusão de que a administração e o governo político seriam mistérios, funções transcendentes a serem confiadas apenas a uma casta de iniciados – parasitas estatais, sicofantas ricamente remunerados e sinecuristas ocupando altos postos, absorvendo a inteligência das massas e voltando-as contra si mesmas nos estratos mais baixos da hierarquia. Elimina-se a hierarquia estatal de cima a baixo e substituem-se os arrogantes senhores do povo por servidores sempre removíveis, uma responsabilidade de mentira por uma responsabilidade real, uma vez que eles passam a agir continuamente sob supervisão pública. Eles são pagos como operários, 12 libras por mês, o mais alto salário não excedendo 240 libras por ano, uma quantia que, segundo uma autoridade no assunto, o professor Huxley, chega a pouco mais do que 1/5 daquela que satisfaz um secretário do *Metropolitan School Board*[15]. Toda a fraude dos mistérios e pretensões do Estado foi eliminada por uma Comuna que consistia em sua maior parte de simples trabalhadores organizando a defesa de Paris, fazendo a guerra contra os pretorianos de Bonaparte, assegurando o *approvisionnement** dessa imensa cidade, preenchendo todos os postos até então divididos entre governo, polícia e prefeitura, executando seu trabalho publicamente, de maneira simples, sob as circunstâncias mais difíceis e complicadas, e o fazendo, tal como Milton no seu *Paraíso perdido***, por umas poucas libras, agindo à luz do dia, sem nenhuma pretensão à infalibilidade, sem se esconder atrás de balcões de procrastinação, sem escrúpulos de confessar seus erros no ato de corrigi-los. Fazendo das funções públicas – militares, administrativas, políticas – *funções de trabalhadores reais* em vez de atributos ocultos de uma casta treinada; (mantendo a ordem na turbulência da guerra civil e da revolução) (implementando medidas de recuperação geral). Quaisquer que sejam os méritos das medidas singulares da Comuna, sua mais formidável medida foi sua própria organização, improvisada no momento em que em uma porta estava o inimigo estrangeiro e em outra o inimigo de classe, provando com sua vida sua vitalidade, confirmando sua teoria com sua ação. Seu surgimento foi uma vitória contra os vitoriosos da França. A prisioneira Paris retomou, com um golpe audaz, a liderança da Europa sem apoiar-se na força bruta e sim assumindo a liderança do movimento social, dando corpo às aspirações da classe trabalhadora de todos os países.

---

[15] Em 21 de dezembro de 1870, o professor Thomas Huxley, no Conselho Escolar Metropolitano [*Metropolitan School Board*] de Londres, recomendara um salário de mil libras para o cargo de secretário do Conselho. Este fixou um salário de 800 libras. (N. E. A.)

* Abastecimento. (N. T.)

** John Milton, *O paraíso perdido* (Belo Horizonte, Itatiaia, 1994). (N. E.)

A guerra civil na França

Com todos os grandes centros urbanos organizados em comunas segundo o modelo de Paris, nenhum governo poderia reprimir o movimento por meio de uma reação inesperada. Justamente por meio desse passo preparatório se ganharia tempo para o desenvolvimento interno, a garantia do movimento. Toda a França seria organizada em Comunas auto-operantes e autogovernadas, sendo o exército permanente substituído pelas milícias populares, o exército dos parasitas estatais removido, a hierarquia clerical dando lugar ao mestre-escola, o juiz estatal transformado em órgãos comunais, o sufrágio para a representação nacional deixando de ser um truque para um governo todo-poderoso e tornando-se a expressão deliberada das comunas organizadas, as funções estatais sendo reduzidas a algumas poucas funções para fins nacionais gerais.

Tal é a *Comuna – a forma política da emancipação social*, da libertação do trabalho da usurpação dos monopolistas dos meios de trabalho, sejam estes meios criados pelos próprios trabalhadores ou dados pela natureza. Assim como a máquina e o parlamentarismo estatal não são a vida real das classes dominantes, mas apenas os órgãos gerais organizados de sua dominação – as garantias, formas e expressões políticas da velha ordem das coisas –, assim também a Comuna não consiste no movimento social da classe trabalhadora e, portanto, no movimento de uma regeneração geral do gênero humano, mas sim nos meios organizados de ação. A Comuna não elimina a luta de classes, através da qual as classes trabalhadoras realizam a abolição de todas as classes e, portanto, de toda [dominação de] classe (porque ela não representa um interesse particular, mas a liberação do "trabalho", isto é, a condição fundamental e natural da vida individual e social que apenas mediante usurpação, fraude e controles artificiais pode ser exercida por poucos sobre a maioria), mas ela fornece o meio racional em que essa luta de classe pode percorrer suas diferentes fases da maneira mais racional e humana possível. Ela pode provocar violentas reações e revoluções igualmente violentas. Ela inaugura a *emancipação do trabalho* – seu grande objetivo –, por um lado, ao remover a obra improdutiva e danosa dos parasitas estatais, cortando a fonte que sacrifica uma imensa porção da produção nacional para alimentar o monstro estatal, e, por outro lado, ao realizar o verdadeiro trabalho de administração, local e nacional, por salários de operários. Ela dá início, portanto, a uma imensa economia, a uma reforma econômica, assim como a uma transformação política.

A organização comunal, uma vez firmemente estabelecida em escala nacional, as catástrofes que sobre ela ainda poderiam se abater seriam esporádicas insurreições de escravocratas, as quais, mesmo que interrompendo por um momento o trabalho do progresso pacífico, apenas acelerariam o movimento ao pôr a espada nas mãos da Revolução Social.

As classes trabalhadoras sabem que têm de passar por diferentes fases da luta de classe. Sabem que a substituição das condições econômicas da escravidão do trabalho pelas condições do trabalho livre e associado só pode ser o trabalho progressivo do tempo (essa transformação econômica), que isso requer não apenas uma mudança da distribuição, mas uma nova organização da produção – ou, antes, requer a liberação (desobstrução) das formas sociais de produção no atual trabalho organizado (engendrado pela indústria atual), libertando-as dos grilhões da escravidão, de seu atual caráter de classe – e o estabelecimento de sua harmoniosa coordenação nacional e internacional. Elas sabem que essa obra de regeneração será continuamente atrasada e impedida pela resistência de direitos adquiridos e egoísmos de classe. Elas sabem que a atual "ação espontânea das leis naturais do capital e da propriedade fundiária" só pode dar lugar à "ação espontânea das leis da economia social do trabalho livre e associado" mediante um longo processo de desenvolvimento de novas condições, tal como ocorreu com a "ação espontânea das leis econômicas da escravidão" e com a "ação espontânea das leis econômicas da servidão". Mas elas sabem, ao mesmo tempo, que grandes passos podem ser dados desde já pela forma comunal de organização política e que é chegada a hora de iniciar esse movimento para elas mesmas e para o gênero humano.

Campesinato

(*Reparação de guerra.*) Já antes da instalação da Comuna, o Comitê Central declarara, por meio de seu *Journal Officiel*: "*A maior parte da reparação de guerra deve ser paga pelos autores da guerra*". Essa é a grande "conspiração contra a civilização" que tanto assusta os homens da Ordem. Essa [é] a principal questão prática. Com a vitória da Comuna, os autores da guerra terão de pagar sua reparação; com a vitória de Versalhes, as massas produtoras, que já pagaram com sangue, ruínas e contribuições, terão de pagar novamente, e os dignitários financeiros até mesmo acabarão lucrando com a transação. A liquidação dos custos da guerra será decidida pela guerra civil. A Comuna representa, sobre esse ponto vital, não apenas os interesses da classe trabalhadora, mas também da pequena classe média, em verdade, de toda a classe média com exceção da *burguesia* (os capitalistas ricos) (os ricos proprietários de terra e seus parasitas estatais). Ela representa, acima de tudo, o interesse do *campesinato francês*. Sobre este será lançada a maior parte das taxas de guerra, caso Thiers e seus "*ruraux*" saiam vitoriosos. E há pessoas que são tolas o suficiente para ecoar o grito dos "*ruraux*", de que eles – os grandes proprietários de terra – "representam o camponês", que obviamente se encontra, na ingenuidade de sua alma, excessivamente ansioso para pagar, no lugar desses bons "proprietários rurais", os bilhões da reparação de guerra, proprietários que já fizeram com que o camponês pagasse um bilhão de reparação: a reparação pela Revolução Francesa.

Os mesmos homens comprometeram deliberadamente a República de Fevereiro mediante a taxa adicional de 45 cêntimos imposta ao camponês, mas isso eles os fizeram em nome da Revolução, em nome do "governo provisório" por ela criado. Agora, é em seu próprio nome que eles promovem uma guerra civil contra a República comunal a fim de transferir a reparação de guerra de seus próprios ombros para os ombros do camponês! É claro que o camponês se deliciará com isso!

A Comuna abolirá o alistamento, o Partido da Ordem imporá a taxa de sangue ao camponês. O Partido da Ordem perseguirá o camponês com o coletor de impostos para o pagamento de uma custosa e parasítica máquina estatal, a Comuna lhe dará um governo barato. O Partido da Ordem continuará a esmagá-lo por meio do agiota citadino, a Comuna o libertará do pesadelo das hipotecas a pesar sobre seu lote de terra. A Comuna substituirá o parasítico corpo judiciário que devora o coração de seu rendimento – o notário, o *huissier* etc. – [por] agentes comunais que realizarão seu trabalho por salários de operários em vez de enriquecer a si mesmos à custa do trabalho do camponês. Ela romperá essa teia que enreda o camponês francês e onde se aninham os advogados e os *maires*, essas aranhas burguesas que sugam seu sangue! O Partido da Ordem manterá o camponês sob o domínio do gendarme, a Comuna o reconduzirá à vida independente, social e política! A Comuna o esclarecerá mediante a direção do mestre-escola, o Partido da Ordem promoverá sua estupidificação sob o domínio do padre! Mas o camponês francês é, acima de tudo, um homem de cálculo! Ele achará extremamente razoável que o pagamento do clero não [seja] mais extorquido dele pelo coletor de impostos, mas sim deixado à "ação espontânea" de seu instinto religioso!

O camponês francês elegera Luís Bonaparte presidente da República, mas o Partido da Ordem (durante o regime anônimo da República sob a assembleia *constituante* e *législative**) foi o criador do Império! O que o camponês francês realmente quer ele começou a mostrar em 1849 e 1852 ao erguer a sua *maire* contra o prefeito do governo, o mestre-escola contra o padre do governo e a si mesmo contra o gendarme do governo! O núcleo das leis reacionárias do Partido da Ordem em 1849 – e, particularmente, em janeiro e fevereiro de 1850 – foi especificamente dirigido contra o campesinato francês! Se o que levou o camponês francês a fazer de Luís Bonaparte o presidente da República foi o fato de que em sua tradição todos os benefícios que ele havia extraído da primeira Revolução haviam sido imaginariamente transferidos ao primeiro Napoleão, os levantes armados dos camponeses em alguns departamentos da França e a caça a eles efetuada pelos gendarmes após o *coup*

---

*   Constituinte e legislativa. (N. T.)

d'état provaram que essa ilusão foi rapidamente desfeita! O Império estava fundado nas ilusões artificialmente alimentadas no interior do poder e em preconceitos tradicionais: a Comuna estaria fundada em seus interesses vitais e em seus anseios reais.

O ódio do camponês francês está centrado nos "rurais", nos homens do *Château**, nos homens dos bilhões de reparação e no capitalista citadino disfarçado de proprietário rural, que em nenhuma época oprimiram tanto o camponês como sob o Segundo Império, em parte encorajados por meios estatais, em parte resultando do próprio desenvolvimento da agricultura moderna. Os "rurais" sabem que os três meses de governo do Império Republicano na França seriam o sinal para o levante dos camponeses e do proletariado rural contra eles. Daí seu ódio feroz à Comuna! O que eles temem ainda mais do que a emancipação do proletariado urbano é a emancipação dos camponeses. Os camponeses logo aclamariam o proletariado urbano como seus líderes e superiores. É claro que existe, na França como na maioria dos países continentais, um profundo antagonismo entre os produtores urbanos e rurais, entre o proletariado industrial e o campesinato. As aspirações do proletariado, a base material de seu movimento, são o trabalho organizado em grande escala, embora atualmente organizado de forma despótica, e a centralização dos meios de produção, embora atualmente centralizados nas mãos do monopolista, não apenas como meios de produção, mas como meios de exploração e escravização do *producteur***. O que o proletariado tem a fazer é transformar o atual caráter capitalista desse trabalho organizado e desses meios centralizados de trabalho, transformá-los de meios de dominação e exploração de classe em formas do trabalho livre associado e em meios sociais de produção. Por outro lado, o trabalho do camponês é isolado e os meios de produção são parcelados, dispersados. Sobre essas diferenças econômicas se ergue todo um mundo de diferentes visões sociais e políticas. Mas essa propriedade camponesa já viveu sua fase normal, isto é, a fase em que ela era uma realidade, um modo de produção e uma forma de propriedade que respondia aos anseios econômicos da sociedade e garantia aos próprios produtores rurais condições normais de vida. Ela entrou em seu período de decadência. Por um lado, dela derivou um numeroso *prolétariat foncier* (proletariado rural) cujos interesses são idênticos àqueles dos trabalhadores urbanos assalariados. O próprio modo de produção tornou-se caduco pelo moderno progresso da agronomia. Por último, a propriedade camponesa mesma tornou-se nominal, deixando ao camponês a ilusão da propriedade e o expropriando dos frutos de seu próprio trabalho. A competição dos grandes produtores rurais, a taxa de sangue, a taxa estatal, a usura

---

* Castelo (aqui, velha aristocracia rural). (N. T.)
** Produtor. (N. T.)

das hipotecas urbanas e os numerosos pequenos furtos do sistema judiciário que o cercam por todos os lados degradaram-no à posição de um *ryot** hindu, ao passo que sua expropriação – até mesmo a expropriação de sua propriedade nominal – e degradação a um proletário rural constituem um fato cotidiano. O que separa o camponês do proletário, portanto, é não mais seu interesse real, mas seu preconceito ilusório. Se a Comuna, como mostramos, é o único poder que pode lhe trazer imediatamente grandes benefícios mesmo em suas atuais condições econômicas, ela é a única forma de governo que pode assegurar-lhe a transformação de suas atuais condições econômicas, protegendo-o por um lado da expropriação do proprietário fundiário, por outro lado poupando-o da aniquilação, do esgotamento e da miséria em que ele se encontra sob o véu ilusório da propriedade; só ela pode converter sua propriedade nominal da terra em propriedade real de seus frutos e de seu trabalho e conjugar os avanços da moderna agronomia – que respondem a anseios sociais e o ameaçam diariamente como uma força hostil – com a manutenção de sua posição como um produtor realmente independente. Ao ser imediatamente beneficiado pela Comuna, o camponês não tardaria a confiar nela.

Union (Ligue) Républicaine**

O partido da desordem, cujo regime alcançou seu auge sob a corrupção do Segundo Império, deixou Paris (êxodo de Paris) seguido por seus pertences, seus correligionários, seus serviçais, seus parasitas estatais, seus *mouchards*, suas cocotes e o bando inteiro da baixa *bohème* (os criminosos comuns) que formam o complemento daquela *bohème distinta*. Mas os verdadeiros elementos vitais das classes médias, libertados de seus falsos *representantes* pela revolução dos trabalhadores, desvencilharam-se desse partido pela primeira vez na história das revoluções francesas e se apresentaram em suas verdadeiras cores. Eles constituem a "Liga da Liberdade Republicana", agindo como intermediária entre Paris e as províncias, repudiando Versalhes e marchando sob as bandeiras da Comuna.

A revolução comunal como a representante de todas as classes da sociedade que não vivem do trabalho de outrem

Vimos que o proletariado de Paris luta pelo camponês francês e que Versalhes luta contra ele; que o maior temor dos *"rurais"* é que Paris seja ouvida

---

* Lavrador. (N. T.)
** União (Liga) Republicana. (N. T.)

pelo camponês e não seja mais dele separada por uma muralha; que, no fundo de sua guerra contra Paris, está a tentativa de manter o campesinato em sua escravidão e tratá-lo, tal como antes, como sua *matéria* "tributável a todo custo"*.

Pela primeira vez na história, a pequena e *moyenne*** classe média aderiu abertamente à revolução dos trabalhadores e proclamou-a como o único meio de sua própria salvação e da salvação da França! Ela forma, juntamente com os trabalhadores, o núcleo da Guarda Nacional, toma assento com eles na Comuna, realiza para eles a mediação na *Union républicaine*!

As principais medidas da Comuna foram tomadas para a salvação da classe média – a classe devedora de Paris contra a classe credora! Essa classe média havia cerrado fileira, na Insurreição de Junho (1848), contra o proletariado sob a bandeira da classe capitalista, seus generais e seus parasitas estatais. Ela foi punida imediatamente em 19 de setembro de 1848, pela rejeição do *"concordats à l'amiable***"*. A vitória sobre a Insurreição de Junho mostrou-se também de imediato como a vitória do credor, do capitalista rico sobre o devedor, a classe média. O credor exigiu sem misericórdia sua libra de carne****. Em 13 de junho de 1849, a Guarda Nacional dessa classe média foi desarmada e seus soldados mortos a golpes de sabre pelo exército da burguesia! Durante o Império, [como resultado da] dilapidação dos recursos do Estado, dos quais o capitalista rico se alimentava, essa classe média foi entregue à pilhagem do especulador financeiro, dos reis das estradas de ferro, das associações fraudulentas do *Crédit mobilier* etc. e foram expropriadas por associações capitalistas (sociedades por ações). Rebaixada em sua posição política, atacada em seus interesses econômicos, ela revoltou-se moralmente com as orgias daquele regime. As infâmias da guerra provocaram o último choque e acirraram seus sentimentos como franceses. Ao considerar as desgraças que se abateram sobre a França nessa guerra, sua crise que provocou o colapso nacional e sua ruína financeira, essa classe média sente que não poderá ser salva pela corrupta classe dos pretendentes a escravocratas da França, mas sim apenas pelas aspirações varonis e pela força hercúlea da classe trabalhadora!

Eles sentem que somente a classe trabalhadora pode emancipá-los do domínio do padre, converter a ciência de instrumento de dominação de clas-

---

* Matière *"taillable à merci et miséricorde"*. (N. T.)
** Média. (N. T.)
*** Ver nota 30 na página 61. (N. E.)
**** Referência ao contrato firmado entre os personagens Shylock e Antônio em *O mercador de Veneza*, de William Shakespeare (Porto Alegre, L&PM, 2007). (N. T.)

se em uma força popular, converter os próprios homens de ciências de alcoviteiros do preconceito de classe, parasitas estatais ávidos de cargos e aliados do capital em livres agentes do pensamento! A ciência só pode desempenhar seu papel genuíno na República do Trabalho.

A república só é possível como República assumidamente Social

Essa guerra civil destruiu as últimas ilusões sobre [a] "República", assim como o Império destruiu a ilusão do desorganizado "sufrágio universal" nas mãos do Estado do gendarme e do padre. Todos os elementos vitais da França reconhecem que uma república só é possível na França e na Europa como uma "República Social", isto é, uma república que desapropria o capital e a classe dos proprietários rurais da máquina estatal para que esta seja assumida pela Comuna, que declara francamente que a "emancipação social" é o grande objetivo da República e, assim, garante essa transformação social pela organização comunal. A outra república não pode ser mais do que o terrorismo *anônimo* de todas as frações monárquicas, da coalizão dos legitimistas, orleanistas e bonapartistas, tendo como meta final a instauração de um Império *quelconque**, o terror anônimo do domínio de classe que, uma vez realizado seu trabalho sujo, resultará sempre em um império!

Os republicanos profissionais da Assembleia dos "rurais" são homens que realmente creem, apesar dos experimentos de 1848 a 1851, apesar da guerra civil contra Paris, que a *forma republicana* do despotismo de classe é uma forma possível, duradoura, enquanto o "Partido da Ordem" a conclama apenas conspirativamente, visando combater a República e reintroduzir sua única forma adequada, monárquica ou, antes, imperial, como a forma do despotismo de classe. Em 1848, esses simplórios voluntários foram empurrados para a linha de frente até que, com a Insurreição de Junho, pavimentaram o caminho para o domínio *anônimo* de todas as frações dos pretendentes a escravocratas da França. Em 1871, em Versalhes, eles foram desde o início empurrados para a retaguarda, para lá figurar como o adorno "republicano" do domínio de Thiers e para sancionar, com sua presença, a guerra dos generais bonapartistas contra Paris! Em uma inconsciente autoironia, esses infelizes realizaram suas reuniões partidárias na *Salle de Paume*** a fim de mostrar o quanto eles degeneraram em relação aos seus predecessores de 1789! Com seus Schölchers etc., tentaram convencer Paris a entregar suas armas a Thiers e forçá-la ao desarmamento mediante a Guarda Nacional da "Ordem" sob Saisset! Isso para não falar dos assim chamados depu-

---

* Qualquer. (N. T.)
** Ver nota * na página 66. (N. E.)

tados socialistas de Paris, como Louis Blanc. Estes suportaram submissamente os insultos de um Dufaure e dos *ruraux*, teceram desvarios sobre os direitos "legais" de Thiers e cobriram-se de infâmia ao choramingar diante dos bandidos!

Operários e Comte

Se os operários superaram o tempo do sectarismo socialista, não se pode esquecer que eles nunca estiveram nas primeiras fileiras do comtismo. Essa seita nunca ofereceu à *Internacional* mais do que um *grupelho* de cerca de meia dúzia de homens, cujo programa foi rejeitado pelo Conselho Geral. Comte é conhecido pelos trabalhadores parisienses como o profeta, na política, do imperialismo (da *ditadura* pessoal), do domínio capitalista na economia política, da hierarquia em todas as esferas da ação humana, mesmo na esfera da ciência, e como o autor de um novo catecismo com um novo papa e novos santos no lugar dos antigos.

Se seus seguidores na Inglaterra desempenham um papel mais popular do que aqueles na França, não é por pregar doutrinas sectárias, mas por seu valor pessoal e por sua aceitação das formas da luta da classe operária que foram criadas sem eles, como os sindicatos e as greves na Inglaterra, que são aos poucos denunciadas como heresia por seus correligionários de Paris.

A Comuna (medidas sociais)

Que os trabalhadores de Paris tenham tomado a iniciativa da atual revolução e, em heroico sacrifício, tenham suportado o principal fardo dessa batalha, não é nenhuma novidade. Esse é o fato notável de todas as revoluções francesas! É apenas uma repetição do passado! Que a revolução é feita *em nome* e assumidamente *para* as massas populares, isto é, para as massas produtoras, isso é uma característica que essa revolução tem em comum com todas as suas predecessoras. O novo elemento é que o povo, após o primeiro levante, não desarmou a si mesmo e entregou seu poder nas mãos dos velhacos republicanos das classes dominantes; ao constituir a Comuna, tomaram o comando de sua revolução em suas próprias mãos e ao mesmo tempo encontraram, em caso de sucesso, os meios para mantê-lo nas mãos do próprio povo, substituindo a maquinaria estatal, a maquinaria governamental das classes dominantes, por uma maquinaria estatal própria. Esse é seu inefável crime! Trabalhadores infringindo o privilégio governamental dos 10 mil que se encontram no topo e proclamando sua vontade de quebrar a base econômica desse despotismo de classe que emprega para seu interesse próprio a força estatal organizada da sociedade! Foi isso que, na Europa e nos Estados Unidos, lançou as respeitáveis classes no paroxismo das convulsões e que responde pelos seus gritos de imprecação e de blasfêmia, [por] seu feroz clamor a exigir o assassinato do povo e por seus caluniosos insultos lançados do alto de suas tribunas parlamentares e das redações de seus serviçais jornalísticos!

A maior medida da Comuna é sua própria existência, trabalhando, atuando sob circunstâncias de extraordinária dificuldade! A bandeira vermelha, hasteada pela Comuna de Paris, coroa na realidade apenas o governo dos trabalhadores de Paris! Eles proclamaram clara e conscientemente como sua meta a emancipação do trabalho e a transformação da sociedade! Mas o atual caráter "social" de sua república consiste apenas nisto: que os trabalhadores governam a Comuna de Paris! Quanto às suas medidas, elas têm de, pela natureza das coisas, estar principalmente confinadas à defesa militar de Paris e a seu *approvisionnement*!

Alguns amigos protetores da classe trabalhadora, não conseguindo disfarçar seu desgosto mesmo com as poucas medidas que eles consideram como "socialistas", embora nelas não haja nada de socialista a não ser sua tendência, expressam sua satisfação e sua aduladora simpatia pela Comuna com a grande descoberta de que, no fim das contas, os trabalhadores são homens racionais que, uma vez no poder, sempre voltam as costas para medidas socialistas! De fato, eles não tentarão estabelecer em Paris nem um *phalanstère* nem uma *Icarie*[16]. Homens sábios de seu tempo! Esses benevolentes protetores, profundamente ignorantes das reais aspirações e do real movimento das classes trabalhadoras, esquecem uma coisa. Todos os fundadores socialistas de seitas pertencem a um período em que as próprias classes trabalhadoras não estavam treinadas e organizadas pela marcha da sociedade capitalista o suficiente para aparecer na cena mundial como agentes históricos, e tampouco as condições materiais de sua emancipação estavam suficientemente maduras no velho mundo. Sua miséria existia, mas as condições de seu próprio movimento ainda não existiam. Os fundadores utópicos de seitas, enquanto em seu criticismo da sociedade atual descreviam claramente a meta do movimento social, a superação do sistema do trabalho assalariado com todas as suas condições econômicas de domínio de classe, não localizavam na própria sociedade as condições materiais de sua transformação, tampouco na classe trabalhadora o poder organizado e a *conscience** de seu movimento. Eles procuravam compensar as condições históricas do movimento com imagens fantasiosas e planos de uma nova sociedade em cuja propaganda viam o verdadeiro caminho da salvação. A

---

[16] *Phalanstère* (falanstério): referência às colônias socialistas planejadas por Charles Fourier. *Icarie* (Icária): assim Étienne Cabet batizou sua utopia e, mais tarde, sua colônia comunista na América do Norte. (N. E. A.)

* Consciência. (N. T.)

partir do momento em que o movimento dos operários tornou-se real, as utopias fantásticas esvaeceram-se, não porque a classe trabalhadora houvesse desistido do fim pretendido por esses utopistas, mas porque encontraram os verdadeiros meios para realizá-lo, surgindo em seu lugar uma visão real das condições históricas do movimento e uma força cada vez mais agregadora da organização militar da classe trabalhadora. Mas os dois fins últimos do movimento proclamado pelos utopistas são os fins últimos proclamados pela Revolução de Paris e pela Internacional. Somente os meios são diferentes, e as condições reais do movimento não estão mais encobertas por fábulas utópicas. Esses amigos protetores do proletariado são, por isso, apenas vítimas de sua própria ignorância quando se aventuram a opinar sobre as proclamadas tendências socialistas dessa revolução. Não é culpa do proletariado de Paris que, para eles, as criações utópicas dos profetas do movimento operário sejam ainda a "Revolução Social", quer dizer, que a Revolução ainda seja, para eles, "utópica".

Journal Officiel do Comitê Central, 20 de março: "Os proletários do capital, em meio às *défaillances** e às traições das classes governantes (dominantes), entendeu (*compris*) que lhes era chegada a hora *de salvar a situação tomando em suas mãos a direção (gestão) dos negócios públicos* (do negócio estatal)".

Denunciam "a incapacidade política e a decrepitude moral da burguesia" como a fonte "dos infortúnios da França".

> Os trabalhadores, que produzem tudo e usufruem nada, que sofrem da miséria em meio aos seus produtos acumulados, aos frutos de seu trabalho e de seu suor (…), estão para sempre proibidos de trabalhar para sua emancipação? (…) O proletariado, em face da ameaça permanente contra seus direitos, da absoluta negação de todas as suas aspirações legítimas, da ruína do país e de todas as suas esperanças, entendeu ser seu dever imperioso e seu direito absoluto tomar em suas mãos seu próprio destino e assegurar seu triunfo tomando o poder do Estado (*en s'emparant du pouvoir*).

Aqui é claramente dito que o governo da classe trabalhadora é, em um primeiro momento, necessário para salvar a França das ruínas e da corrupção a ela impingidas pelas classes dominantes, que a destituição dessas classes do poder (dessas classes que perderam a capacidade de governar a França) é *uma necessidade de segurança nacional*.

Mas também é dito, não menos claramente, que o governo da classe trabalhadora só pode salvar a França e gerir o negócio nacional ao trabalhar por sua *própria emancipação*, sendo as condições dessa emancipação ao mesmo tempo as condições da regeneração da França.

O governo da classe trabalhadora é proclamado como uma guerra do trabalho contra os monopolistas dos meios do trabalho, contra o capital.

---

* Equívocos. (N. T.)

O *chauvinismo* da burguesia é apenas uma vaidade, cobrindo com um manto nacional todas as suas pretensões. Ele é um meio de, com exércitos permanentes, perpetuar as lutas internacionais, subjugar os produtores em cada país, lançando-os contra seus irmãos de outros países, um meio de impedir a cooperação entre as classes trabalhadoras, a primeira condição de sua emancipação. O verdadeiro caráter desse chauvinismo (que há tempos se tornou uma mera palavra oca) se revelou após Sedan, durante a guerra de defesa boicotada por toda parte pela burguesia; revelou-se, também, na capitulação da França, na guerra civil travada por Thiers, este alto sacerdote do chauvinismo, e com o consentimento de Bismarck! Revelou-se nas pequenas intrigas policialescas da Liga Antialemã, [na] caça aos estrangeiros em Paris após a capitulação. Esperava-se que o povo de Paris (e o povo francês) pudesse ser estupidificado com a paixão do ódio nacional e que, mediante ultrajes postiços contra os estrangeiros, esquecesse sua aspiração real e seus traidores internos!

Como todo esse movimento postiço desapareceu (esvaeceu) ao sentir o fôlego da Paris revolucionária! Proclamando em alto e bom tom suas tendências internacionais – porque a causa do produtor é por toda a parte a mesma e seu inimigo o mesmo, qualquer que seja sua nacionalidade (seja qual for seu traje nacional) –, Paris proclamou como um princípio a admissão dos estrangeiros na Comuna, elegendo inclusive um operário estrangeiro (um membro da Internacional) para seu Conselho Executivo, e decretou [a destruição do] símbolo do chauvinismo francês: a Coluna Vendôme!

E enquanto seus chauvinistas burgueses desmembraram a França e agem sob a ditadura da invasão estrangeira, os trabalhadores de Paris derrotaram o inimigo estrangeiro ao golpear seus próprios patrões e aboliram as fronteiras ao conquistar o posto de vanguarda dos trabalhadores de todas as nações!

O patriotismo genuíno da burguesia – tão natural para os verdadeiros proprietários das diversas fazendas "nacionais" – apagou-se em uma mera sombra em consequência do caráter cosmopolita conferido ao empreendimento financeiro, comercial e industrial. Sob circunstâncias similares, ele acabaria por implodir em todos os países, tal como ocorreu na França.

Descentralização pelos "rurais" e pela Comuna

Foi dito que Paris, e com ela as outras cidades francesas, era oprimida pelo domínio dos camponeses, e que sua luta atual é por sua emancipação do domínio do campesinato! Nunca se disse uma mentira mais absurda!

Paris, como a sede central e a fortaleza da maquinaria governamental centralizada, submeteu o campesinato ao domínio do gendarme, do coletor de impostos, do prefeito, do pároco e dos magnatas rurais, isto é, ao despotismo de seus inimigos, privando o campesinato de toda a vida (tomando-lhe a vida). Ela reprimiu todos os órgãos da vida independente nos distritos rurais. Por outro lado, o governo, o magnata rural, o gendarme e o pároco, em cujas mãos a maquinaria estatal centralizada com sede em Paris transferira toda a influência das províncias, utilizaram essa influência em proveito do governo e das classes que esse governo representava, não contra [a] Paris [do] governo, do parasita, do capitalista, do preguiçoso, do bordel cosmopolita, mas contra a Paris dos operários e dos pensadores. Desse modo, com a centralização governamental tendo Paris como sua base, os camponeses foram suprimidos pela Paris do governo e do capitalista e a Paris dos operários foi suprimida pelo poder provincial nas mãos dos inimigos dos camponeses.

*O Moniteur de Versalhes** (29 de março) declara "que Paris não pode ser uma cidade livre, porque ela é a capital". Essa é a verdade. Paris, a capital das classes dominantes e de seu governo, não pode ser uma "cidade livre" e as províncias não podem ser "livres" porque Paris é a capital. As províncias só podem ser livres com a *Comuna* em Paris. O *Partido da Ordem* enfureceu-se mais contra Paris pelo fato de esta ter proclamado sua própria emancipação dele e de seu governo do que pelo fato de, ao fazê-lo, ter dado o sinal para a emancipação do camponês e das províncias de seu jugo.

Journal Officiel de la Commune, 1º de abril:

> A Revolução de 18 de março não teve por único objetivo assegurar a Paris uma representação comunal eleita, porém sujeita à *tutela despótica de um poder fortemente centralizado*. Ela tem de conquistar e assegurar a independência para todas as comunas da França e também para todos os agrupamentos superiores, departamentos e províncias, unidos entre si para o interesse comum por meio de um pacto realmente nacional; ela tem de garantir e perpetuar a República. (...) Paris *renunciou à sua aparente onipotência*, que era idêntica ao seu fracasso, mas não renunciou ao poder moral, à influência intelectual que em sua propaganda a fez tão frequentemente vitoriosa na França e na Europa.

"Uma vez mais, Paris trabalha e sofre por toda a França, da qual ela prepara, com seus combates e sacrifícios, a regeneração moral, administrativa e econômica, a glória e a prosperidade." (*Programa da Comuna de Paris distribuído por balão*[17].)

O sr. Thiers, em sua turnê pelas províncias, geriu as eleições e, acima de tudo, suas próprias eleições múltiplas. Mas havia uma dificuldade. Os repre-

---

* Ver nota *** na página 112. (N. E.)

[17] Citação da *Déclaration au peuple français* (Declaração ao povo francês), apresentada ao Conselho da Comuna e aprovada na seção de 19 a 20 de abril de 1871. A *Déclaration* foi distribuída com ajuda de balões e foi também traduzida para o inglês. (N. E. A.)

sentantes bonapartistas das províncias tornaram-se momentaneamente impossíveis. (Além disso, ele não os queria e nem eles o queriam.) Muitas das velhas figuras orleanistas sofreram o mesmo destino dos bonapartistas. Era, portanto, necessário apelar aos proprietários de terra legitimistas, que haviam se mantido bastante afastados da política e eram os homens certos a serem ludibriados. Eles deram o caráter aparente à Assembleia de Versalhes, seu caráter de *"Chambre introuvable"* de Luís XVIII, seu caráter "rural". Em sua vaidade, eles certamente acreditavam que sua hora finalmente chegara com a queda do Segundo Império bonapartista e sob o abrigo da invasão estrangeira, tal como chegaram em 1814 e 1815. Mas eles não passavam de meros tolos. Se resolvem agir, eles só podem fazê-lo como elementos do "Partido da Ordem" e seu "anônimo" terrorismo como em 1848-1851. Seu próprio fervor partidário empresta apenas o caráter cômico a essa associação. Eles são, assim, forçados a suportar como presidente o *accoucher* penitenciário da duquesa de Berry e como ministros os pseudo-republicanos do governo de Defesa. Eles serão postos na berlinda assim que tiverem feito seu serviço. Mas – um truque da história – por essa curiosa combinação de circunstâncias eles são forçados a atacar Paris movidos por sua revolta contra a *République une et indivisible** (Louis Blanc a denomina assim, Thiers a chama de unidade da França), enquanto seu primeiro feito foi revoltar-se contra a unidade ao conclamar à "decapitação e descapitalização" de Paris, ao querer que a Assembleia tivesse assento em uma cidade do interior. O que eles realmente querem é voltar à situação precedente à maquinaria estatal centralizada, tornar-se mais ou menos independente de seus prefeitos e seus ministros e pôr no seu lugar a influência provincial e local dos *Châteaux*. Eles querem a *descentralização* reacionária da França. O que Paris quer é suplantar essa centralização – que prestou seu serviço contra o feudalismo, mas tornou-se a mera unidade de um corpo artificial, constituído de gendarmes, exércitos vermelhos e negros, a reprimir a vida da sociedade civil real, pesando sobre ela como um pesadelo e dando a Paris uma "onipotência aparente" ao fechar suas portas para as províncias –, substituir essa França unitária que existe ao lado da sociedade francesa pela união dessa própria sociedade mediante sua organização comunal.

Os verdadeiros partidários da quebra da unidade da França são, portanto, os "rurais", que se opõem à maquinaria estatal porque esta, como antagonista do feudalismo, interfere em sua própria importância local (seus direitos senhoriais).

O que Paris quer é romper esse sistema unitário artificial por ser ele o antagonista da verdadeira unidade viva da França e um simples meio de domínio de classe.

---

* República una e indivisível. (N. T.)

A concepção comtista

Homens completamente ignorantes do sistema econômico existente são obviamente menos capazes de compreender a negação operária desse sistema. Eles não conseguem, é claro, compreender que a transformação pretendida pela classe trabalhadora é o nascimento necessário, histórico, inevitável do atual sistema mesmo. Falam em tom depreciativo da ameaça da abolição da "propriedade" porque a atual forma classista da propriedade – uma forma transitória – é, para eles, a propriedade ela mesma, de modo que a abolição dessa forma significaria a abolição da propriedade. Assim como agora defendem a "eternidade" do domínio do capital e do sistema do trabalho assalariado, se tivessem vivido na era feudal ou nos tempos da escravidão eles teriam defendido o sistema feudal e o escravismo pelo fato de estes estarem fundados na natureza das coisas, por terem brotado espontaneamente da natureza; [teriam] denunciado bravamente seus "abusos", ao mesmo tempo em que, do alto de sua ignorância, responderiam às profecias de sua abolição com o dogma de sua "eternidade" contrabalançada por "freios morais" (constrangimentos).

Eles estão tão corretos em sua apreciação das pretensões das classes trabalhadoras de Paris quanto o está o sr. Bismarck ao declarar que o que a Comuna quer é a ordem municipal prussiana. Pobres homens! Não sabem sequer que toda *forma social* de propriedade tem sua própria "moral", e que a forma de propriedade social que faz da propriedade o atributo do trabalho, longe de criar "constrangimentos morais" individuais, emancipará a "moral" do indivíduo de seus constrangimentos de classe.

Como o ar da revolução social mudou Paris! A Revolução de Fevereiro foi chamada de "revolução do desprezo moral". Ela foi proclamada pelos clamores do povo: "*A bas les grands voleurs! A bas les assassins!*"*. Tal era o sentimento do povo. Mas quanto à burguesia, esta queria rédeas soltas à corrupção! Ela o conseguiu sob o reino de Luís Bonaparte (Napoleão, o Pequeno). Paris, a cidade gigantesca, a cidade da iniciativa histórica, foi transformada na *maison dorée*** de todos os preguiçosos e caloteiros do mundo, em um bordel cosmopolita! Depois do êxodo das "pessoas de alta classe", a Paris da classe trabalhadora reapareceu, heroica, em autosacrifício, entusiástica no sentimento de sua tarefa hercúlea! Nenhum cadáver no necrotério, nenhuma insegurança nas ruas. Paris nunca foi tão tranquila. Em vez das cocotes, as heroicas mulheres de Paris! A Paris humana, firme, que luta, trabalha, pensa! A magnânima Paris! Que, em contraste com o canibalismo de seus inimigos, toma apenas medidas para que seus prisioneiros não possam mais oferecer perigo!

---

* "Abaixo os grandes ladrões! Abaixo os assassinos!" (N. T.)
** "Casa dourada": bordel. (N. T.)

O que Paris não mais suportará é a existência das cocotes e *cocodès**. O que ela resolveu eliminar ou transformar é essa raça inútil, cética e egoísta que se apossou da gigantesca cidade para usá-la como se ela lhe pertencesse. Nenhuma celebridade do Império pode ter o direito de dizer: "Paris é muito agradável nos melhores bairros; mas há pobres demais nos outros".

(*Vérité, 23 de abril*): "O crime privado diminuiu surpreendentemente em Paris. A ausência de ladrões e cocotes, de assassinatos e assaltos: todos os *conservateurs*** fugiram para Versalhes!"

"Não se registrou nem um único assalto noturno mesmo nos mais distantes e menos frequentados bairros desde que os cidadãos passaram a fazer eles mesmos o policiamento."

Thiers sobre os "rurais"

"Esse partido sabe empregar apenas três meios: invasão estrangeira, guerra civil e anarquia. (...) Tal governo não será o governo da França." (*Chambre des députés, 5 de janeiro de 1833.*)

Governo de Defesa

E esse mesmo Trochu disse, em seu famoso programa: "O governador de Paris nunca capitulará", e Jules Favre em sua circular: "nem um palmo de nosso território, nem uma pedra de nossas fortificações", assim como Ducrot: "Só retornarei a Paris morto ou vitorioso". Posteriormente, em Bordeaux, ele chegou à conclusão que sua vida era necessária para reprimir os "rebeldes" de Paris. (Esses infelizes sabem que, em sua fuga para Versalhes, eles deixaram para trás as provas de seus crimes, e que para destruir essas provas eles não hesitariam em fazer de Paris uma montanha de ruínas banhada por um mar de sangue.) (*Manifeste à la province****, distribuído por balão.)

❖

A unidade que até agora nos foi imposta pelo Império, pela Monarquia e pelo Governo Parlamentar é nada mais do que uma centralização despótica, estúpida, arbitrária e onerosa. A unidade política que Paris deseja é uma associação voluntária fruto de iniciativa inteiramente local (...) uma delegação central a partir das Comunas Federadas. Supressão do velho mundo governamental e clerical, da supremacia e burocracia militar e da mercantilice dos

---

* Dândis. (N. T.)
** Conservadores. (N. T.)
*** Manifesto à província. (N. T.)

monopólios e privilégios à qual o *proletariado deve sua escravidão e a nação seus infortúnios e desastres*. (Proclamação da Comuna, 19 de abril.)

Os Gendarmes e os policiais

Vinte mil gendarmes (transferidos de toda a França para Versalhes, em um total de 30 mil sob o Império) e 12 mil agentes policiais – a base do melhor exército que a França já teve.

Deputados republicanos de Paris

Os deputados republicanos de Paris

> não condenaram o bombardeio de Paris, tampouco as execuções sumárias dos prisioneiros ou as calúnias contra o povo de Paris. Ao contrário, com sua presença na Assembleia e seu mutismo, eles consagraram todos esses atos, investidos da notoriedade que o partido republicano lhes conferia. Eles se tornaram os aliados e cúmplices conscientes do partido monárquico. Devem, portanto, ser declarados traidores de seus mandatos e da República. (*Association générale des défenseurs de la République**, 9 de maio.)

"A centralização leva à apoplexia em Paris e à ausência de vida por toda parte." (*Lammennais*)

"Hoje em dia, tudo se refere a um centro, e este centro é, por assim dizer, o próprio Estado."** (*Montesquieu*)

O caso Vendôme etc.

O Comitê Central da Guarda Nacional, constituído pela nomeação de um delegado de cada companhia, quando da entrada dos prussianos em Paris, transportou a Montmartre, Belleville e La Villette os canhões e as *mitrailleuses* que haviam sido providenciados pela subscrição da própria Guarda Nacional; esses canhões e *mitrailleuses* foram abandonados pelo Governo da Defesa nacional justamente naqueles bairros que estavam prestes a ser ocupados pelos prussianos.

Na manhã de 18 de março, o governo fez um apelo enérgico à Guarda Nacional, mas foram atendidos apenas por trezentos homens de um total de 400 mil guardas nacionais.

---

*   Associação geral dos defensores da República. (N. T.)
** "*Aujourd'hui tout se rapporte à un centre, et ce centre est, pour ainsi dire, l'Etat même.*" (N. T.)

Em 18 de março, às três horas da manhã, os agentes de polícia e alguns *bataillons* de linha encontravam-se em Montmartre, Belleville e La Villette a fim de surpreender os guardiões da artilharia e, assim, poder tomá-la à força.

A Guarda Nacional resistiu, os soldados de linha *levèrent la crosse en l'air**, *apesar das ameaças e ordens do general Lecomte*, fuzilado no mesmo dia por seus soldados, juntamente com Clément Thomas. ("Tropas de linha levantaram os canos de seus mosquetes para o ar e confraternizaram com os insurgentes.")

O boletim da vitória, de Aurelle de Paladines, já estava impresso; também foram achados papéis sobre uma *décembrisation*** de Paris.

Em 19 de março, o Comitê Central declarou o estado de sítio de Paris; no dia 20, Picard o proclamou para o departamento de *Seine-et-Oise*.

18 de março (manhã: ainda acreditando em sua vitória), *a Proclamação de Thiers* está afixada nas paredes: "O governo resolveu agir. Os criminosos que têm a pretensão de instaurar um governo devem ser entregues à justiça comum e os canhões subtraídos devem ser restituídos aos arsenais".

No fim da tarde, tendo falhado o assalto noturno, ele apela aos *Guardas Nacionais*: "O governo não está preparando um *coup d'état*. O governo da República não tem nem pode ter outro objetivo que não seja a segurança da República". Ele pretende apenas "afastar o comitê insurgente" (...) "*quase totalmente desconhecido da população*".

Tarde da noite, uma terceira proclamação à *Guarda Nacional*, assinada por Picard e Aurelle: "Alguns homens desajuizados (...) *resistem* violentamente à Guarda Nacional e ao exército. (...) O governo *decidiu que vossas armas deveriam ser entregues a vós*. Tomai-as decididamente, a fim de estabelecer o reino da lei e *salvar a República da anarquia*."

(No dia 17, Schölcher tenta persuadi-los a se desarmarem.)

Proclamação do Comitê Central de 19 de março: "O estado de sítio está suspenso. O povo de Paris está convocado para suas eleições comunais". *Idem para os guardas nacionais*: "Vós nos encarregastes de organizar a defesa de Paris e de vossos direitos (...) Neste momento, nosso mandato expirou; o devolvemos a vós, não desejamos ocupar o lugar daqueles que o fôlego popular *vient de renverser****"

Eles permitiram que os membros do governo se retirassem tranquilamente para Versalhes (mesmo aqueles que eles tinham em suas mãos, como Ferry).

As eleições comunais convocadas para 22 de março foram transferidas para o dia 26 devido aos protestos do Partido da Ordem.

---

*   Levantaram para o ar os canos de suas armas. (N. T.)
** Golpe de Estado segundo o modelo de 2 de dezembro de 1851. (N. T.)
*** Acabou de remover. (N. T.)

21 de março. Bramidos frenéticos na Assembleia contra as palavras "Vive la République" ao final de uma proclamação "aos *cidadãos e ao exército* (soldados)". *Thiers*: "Poderia ser uma proposta bastante legítima etc." (Discordância dos "rurais".) *Jules Favre* fez arenga contra a doutrina de que a República é superior ao sufrágio universal, bajulou a maioria rural, ameaçou os parisienses com a intervenção prussiana e provocou *o protesto do Partido da Ordem*. *Thiers*: "Haja o que houver, não enviarei uma força armada para atacar Paris". (Ele ainda não tinha tropas para fazê-lo.)

O comitê central estava tão pouco certo de sua vitória que aceitou apressadamente a mediação dos *maires* e dos deputados de Paris (…) A obstinação de Thiers lhe permitiu (ao comitê) sobreviver um ou dois dias: ele tinha, então, consciência de suas forças. Inúmeros erros dos revolucionários. Em vez de desarmar os policiais, abriram-lhes as portas; estes foram para Versalhes, onde foram acolhidos como salvadores; deixou-se que o 43º [Regimento de] Linha partisse; enviaram-se às suas casas todos os soldados que haviam confraternizado com o povo; permitiu-se que a reação se organizasse no centro mesmo de Paris; Versalhes foi deixada em paz. Tridon, Jaclard, Varlin, Vaillant queriam que os realistas [*royalistes*] fossem imediatamente afastados (…) Favre e Thiers agiram imediatamente junto às autoridades prussianas visando obter seu apoio (…) para reprimir o movimento insurrecional de Paris*.

A ocupação constante de Trochu e Clément Thomas de barrar todas as tentativas de armamento e de organização da Guarda Nacional. A marcha sobre Versalhes foi decidida, preparada e realizada pelo Comitê Central, sem o conhecimento da Comuna e mesmo em direta oposição com sua vontade expressamente manifestada (...)**.

Bergeret (…) em vez de mandar explodir a ponte de Neuilly, que os federados não podiam proteger devido ao monte Valérien e às baterias estabe-

---

* "Le Comité central était si peu sûr de sa victoire qu'il accepta avec empressement la médiation des maires et des députés de Paris (...) L'entêtement de Thiers lui permit (au Comité) de vivre un ou deux jours: il eut alors conscience de ses forces. Fautes sans nombre des révolutionnaires. Au lieu de mettre les sergents de ville hors d'état de nuire, on leur ouvrit les portes; ils allèrent à Versailles, où ils furent accueillis comme les sauveurs; on laissa partir le 43 de ligne; on renvoya dans leurs foyers tous les soldats qui avaient fraternisé avec le peuple; on permit à la réaction de s'organiser dans le centre même de Paris; on laissa tranquille Versailles. Tridon, Jaclard, Varlin, Vaillant voulaient qu'on allât immédiatement débusquer les royalistes (...) Favre et Thiers faisaient des démarches pressantes auprès des autorités prussiennes dans le but d'obtenir leurs concours (...) pour réprimer le mouvement insurrectionnel de Paris." (N. T.)

** "L'occupation constante de Trochu et de Clément Thomas d'entraver toutes les tentatives d'armement et d'organisation de la Garde nationale. La marche sur Versailles fut décidée, préparée et entreprise par le Comité central, à l'insu de la Commune et même en opposition directe avec sa volonté nettement manifestée (...)." (N. T.)

lecidas em Courbevoie, deixou que os realistas [*royalistes*] dela se apoderassem, nela se entrincheirassem fortemente e, assim, garantissem para si uma via de comunicação com Paris. (...)*

Como disse o *sr. Littré* em carta (*Daily News*, 20 de abril): "Paris desarmada; Paris subjugada pelos Vinoys, os Valentins, os Paladines, a República estava perdida. Isso os parisienses compreendiam. Ante a alternativa de sucumbir sem lutar ou arriscar-se em uma luta terrível de resultado incerto, eles escolheram lutar; e não posso senão elogiá-los por isso".

A expedição a Roma, obra de Cavaignac, Jules Favre e Thiers.

> Um governo que tem todas as vantagens interiores do governo republicano e a força externa de um governo monárquico. Refiro-me à *república federativa*. (...) É uma sociedade feita de sociedades que constituem uma nova, a qual pode aumentar mediante muitos associados, até que seu poder seja suficiente para a segurança daqueles que se uniram. Essa forma de república (...) pode se manter, em sua grandeza, *sem que o interior* se corrompa. A forma dessa sociedade previne todos os inconvenientes. (*Montesquieu, Esprit des lois*, vol.1, livro IX, cap. I.)**

Constituição de 1793:

§ 78) Em *cada comuna* da República há uma administração municipal. Em *cada distrito* uma administração intermediária, em *cada departamento* uma administração central. § 79) Os oficiais municipais são eleitos pelas assembleias da Comuna. § 80) Os administradores são nomeados pelas assembleias eleitorais do departamento e do distrito. § 81) As municipalidades e as administrações são renovadas pela metade todos os anos***.

Conselho Executivo. § 62) Composto de 24 membros. § 63) A assembleia eleitoral de cada departamento nomeia um candidato. O corpo legislativo

---

* "*Bergeret (...) au lieu de faire sauter le pont de Neuilly, que les fédérés ne pouvaient garder à cause du mont Valérien et des batteries établies à Courbevoie, il laissa les royalistes s'en emparer, s'y retrancher puissamment et s'assurer par là une voie de communication avec Paris. (...)*" (N. T.)

** "*Un gouvernement qui a tous les avantages intérieurs du gouvernement républicain et la force externe du gouvernement monarchique. Je pa de la* République fédérative. (...) *C'est une société des sociétés, qui en font une nouvelle qui peut s'agrandir par des nombreux associés, jusqu'à ce que sa puissance suffise à la sûreté de ceux qui se sont unis. Cette sorte de république (...) peut se maintenir, dans sa grandeur,* sans que l'intérieur *se corrompe. La forme de cette société prévient tous les inconvénients.*" (N. T.) [Ed. bras.: *O espírito das leis*, São Paulo, Martins Fontes, 2005.) (N. E.)]

*** "*§78) Il y a dans* chaque commune *de la République une administration municipale. Dans* chaque district, *une administration intermédiaire, dans* chaque département *une administration centrale. §79) Les officiers municipaux sont élus par les assemblées de la Commune. §80) Les administrateurs sont nommés par les assemblées électorales de département et de district. §81) Les municipalites et les administrations sont renouvelées tous les ans par moitié.*" (N. T.)

escolhe os membros do conselho a partir da lista geral. § *64*) Ele é renovado pela metade a cada legislatura, no último mês de sua sessão. § *65*) O conselho é encarregado da direção e do controle da administração geral. § *66*) Ele nomeia, dentre seus membros, os agentes encarregados da administração geral da República. § *68*) Esses agentes não constituem um conselho; eles são separados, sem relações imediatas entre si, não exercendo nenhuma autoridade pessoal. § *73*) O conselho revoga e substitui os agentes que ele nomeia*.

Incitado, por um lado, pelo chamado de Jules Favre à guerra civil na Assembleia – dizendo que os prussianos haviam ameaçado interferir caso os parisienses não cedessem imediatamente – e encorajado pela paciência do povo e pela atitude passiva do Comitê Central em relação ao povo, o "Partido da Ordem" em Paris decidiu-se por um *coup de main***, realizado em 22 de março sob o rótulo de uma *passeata pacífica* contra o governo revolucionário. E foi um protesto pacífico de um caráter muito peculiar. "O movimento inteiro pareceu ser uma surpresa. Não houve quaisquer preparativos para o ajuntamento." "Uma turba desordeira de cavalheiros", tendo à dianteira os homens íntimos do império – os Heeckeren, os Coëtlogon e H. de Pène etc., agredindo e desarmando os guardas nacionais separados das sentinelas avançadas e que se dirigiam à Place Vendôme, de onde os guardas nacionais marchavam para a rua Neuve-des-Pétits-Champs. Ao encontrar os revoltosos, eles receberam ordem para não disparar, mas os revoltosos avançaram sobre eles aos brados de "Abaixo os assassinos! Abaixo o Comitê Central!", insultaram os guardas, agarraram seus mosquetes, dispararam com um revólver contra o cidadão *Maljournal (tenente do destacamento da praça) (membro do Comitê Central)****. O general Bergeret solicita que eles se retirem (dispersem) (afastem). Durante cerca de cinco minutos, os tambores soaram e foram dados os tiros de advertência (substituindo o procedimento inglês da leitura do *Riot Act*). Eles responderam com gritos insultuosos. Dois guardas nacionais foram severamente feridos. Enquanto isso, seus camaradas hesitavam e atiravam para o ar. *Os revoltosos tentaram passar através do armado cordão de isolamento e desarmá-los.* Bergeret ordena abrir fogo e os covardes fogem.

---

*   "Conseil exécutif. §62) *Composé de 24 membres.* §63) *L'Assemblée electorale de chaque département nomme un candidat. Le Corps législatif choisit sur la liste générale les membres du conseil.* §64) *Il est renouvelé par moitié à chaque législature, dans le dernier mois de sa session.* §65) *Le conseil est chargé de la direction et de la surveillance de l'administration générale.* §66) *Il nomme, hors de son sein, les agents en chef de l'administration générale de la république.* §68) *Ces agents ne forment point un conseil; ils sont séparés, sans rapports immédiats entre eux, ils n'exercent aucune autorité personnelle.* §73) *Le Conseil révoque et remplace les agent à sa nomination."* (N. T.)

** Ataque. (N. T.)

*** "(Lieutenant d'état-major de la place) (membre du Comité central)." (N. T.)

A *émeute** é imediatamente dispersada e cessam os disparos. Tiros são disparados das casas sobre os guardas nacionais. Dois deles, Wahlin e François, são mortos, oito são feridos. As ruas pelas quais os "pacíficos" debandaram restam cheias de revólveres e varapaus, muitos deles arrancados na rua de la Paix. Visconde de Molinet, morto pelas costas (por sua própria gente), foi encontrado com uma *adaga* presa por uma corrente.

Houve um toque de reunir. Um número de varapaus, revólveres e adagas resta espalhado pelas ruas por onde passara o protesto "desarmado". Tiros de pistola foram disparados antes de os guardas receberem ordens para atirar contra a multidão. Os manifestantes foram os agressores (testemunhado pelo general Sheridan, de uma janela).

Isso não passou de uma tentativa dos reacionários de Paris, armados com revólveres, varapaus e adagas, de fazer aquilo que Vinoy não conseguira com seus *sergents de ville*, soldados, canhões e *mitrailleuses*. Que as "ordens sociais mais baixas" de Paris não tenham permitido nem mesmo ser desarmadas pelos "cavalheiros" de Paris, foi algo realmente muito mau!

Quando, em 13 de junho de 1849, os guardas nacionais de Paris realizaram uma passeata realmente "desarmada" e "pacífica" em protesto contra o crime do ataque a Roma pelas tropas francesas, o general Changarnier foi aclamado por seu aliado Thiers por tê-los atacado a golpes de sabre e a tiros. O estado de sítio foi declarado, novas leis de repressão, novas proscrições, um novo reino de terror! Em vez de tudo isso, o Comitê Central e os trabalhadores de Paris mantiveram-se estritamente na defensiva, durante o próprio encontro, permitindo aos agressores (os cavalheiros das adagas) retornar tranquilamente para casa e, por sua indulgência ao não intimá-los a prestar explicações sobre essa ousada empresa, encorajaram-nos tanto que dois dias mais tarde, sob a liderança do almirante Saisset, que fora enviado de Versalhes, eles voltaram a atacar e testar suas forças na guerra civil.

E foi este caso Vendôme que evocou em Versalhes um grito de "assassinato de cidadãos desarmados", que ecoou pelo mundo. Note-se que nem mesmo Thiers, eternamente reiterando o assassinato dos dois generais, ousou chamar a atenção do mundo para esse "assassinato de cidadãos desarmados".

Assim como na era medieval, o cavaleiro pode usar qualquer arma contra o plebeu, mas este não pode ousar sequer se defender.

(*27 de março, Versalhes, Thiers*: "Respondo formalmente àqueles que me acusam de preparar o caminho para a instauração de uma monarquia. *Eu encontrei a República como um fato consumado. Declaro, perante Deus e ao homem, que não a trairei.*")

Após o segundo levante do Partido da Ordem, o povo de Paris não exerceu nenhum tipo de represálias. O Comitê Central cometeu até a grande

---

* Revolta. (N. T.)

asneira, contra o conselho de seus mais enérgicos membros, de não marchar imediatamente para Versalhes, onde, depois da fuga do almirante Saisset e do ridículo colapso da Guarda Nacional da Ordem, imperava suprema a consternação, não havendo ainda nenhuma força de resistência organizada.

Após a eleição da Comuna, o Partido da Ordem testou novamente suas forças nas urnas, e, sendo mais uma vez derrotado, efetuou seu êxodo de Paris. Durante a eleição, apertos de mãos e confraternização dos burgueses (nas cortes da prefeitura municipal) com os guardas nacionais insurgentes, enquanto entre os próprios burgueses não se falava senão de *"décimation en masse"**, *"mitraille****"*, "fritar em Caiena", "fuzilamentos em massa".

"Os fugitivos de ontem creem que hoje, ao bajular os homens do Hôtel de Ville, poderão mantê-los quietos até que os 'rurais' e os generais bonapartistas reunidos em Versalhes estejam prontos para disparar sobre eles."

Thiers começou o ataque armado à Guarda Nacional pela segunda vez no "caso de 2 de abril". Luta entre Courbevoie e Neuilly, perto de Paris. Guardas nacionais atingidos, ponte de Neuilly ocupada pelos soldados de Thiers. Milhares de guardas nacionais partiram de Paris e ocuparam Courbevoie, Puteaux e a ponte de Neuilly, explodida. Muitos prisioneiros foram feitos. Muitos dos insurgentes imediatamente fuzilados como rebeldes. As tropas de Versalhes iniciaram os disparos.

Commune: "O governo de Versalhes nos atacou. Não sendo capaz de valer-se de seu exército, ele enviou os zuavos pontifícios de Charette, os 'bretões' de Trochu e os gendarmes de Valentin a fim de bombardear Neuilly".

No dia 2 de abril, o governo de Versalhes enviou uma divisão consistindo principalmente de *gendarmes, infantaria naval, guarda florestal e polícia*. Vinoy, com duas brigadas de infantaria, e Galliffet, à frente de uma brigada de cavalaria e uma bateria de artilharia, avançaram sobre Courbevoie.

Paris, 4 de abril. Millière (declaração):

"O povo de Paris não cometeu nenhuma agressão (…) quando o governo ordenou que ele fosse atacado pelos ex-soldados do Império, organizados como tropas pretorianas sob o comando de ex-senadores."

---

* Dizimação em massa. (N. T.)
** Metralha. (N. T.)

A GUERRA CIVIL NA FRANÇA
(SEGUNDO RASCUNHO)

1) Governo de defesa. Trochu, Favre, Picard, Ferry

A República, proclamada em 4 de setembro pelos trabalhadores de Paris, foi aclamada por toda a França sem uma única voz de dissenso. Seu direito de existir teve de ser conquistado ao longo dos cinco meses de uma guerra defensiva baseada (centrada) na resistência de Paris. Sem essa guerra de defesa travada em nome da República, Guilherme, o Conquistador[1], teria restaurado o império de seu "bom irmão" Luís Bonaparte. A cabala dos advogados, tendo Thiers como seu homem de Estado e Trochu como general, instalou-se no Hôtel de Ville em um momento de surpresa, quando os verdadeiros líderes da classe trabalhadora de Paris ainda se encontravam encerrados nas prisões bonapartistas e o exército prussiano já marchava sobre Paris. Os Thiers, Jules Favres e Picards estavam tão imbuídos da crença na liderança histórica de Paris que fundaram sua legitimidade como Governo de Defesa Nacional sobre o fato de terem sido escolhidos nas eleições para o *Corps législatif* em 1869.

Em nossa segunda mensagem sobre a última guerra, cinco dias depois do advento desses homens, denunciamos quem eles eram. Se eles tivessem tomado o governo sem consultar Paris, esta teria proclamado a República apesar de sua resistência. E seu primeiro passo foi enviar Thiers a todas as cortes da Europa para mendigar uma possível mediação estrangeira, trocando a República por um rei. Paris suportou seu regime (sua tomada do poder) porque eles solenemente juravam exercer esse poder unicamente para o propósito da *defesa nacional*. Todavia, Paris não podia (não devia) ser seria-

---

[1] Referência a Guilherme I, rei da Prússia. Marx compara-o sarcasticamente com Guilherme, o Conquistador (duque da Normandia), que conquistou a Inglaterra em 1066. (N. E. A.)

mente defendida sem o armamento da classe trabalhadora, sem que esta fosse organizada em uma Guarda Nacional e treinada na própria guerra. Mas Paris armada era a revolução armada. A vitória de Paris sobre os prussianos teria sido a vitória da República sobre o domínio de classe francês. Nesse conflito entre o dever nacional e o interesse de classe, o Governo de Defesa Nacional não hesitou um momento em se transformar em um Governo da Defecção Nacional. Em uma carta a Gambetta, Jules Favre confessou que o inimigo do qual Trochu estava se defendendo era não o soldado prussiano, mas o operário de Paris. Quatro meses após o início do cerco, quando achavam que havia chegado o momento oportuno para quebrar a primeira palavra da capitulação, Trochu, em presença de Jules Favre e outros de seus colegas, dirige-se à *réunion* dos *maires** de Paris nos seguintes termos:

> A primeira pergunta dirigida a mim por meus colegas *na noite de 4 de setembro* foi a seguinte: poderá Paris resistir, com alguma chance de sucesso, a um cerco do exército prussiano? Não hesitei em responder negativamente. Alguns de meus colegas aqui presentes irão confirmar a verdade dessas palavras e *a persistência de minha opinião*. Expliquei a eles, nesses mesmos termos, que, sob o estado de coisas reinante, a tentativa de Paris de resistir a um cerco contra o exército prussiano seria *uma* sandice. Sem dúvida, acrescentei, uma *sandice* heroica, mas nada mais do que isso (...) *Os eventos* (produzidos por ele mesmo) *não desmentiram minha previsão*.

(Esse pequeno discurso de Trochu foi proferido depois do armistício e publicado pelo sr. Corbon, um dos *maires* presentes.) Assim, na noite mesma da proclamação da República, o "plano" de Trochu, anunciado a seus colegas, [era] nada mais do que a *capitulação de Paris e da França*. Para curar-se de sua "sandice heroica", Paris teria de passar por um tratamento de dizimação e fome suficientemente longo para proteger os usurpadores do 4 de setembro da vingança dos homens de dezembro. Se a defesa nacional fosse mais do que um pretexto para o "governo", seus autonomeados membros teriam abdicado em 5 de setembro, revelado publicamente o "plano" de Trochu e conclamado o povo de Paris a se render imediatamente ao conquistador ou assumir em suas próprias mãos o trabalho da defesa. Em vez disso, os impostores publicaram altissonantes manifestos nos quais Trochu, "o governador, nunca se renderá" e Jules Favre, o ministro do Exterior, "não cederá uma pedra de nossas fortalezas nem um palmo de nosso território". Por todo o tempo do cerco, o plano de Trochu foi sistematicamente implementado. De fato, os vis degoladores bonapartistas, a quem confiaram o generalato de Paris, trocavam em suas correspondências íntimas anedotas maliciosas sobre a evidente farsa da defesa. (Ver, por exemplo, a correspondência de *Alphonse Simon Guiod*, comandante supremo da artilharia do exército de

---

* Assembleia dos subprefeitos. (N. T.)

defesa de Paris e Grã-Cruz da Legião de Honra, com *Suzanne*, general da divisão de artilharia, correspondência publicada pelo *Journal Officiel* da Comuna.) A máscara da impostura foi arrancada quando da capitulação de Paris. O *"Governo da Defesa Nacional"* desmascarou a si mesmo (ressurgiu) como o *"governo da França por prisioneiros de Bismarck"* – um papel que o próprio Luís Bonaparte, em Sedan, considerou infame demais até para um homem de seu naipe. Em sua fuga alucinada para Versalhes, depois dos eventos de 18 de março, os *capitulards* deixaram nas mãos de Paris as evidências documentais de sua traição, e para destruí-las, como afirma a Comuna em seu *Manifesto às províncias*, "aqueles homens não hesitariam em fazer de Paris um monte de ruínas banhado por um mar de sangue".

Alguns dos principais membros do Governo de Defesa tinham, além disso, urgentes razões privadas para desejar ardentemente tal desfecho. Pensemos apenas em Jules Favre, Ernest Picard e Jules Ferry!

Pouco tempo após a conclusão do armistício, o *sr. Millière*, um dos representantes de Paris na Assembleia Nacional, publicou uma série de documentos legais autênticos como prova de que *Jules Favre*, vivendo em concubinato com a mulher de um bêbado residente em Argel*, havia, mediante as mais ousadas falsificações ao longo de muitos anos, conseguido se apoderar, em nome dos filhos de seu adultério, de uma enorme herança que o tornou um homem rico, e que, em um processo movido pelos herdeiros legítimos, só escapou do escândalo pela conivência dos tribunais bonapartistas. Como esses áridos documentos legais não se deixam remover por nenhuma quantidade de esforço retórico, Jules Favre, no mesmo heroísmo de autodegradação, pela primeira vez em sua vida segurou sua língua até que a agitação da guerra civil permitiu-lhe denunciar na Assembleia de Versalhes o povo de Paris como um bando de "condenados fugitivos" em extrema revolta contra a família, a religião, a ordem e a propriedade!

(*O caso Pic*.) Esse mesmo falsificador, mal havia assumido o poder e já se apressava a libertar dois irmãos falsificadores, Pic e Taillefer, condenados, ainda sob o Império, por furto e falsificação. Um desses homens, Taillefer, tendo ousado retornar a Paris após a instauração da Comuna, foi imediatamente recolocado em um domicílio apropriado; e então Jules Favre declarou a toda a Europa que Paris estava libertando de suas prisões todos os criminosos!

Ernest Picard, que nomeou a si mesmo ministro do Interior da República Francesa no 4 de setembro, depois de ter se esforçado em vão para se tornar ministro do Interior de Luís Bonaparte, é o irmão de um certo *Arthur Picard*, um sujeito expulso da *Bourse* de Paris como trapaceiro (relatório da Prefeitura de Polícia, de 13 de julho de 1867) e condenado, com base em sua própria

---

* Ver nota 3 na página 37. (N. E.)

confissão, pelo furto de 300 mil francos quando gerente de uma das filiais da *Société Générale* (ver o relatório da Prefeitura de Polícia, de 11 de dezembro de 1868). Ambos os relatórios foram publicados à época do Império. Esse Arthur Picard foi nomeado por Ernest Picard *rédacteur en chef** de seu *Électeur Libre* a fim de agir durante todo o cerco como seu intermediário financeiro, descontando na *Bourse* segredos de Estado a eles confiados por Ernest e especulando livremente sobre os desastres do exército francês, enquanto os investidores comuns eram desorientados por falsas notícias e mentiras oficiais publicadas no *Électeur Libre*, o órgão do ministro do Interior. A inteira correspondência financeira desse virtuoso par de irmãos caiu nas mãos da Comuna. Não é difícil imaginar Ernest Picard, o Joe Miller do governo de Versalhes, "com suas mãos nos bolsos das calças, indo de fileira em fileira fazendo piadas" à custa da primeira leva rendida dos guardas nacionais de Paris, homens feitos prisioneiros e expostos dos ferozes ultrajes dos cordeiros de Piétri.

Jules Ferry, que antes de 4 de setembro era um advogado sem um tostão, logrou, como prefeito de Paris durante o cerco, fazer fortuna à custa da fome que era, em grande parte, obra de sua má administração. As provas documentais estão em poder da Comuna. O dia em que ele tiver de prestar contas de sua má administração será o dia de sua condenação.

Esses homens, portanto, são os inimigos mortais dos operários de Paris, não apenas como parasitas das classes dominantes, não apenas como os traidores de Paris durante o cerco, mas, acima de tudo, como criminosos comuns que somente em meio às ruínas de Paris, esse bastião da Revolução Francesa, podem esperar encontrar seus *tickets-of-leave*. Esses bandidos eram exatamente os homens aptos a se tornarem ministros de Thiers.

2) Thiers, Dufaure, Pouyer-Quertier

Seu mestre, o sr.Thiers, este gnomo monstruoso, encantou a burguesia francesa por quase meio século, por ser a expressão intelectual mais acabada de sua própria corrupção de classe. Mesmo antes de se tornar um estadista, ele havia dado provas de seus poderes mentirosos como historiador. Ávido por aparecer, como todos os homens nanicos, sedento por cargos e propinas, dotado de um intelecto estéril, mas de uma fértil imaginação, epicurista, cético, com uma habilidade enciclopédica para dominar (aprender) a superfície das coisas e transformá-las em um mero pretexto para falar, um esgrimista de palavras de raro poder de conversação, um escritor de lúcida superficialidade, um mestre das pequenas malandragens estatais, um virtuoso do perjúrio, um artífice de estratagemas mesquinhos, lances de astúcia e baixas perfídias da

---

* Editor-chefe. (N. T.)

guerra partidário-parlamentar, com preconceitos nacionais e de classe ocupando o lugar das ideias e vaidade o lugar da consciência a fim de derrubar um rival e fuzilar o povo, a fim de sufocar a revolução; mau quando na oposição, odioso quando no poder, nunca tendo escrúpulos em provocar revoluções, a história de sua vida pública é a crônica das misérias de seu país. Aficionado por brandir, com seus braços nanicos, à face da Europa a espada do primeiro Napoleão, de quem se tornara o borra-botas histórico, sua política externa culminou sempre na suprema humilhação da França – desde a convenção de Londres de 1840* até a capitulação de Paris de 1871 e a atual guerra civil que ele trava sob a cobertura da invasão prussiana. Nem é preciso dizer que, para tal homem, as mais profundas subcorrentes da sociedade moderna permaneceram um livro fechado, mas mesmo as mudanças mais palpáveis sobre essa superfície eram intoleráveis para aquele cérebro cuja vitalidade refugiara-se toda na língua. Por exemplo, ele nunca se cansou de denunciar, como um sacrilégio, qualquer desvio do velho sistema protecionista francês, das ferrovias escarneceu zombeteiramente, quando ministro de Luís Filipe, como uma quimera atroz e, sob Luís Bonaparte, fulminou toda e qualquer reforma do apodrecido exército francês como uma profanação. Com toda sua versatilidade de talento e desleixo de propósito, ele permanecia aferrado às tradições de uma rotina fossilizada, e nunca, em sua longa carreira oficial, foi responsável por uma única medida – por mínima que fosse – de utilidade prática. Apenas o edifício do velho mundo pode estar orgulhoso de ser coroado por dois homens como Napoleão, o Pequeno, e o pequeno Thiers. As assim chamadas realizações da cultura aparecem em tais homens apenas como o refinamento da depravação e do (...)² egoísmo.

Unido aos republicanos sob a *Restauração*, Thiers insinuou-se, sob Luís Filipe, como espião e *accoucheur penitenciário* da duquesa de Berry**, mas sua atividade quando pela primeira vez ocupou um ministério (1834-1835) concentrou-se no massacre dos insurgentes republicanos na rua Transnonain*** e na incubação das atrozes leis de setembro contra a imprensa.

Reaparecendo como chefe de gabinete em março de 1840, ele concebeu a trama das fortificações de Paris. Ao [protesto] do partido republicano contra o sinistro ataque à liberdade de Paris, ele retrucou: "Como? Imaginar que quaisquer obras de fortificação possam ameaçar a liberdade! E, antes de tudo, caluniais *qualquer governo possível* ao suporderes que ele poderia tentar manter-se bombardeando a capital. (...) Mas assim ele seria cem vezes mais impossível depois de sua vitória do que antes."

---

*   Ver nota 13 na página 41. (N. E.)
²   Lacuna no manuscrito. (N. E. A.)
** Ver nota ** na página 39. (N. E.)
*** Ver nota *** na página 39. (N. E.)

Karl Marx

De fato, nenhum governo francês, salvo aquele do próprio sr. Thiers, com seus ministros *ticket-of-leave* e seus ruminantes "rurais", poderia ter ousado tal façanha! E isso também em sua mais clássica forma, uma parte de suas fortificações estando em mãos dos conquistadores e protetores prussianos.

Quando o rei Bomba* atacou Palermo, em janeiro de 1848, Thiers indignou-se na Câmara dos Deputados: "Sabeis, senhores, o que está acontecendo em Palermo: todos vós, vos comoveis com horror" (em sentido "parlamentar") "ao ouvir que *uma grande cidade foi bombardeada por 48 horas seguidas*. Por quem? Por um inimigo estrangeiro, exercendo os direitos da guerra? Não, senhores, por *seu próprio governo.*"

(Se tivesse sido pelo seu próprio governo, sob os olhos e consentimento do inimigo estrangeiro, é claro que tudo isso seria justo.)

"E por quê? *Porque a desafortunada cidade* (capital) *reivindicou seus direitos*. Pois bem. Pela reivindicação dos seus direitos, ela *sofreu 48 horas de bombardeio.*"

(Se o bombardeio tivesse durado 4 semanas ou mais, tudo isso seria justo.)

> Permiti-me apelar à opinião europeia. É prestar um serviço à humanidade levantar-se e fazer reverberar, desta que é talvez a maior tribuna na Europa, algumas *palavras de indignação* (de fato! palavras!) contra tais atos. (...) Quando o regente Espartero, que havia prestado serviços ao seu país (o que Thiers nunca fez), *a fim de reprimir uma insurreição,* quis *bombardear Barcelona,* houve em todas as partes do mundo um grito geral de indignação.

Bem, pouco mais de um ano depois, o homem magnânimo tornou-se o sinistro propositor e o mais feroz defensor (apologista) do bombardeio de Roma pelas tropas da República Francesa sob o comando do legitimista Oudinot.

Poucos dias antes da Revolução de Fevereiro, irritado com o longo exílio de poder a que Guizot o havia condenado, farejando no ar a comoção, Thiers voltou a exclamar na Câmara dos Deputados:

> *Sou do partido da Revolução*, não apenas na França, mas na Europa. Gostaria que o governo da Revolução permanecesse nas mãos de homens moderados. Mas se esse governo cair nas mãos de homens ardentes, mesmo nas mãos de radicais, nem por tudo isso desertarei de (abandonarei) minha causa. *Serei sempre do partido da Revolução.*

Veio a Revolução de Fevereiro. Em vez de substituir o gabinete [de] Guizot pelo gabinete [de] Thiers, como o homenzinho sonhara, ela substitui Luís Filipe pela República. Esmagar essa Revolução foi a atividade exclusiva do sr. Thiers desde a proclamação da República até o *coup d'état*. No primeiro dia da vitória popular, ele escondeu-se cuidadosamente, esquecendo que o

---

* Ver nota 10 na página 40. (N. E.)

desprezo dos operários o protegia de seu ódio. Mesmo assim, com sua lendária coragem, ele continuou a evitar a cena pública até o rompimento das forças materiais do proletariado parisiense por Cavaignac, o republicano burguês. A cena estava, então, pronta para seu tipo de ação. Sua hora chegara novamente. Ele tornou-se o líder intelectual do "*Partido da Ordem*" e de sua "*República parlamentar*", esse reino anônimo em que todas as facções rivais das classes dominantes conspiram conjuntamente para esmagar a classe trabalhadora e conspiram umas contra as outras, cada uma pela restauração de sua própria monarquia.

(Restauração fora o reino dos proprietários aristocráticos da terra, a Monarquia de julho, o reino do capitalista; a república de Cavaignac, o reino da fração "republicana" da burguesia, enquanto durante todos esses reinos o bando de famintos aventureiros que constituem o partido bonapartista alvorotava-se em vão pelo saqueio da França, que os consideraria como os salvadores da "ordem e propriedade, família e religião".

Essa República foi o reino anônimo da coalizão de legitimistas, orleanistas e bonapartistas, tendo como seu apêndice os republicanos burgueses.)

3) A Assembleia dos "rurais"

Se essa Assembleia "rural", reunida em Bordeaux, fez esse governo, o "governo dos homens da Defesa" havia previamente tido todo o cuidado em fazer essa Assembleia. Para esse propósito, eles despacharam Thiers em uma turnê pelas províncias a fim de pressagiar os eventos futuros e prepará-los para a surpresa das eleições gerais. Thiers tinha de superar uma dificuldade. Muito além de ter se tornado uma abominação para o povo francês, os bonapartistas, se eleitos em grande número, restaurariam imediatamente o Império e *despachariam* o sr. Thiers e companhia em uma viagem a Caiena. Os orleanistas estavam muito dispersos para preencher seus próprios espaços e aqueles vacados pelos bonapartistas. Galvanizar o partido legitimista se tornara, portanto, inevitável. Thiers não tinha medo de sua tarefa. [Os legitimistas] eram inviáveis como um governo da França moderna e, portanto, desprezíveis como rivais em busca de cargos e propinas; quem poderia servir melhor como instrumento da contrarrevolução do que o partido cuja ação, nas palavras de Thiers, estivera sempre confinada aos três recursos da "invasão estrangeira, guerra civil e anarquia"? (*Discurso de Thiers na Câmara dos Deputados, 5 de janeiro de 1833.*) Um grupo seleto de legitimistas, expropriados pela Revolução de 1789, havia recuperado suas propriedades rurais ao pleitear um lugar na área de serviço do primeiro Napoleão, [mas] a maioria deles as recuperou mediante o bilhão de reparação e as doações privadas da Restauração. Mesmo a exclusão da participação na política ativa sob os reinos sucessivos de Luís Filipe e Napoleão, o Pequeno, serviu como uma alavanca para o restabelecimento de sua riqueza como proprietários rurais.

Karl Marx

Liberados dos custos da corte e da representação em Paris, eles tinham, dentro dos limites da França provincial, apenas de colher as maçãs douradas que caíam dentro de seus *Châteaux* da árvore da indústria moderna, com as ferrovias aumentando o preço de suas terras, a agronomia nela aplicada pelos fazendeiros capitalistas aumentando sua produção e a inesgotável demanda de uma população urbana que, a inchar rapidamente, assegurava o crescimento dos mercados para essa produção. Os mesmos fatores sociais que reconstituíram sua riqueza material e refizeram sua importância como parceiros dessa companhia por ações dos modernos senhores de escravos, os cegava para a infecção das ideias modernas e os permitia, em rústica inocência, não esquecer nada e não aprender nada. Tais pessoas forneceram o material meramente passivo a ser trabalhado por um homem como Thiers. Enquanto executava a missão a ele confiada pelo Governo de Defesa, o pequeno demônio excedia seus mandatários ao assegurar a si mesmo aquela profusão de eleições que iria converter os homens da Defesa de seus chefes oponentes em seus confessos serviçais.

Uma vez montada a armadilha eleitoral, o povo francês foi logo convocado pelos *capitulards* de Paris a escolher, dentro de oito dias, uma Assembleia Nacional com a tarefa exclusiva – em virtude dos termos da convenção de 31 de janeiro, ditados por Bismarck – de decidir sobre a guerra ou a paz. Muito além [das] circunstâncias extraordinárias nas quais essa eleição ocorreu, sem nenhum tempo para deliberação, com a metade da França sob o jugo das baionetas prussianas, com sua outra metade secretamente neutralizada pela intriga governamental, com Paris apartada das províncias, o povo francês sentiu instintivamente que os próprios termos do armistício arranjado pelos *capitulards* deixava à França nenhuma outra escolha (alternativa) a não ser uma paz *à outrance** e que para sua sanção os piores homens da França seriam os melhores. Isso explica o surgimento da Assembleia dos "rurais" em Bordeaux.

Temos, ainda, de distinguir entre as orgias do antigo regime e a real empresa histórica dos "rurais". Pasmados ao se descobrirem como a fração mais forte de uma imensa maioria composta por eles mesmos e pelos orleanistas, com um contingente de republicanos burgueses e alguns meros bonapartistas esparsos, eles acreditavam piamente no advento do seu passado reino milenar, tão longamente ansiado. Aí estavam os calcanhares da invasão estrangeira pisoteando o solo francês; aí estava a derrocada de um império e o cativeiro de Bonaparte; e aí estavam eles de novo. Era evidente que a roda da história havia girado para trás, parando na *Chambre introuvable*** de 1816, com suas profundas e apaixonadas imprecações contra o dilúvio revolucionário e suas abominações, com sua "decapitação e descapitalização de Paris",

---

* A qualquer preço. (N. T.)
** Ver nota 15 na página 44. (N. E.)

sua "descentralização" quebrando a rede do domínio estatal por meio das influências locais dos *Châteaux* e suas homilias religiosas e seus dogmas de política antediluviana, com [sua] *gentilhommerie**, volubilidade, seu rancor genealógico contra as massas desfavorecidas e com sua visão *oeil-de-boeuf*** do mundo. Na verdade, só lhes restava desempenhar seu papel como acionários do "Partido da Ordem", como monopolistas dos meios de produção. De 1848 a 1851, eles tiveram apenas de formar uma fração do interregno da "República parlamentar", com a diferença de que, então, eram representados pelos educados e treinados líderes parlamentares, como Berryer, Falloux, Larochejaquelein, enquanto que agora tinham de procurar líderes em suas rústicas fileiras, introduzindo assim um tom completamente diferente na Assembleia, mascarando sua realidade burguesa sob as cores feudais. Suas exagerações grotescas (mentiras) servem apenas para acentuar o liberalismo de seu governo de bandidos. Enredados em uma usurpação dos poderes para além dos seus mandatos eleitorais, eles vivem apenas pela indulgência de seus autoconstituídos senhores. Embora a invasão estrangeira de 1814 e 1815 tenha sido a arma mortal apontada contra eles pelos novos-ricos burgueses, eles assumiram, [com] imponderada cegueira, a responsabilidade por essa rendição sem precedentes da França ao estrangeiro por seus inimigos burgueses. O povo francês, assombrado e insultado pelo reaparecimento de todos os nobres Pourceaugnacs que ele acreditava estarem há muito tempo enterrados, tomou consciência de que, além de fazer a Revolução do século XIX, ele tem de completar a Revolução de 1789, conduzindo os (...)*** ao último destino de todos os criminosos rústicos: o matadouro.

4) Início da guerra civil. [A] Revolução de 18 de março. Clément Thomas. Lecomte. O Caso Vendôme

O desarmamento de Paris, como uma mera necessidade da trama contrarrevolucionária, poderia ter sido efetuado de forma mais circunspecta e em um momento mais conveniente, mas como uma cláusula do urgente tratado financeiro, dotado de um irresistível poder de atração, ele não pôde ser adiado nem por um segundo. Thiers tinha, portanto, de testar suas forças em um *coup d'état*. Ele deu início à guerra civil ao enviar Vinoy, o *décembriseur*, à frente de uma multidão de *sergents de ville* e de alguns regimentos de linha em uma expedição noturna contra as colinas de Montmartre. Tendo sua perversa tentativa fracassado diante da resistência da Guarda Nacional e da confraternização das tropas com o povo, Thiers comunicou aos guardas

---

* Bonomia. (N. T.)
** "Olho de boi (claraboia)": referência à antessala do Palácio de Versalhes, decorada com uma janela oval, onde os cortesãos aguardavam uma audiência com o rei. (N. T.)
*** Na tradução alemã (MEW): ruminantes. (N. T.)

nacionais sua magnânima resolução de deixar que eles continuassem em posse de suas armas, com o que estava certo de que eles acabariam por usá-las em apoio ao governo contra "os rebeldes". Dos 300 mil guardas nacionais, apenas trezentos responderam aos seus apelos. A gloriosa revolução operária de 18 de março apossou-se (apoderou-se) incontestavelmente de Paris.

O Comitê Central, que dirigiu a defesa de Montmartre e emergiu na aurora de 18 de março como o líder da Revolução, não era nem um expediente do momento nem o fruto de uma conspiração secreta. Desde o próprio dia da capitulação, pela qual o Governo de Defesa Nacional desarmara a França, mas reservara para si mesmo uma guarda de 40 mil homens para o propósito de submeter Paris, esta permaneceu em alerta. A Guarda Nacional reformou sua organização e confiou seu controle supremo ao Comitê Central, consistindo dos delegados das companhias singulares, a maioria deles trabalhadores, com sua principal força nos subúrbios operários, mas logo aceitos pela corporação inteira, exceto suas velhas formações bonapartistas. À véspera da entrada dos prussianos em Paris, o Comitê Central tomou medidas para remover a Montmartre, Belleville e La Villette os canhões e as *mitrailleuses* traiçoeiramente abandonadas pelos *capitulards* justamente naqueles bairros que estavam prestes a ser ocupados pelos prussianos. Assim ela salvou a artilharia que fora adquirida pelas subscrições da Guarda Nacional, reconhecida como sua propriedade privada na convenção de 31 de janeiro e que, assim, ficara isenta da rendição geral das armas. Durante todo o intervalo entre a reunião da Assembleia Nacional em Bordeaux e o 18 de março, o Comitê Central fora o governo popular da capital, forte o suficiente para persistir em sua firme atitude de defesa apesar das provocações da Assembleia, das medidas violentas do Executivo e da ameaçadora concentração de tropas.

(A Revolução de 4 de Setembro restaurara a República, após o desaparecimento do usurpador ela se tornara (...)

A resistência tenaz de Paris durante o cerco, servindo de base para a guerra de defesa nas províncias, arrancara do invasor estrangeiro o reconhecimento da República, mas seu verdadeiro significado e propósito só foram revelados pela Revolução de 18 de março e essa revelação foi uma revolução. Esta devia eliminar as condições sociais e políticas do domínio de classe que haviam engendrado o Segundo Império e que sob sua tutela haviam, por sua vez, amadurecido até o apodrecimento. A Europa estremeceu como sob um choque elétrico. Ela pareceu, por um momento, duvidar se – em suas sensacionais performances na França e em seu reaparecimento na Alemanha – havia alguma realidade e se elas não haviam sido meras alucinações sanguinárias de um passado remoto, sobre o qual descansa o Velho Mundo.

A derrota de Vinoy pela Guarda Nacional foi apenas um obstáculo à contrarrevolução tramada pelas classes dominantes, mas o povo de Paris converteu imediatamente o que fora um incidente de sua autodefesa no primeiro ato de uma revolução social. (A Revolução de 4 de Setembro restaurara a República depois que o trono do usurpador havia vagado. A tenaz resistência de Paris durante o cerco, servindo como a base para a guerra defensiva nas províncias, arrancara do invasor estrangeiro o reconhecimento dessa República, mas seu verdadeiro significado e propósito só foram revelados em 18 de março. Esta devia eliminar as condições sociais e políticas do domínio de classe que haviam engendrado o Segundo Império e que sob sua tutela haviam amadurecido até o apodrecimento. A Europa estremeceu como sob um choque elétrico. Ela pareceu, por um momento, duvidar se suas sensacionais performances recentes de Estado e de guerra tinham alguma realidade em si ou se eram meros sonhos sanguinários de um passado remoto.) Com os traços do longo período de fome ainda em suas faces, e sob a mira das baionetas prussianas, a classe trabalhadora de Paris conquistou com um só golpe o primeiro lugar na luta pelo progresso etc.

No sublime entusiasmo de sua iniciativa histórica, a Revolução dos trabalhadores de Paris teve como ponto de honra manter o proletário limpo dos crimes que abundam na revolução e, ainda mais, na contrarrevolução de seus naturais superiores (melhores).

Clément Thomas, Lecomte etc.

Mas e as horrendas "atrocidades" cometidas por essa Revolução?

Quando essas atrocidades a eles imputadas por seus inimigos não são a calúnia deliberada de Versalhes ou uma aberração do cérebro de um escritor a soldo, elas referem-se apenas a dois fatos: a execução dos generais Lecomte e Clément Thomas e o caso Vendôme, aos quais devemos dedicar algumas palavras.

Um dos degoladores profissionais escolhidos para a (perversa ação) execução do *coup de main* noturno a Montmartre, o general Lecomte, ordenara por quatro vezes, na praça Pigalle, que suas tropas do 81º Regimento de Linha abrissem fogo contra um ajuntamento desarmado, e tendo as tropas se recusado a fazê-lo, ele as insultou furiosamente. Em vez de disparar sobre homens e crianças, alguns de seus próprios homens dispararam contra ele, quando de sua prisão na tarde de 18 de março, nos jardins do Château-Rouge. Os hábitos inveterados adquiridos pela *soldatesca* francesa sob o treinamento dos inimigos da classe operária não mudam, é claro, no momento em que eles mudam de lado. Esses mesmos homens executaram Clément Thomas.

O "general" Clément Thomas, um descontente ex-sargento quartel-mestre, fora instalado, no apagar das luzes do reino de Luís Filipe, no escritório do jornal "republicano" *Le National*, a fim de atuar no duplo papel de testa de ferro (*gérant responsable*) e de valentão [*bully*]. Instalados no poder por meio do abuso da Revolução de Fevereiro, os homens do *National* metamorfosearam o seu velho sargento quartel-mestre em "general" às vésperas da carnificina de junho – da qual ele, como Jules Favre, foi um dos sinistros planejadores, convertendo-se depois em um dos mais infames carrascos dos revoltosos. Em seguida, seu generalato teve um súbito fim. Ele desapareceu apenas para voltar à tona em 1º de novembro de 1870. Um dia antes, o Governo de Defesa Nacional, aprisionado no Hôtel de Ville, empenhou solenemente sua palavra a Blanqui, Flourens e outros representantes da classe trabalhadora, prometendo abrir mão de seu poder usurpado e entregá-lo nas mãos de uma comuna a ser livremente eleita por Paris. Eles quebraram, obviamente, sua palavra de honra, e deram carta branca aos bretões de Trochu, que substituíram os corsos de Bonaparte, para que caíssem sobre o povo, culpado por ter acreditado na honra daqueles homens. O sr. Tamisier, sendo o único a recusar-se a manchar seu nome com tal quebra de juramento, renunciou ao posto de comandante-em-chefe da Guarda Nacional, ocupando o seu lugar Clément Thomas. Durante todo o seu período de comando, ele fez guerra não contra os prussianos, mas contra a Guarda Nacional de Paris, provando-se incansável em arranjar pretextos para impedir seu armamento geral, em instigar seus elementos burgueses contra seus elementos operários, em eliminar os oficiais hostis ao "plano" de Trochu e dispersar, sob o estigma da covardia, aqueles mesmos *bataillons* proletários cujo heroísmo impressionou recentemente seus mais inveterados inimigos. Clément Thomas sentia-se orgulhoso por haver reconquistado sua preeminência como o inimigo pessoal da classe trabalhadora de Paris. Apenas poucos dias antes de 18 de março, apresentara a Le Flô, ministro da Guerra, um plano de sua própria lavra para "acabar com a *fine fleur* (a nata) da *canaille* de Paris". Como que assombrado pelos espectros de junho, ele teve de surgir na cena da ação, após a derrota de Vinoy, na qualidade de um *detecteur* amador*!

A Comuna Central** tentou em vão salvar esses dois criminosos – Lecomte e Clément Thomas – do selvagem linchamento, do qual os soldados que o praticaram e os operários de Paris foram tão culpados como a princesa de Gales pelo destino das pessoas que morreram esmagadas no dia de sua entrada em Londres. Jules Favre, com seu *pathos* forjado, lançou suas maldições sobre Paris, o covil dos assassinos. A Assembleia "rural" macaqueou histéricas contorções de "*sensiblerie****". Esses homens jamais verteram suas lágrimas de crocodilo senão para derramar o sangue do povo. Aproveitar-se de respeitáveis cadáveres com armas na guerra civil foi sempre um truque favorito do Partido da Ordem. Basta lembrar de 1848, quando por toda Europa foram ouvidos seus gritos de horror pelo assassinato do arcebispo de Paris**** pelos insurgentes de junho, enquanto eles tinham perfeita consciência,

---

*   Detetive. (N. T.)
**   Lapso do autor. Leia-se: "O Comitê Central…" (N. T.)
*** Sentimentalismo. (N. T.)
**** Denis Auguste Affre. (N. T.)

a partir da evidência de uma testemunha ocular, o sr. Jaquemet, o vigário do arcebispo, de que o bispo fora baleado pelos próprios soldados de Cavaignac! Nas cartas enviadas a Thiers pelo atual arcebispo de Paris*, um homem sem nenhuma veia de mártir, percebe-se uma arguta suspeita de que seus amigos de Versalhes eram homens bem capazes de se consolar de sua esperada execução no violento desejo de atribuir um ato tão amável à Comuna! Porém, quando o grito de "assassinos" cumprira sua parte, Thiers o descartou ao declarar, do alto da tribuna da Assembleia Nacional, que o "assassinato" fora uma ação privada de "uns poucos" indivíduos obscuros.

Os "homens da Ordem", os reacionários de Paris, tremendo diante da vitória do povo como diante de um sinal de retaliação, ficaram muito impressionados com os procedimentos adotados, estranhamente distintos de seus próprios métodos tradicionais de celebrar uma derrota do povo. Até os *sergents de ville*, em vez de serem desarmados e encarcerados, tiveram as portas de Paris escancaradas para sua segura retirada a Versalhes, enquanto os "homens da Ordem" não só foram deixados ilesos como puderam se reunir calmamente [e] ocupar os baluartes no próprio centro de Paris. Eles obviamente interpretaram a indulgência do Comitê Central e a magnanimidade dos trabalhadores armados como meros sintomas de consciente fraqueza. Isso explica seu plano de realizar, sob o disfarce de uma demonstração "desarmada", aquilo que quatro dias antes os canhões e as *mitrailleuses* de Vinoy não haviam conseguido. Partindo dos bairros de luxo, uma turba desordeira de "cavalheiros", tendo em suas fileiras todos os *petits crevés* e encabeçados pelos homens mais íntimos do império – os Heeckeren, os Coëtlogon, H. de Pène etc. –, pôs-se em marcha aos brados de "Abaixo os assassinos! Abaixo o Comitê Central! Viva a Assembleia Nacional!", agredindo e desarmando os guardas nacionais que encontravam em seu caminho. Quando, enfim, desembocaram na praça Vendôme, tentaram, sob gritos insultuosos, desalojar os guardas nacionais de seus postos e romper forçadamente o cordão de isolamento. Em resposta aos seus disparos de pistola foram feitas as regulares *sommations* (o equivalente francês ao procedimento inglês da leitura do *Riot Act*), mas estas se mostraram ineficazes para conter os agressores. Então, a ordem de abrir fogo foi dada pelo general** da Guarda Nacional e os revoltosos se dispersaram em fuga desesperada. Dois guardas nacionais foram mortos, oito gravemente feridos e as ruas pelas quais passaram os sediciosos ficaram tomadas de revólveres, adagas e varapaus, o que deixou evidente o caráter "desarmado" de seu protesto "pacífico". Quando, em 13 de junho de 1849, os guardas nacionais de Paris fizeram uma passeata realmente "desar-

---

* Georges Darboy. (N. T.)
** Jules Bergeret. (N. T.)

mada" em protesto contra o pérfido ataque a Roma pelas tropas francesas, Changarnier, o general do "Partido da Ordem", ordenou que os manifestantes fossem atacados a golpes de sabre, pisoteados pelos cavalos e mortos a tiros. O estado de sítio foi declarado, novas leis de repressão, novas proscrições, um novo reino de terror instaurou-se! Mas as "ordens mais baixas da sociedade" arranjam essas coisas de outro modo. Os fugitivos de 22 de março, sem ser perseguidos ou molestados em sua fuga, nem tampouco tendo sido chamados posteriormente a depor perante o juiz de instrução (*juge d'instruction*), puderam, dois dias mais tarde, promover outra demonstração "armada" sob o almirante Saisset. Mesmo depois do grotesco fracasso desse seu segundo levante, permitiu-se que eles, como todos os outros cidadãos parisienses, pudessem testar sua força nas urnas para a eleição da Comuna. Ao sucumbir nessa batalha sem sangue, eles ao menos purgaram Paris de sua presença mediante um sossegado êxodo, arrastando consigo as cocotes, os lazarones e as outras classes perigosas da capital. O assassinato dos "cidadãos desarmados" em 22 de março é um mito que até mesmo Thiers e seus "rurais" nunca ousaram difundir, deixando-o exclusivamente a cargo da área de serviço do jornalismo europeu.

Se alguma falta deve ser apontada na conduta do Comitê Central dos operários de Paris em relação a esses "homens da Ordem" de 18 de março até o momento de seu êxodo, ela está em um excesso de moderação que beira a fraqueza.

———◆———

Agora vejamos o reverso da medalha!

Depois do fracasso de seu ataque noturno a Montmartre, o Partido da Ordem deu início à sua campanha regular contra Paris no começo de abril. Por ter inaugurado a guerra civil com os métodos de dezembro, o massacre a sangue-frio dos soldados de linha capturados e o infame assassinato de nosso bravo amigo Duval, Vinoy, o fugitivo, foi agraciado por Thiers com a Grã-Cruz da Legião de Honra! Galliffet, o extravagante marido daquela mulher tão notória por seus bailes de máscaras nas orgias do Segundo Império, jacta-se, em um manifesto oficial, do covarde assassinato de guardas nacionais de Paris, incluindo seus tenente e capitão, por meio de emboscada e traição. Desmarêt, o gendarme, é condecorado pelo esquartejamento, à maneira de um açougueiro, do altaneiro e cavalheiresco Flourens, tendo os encorajadores detalhes de sua morte sido triunfantemente comunicados à Assembleia de Thiers. Com o júbilo horrivelmente grotesco de um Pequeno Polegar desempenhando o papel de Tamerlão, Thiers nega aos "rebelados" contra Sua Pequenez todos os direitos e costumes da guerra civilizada, até mesmo o direito das "ambulâncias".

A guerra civil na França

Quando a Comuna publicou, em 7 de abril, o decreto sobre as represálias, declarando seu dever de proteger-se contra as ações canibalescas dos bandidos de Versalhes e exigindo olho por olho, dente por dente, o tratamento atroz dispensado aos prisioneiros de Versalhes – de quem Thiers disse, em um dos seus boletins, que "nunca os olhares aflitos de homens honestos fixaram semblantes tão degradados de uma degradada democracia" – não cessou, mas os fuzilamentos dos detentos foi interrompido. Porém, assim que ele e seu general dezembrista perceberam que o decreto da comuna não passava de uma ameaça vazia, que até mesmo seus gendarmes espiões detidos em Paris sob o disfarce de guardas nacionais e seus *sergents de ville* capturados portando explosivos haviam sido poupados, o antigo regime voltou a ser aplicado e continua a valer até hoje. Os guardas nacionais rendidos em Belle Epine por uma avassaladora tropa de caçadores foram fuzilados um após o outro pelo capitão do *peloton** montado; as casas nas quais as tropas parisienses e os guardas nacionais haviam se refugiado [foram] cercadas pelos gendarmes, inundadas com petróleo e incendiadas, sendo os corpos carbonizados posteriormente transportados pelas ambulâncias de Paris; a morte à baionetas dos guardas nacionais surpreendidos mediante traição em suas camas no reduto de Moulin-Saquet (os federais foram surpreendidos quando dormiam em suas camas), o massacre (fuzilamento) de Clamart, prisioneiros vestindo o uniforme de linha dispararam à queima-roupa – todos esses elevados feitos, relatados de forma insolente no boletim de Thiers, são apenas uns poucos incidentes dessa rebelião dos escravocratas! Mas não seria ridículo citar fatos singulares de perversidade quando estamos diante de uma guerra civil fermentada entre as ruínas da França pelos conspiradores de Versalhes e provocada pelos mais sórdidos motivos do interesse de classe, diante do bombardeio de Paris sob o patrocínio de Bismarck e sob os olhos de seus soldados? A forma insolente pela qual Thiers relata esses fatos em seu boletim chocou até mesmo os nervos nada supersensíveis do *Times*. Tudo isso é, no entanto, "normal", como dizem os espanhóis. As lutas das classes dominantes contra as massas produtoras que ameaçam seus privilégios estão repletas dos mesmos tipos de horrores, embora nenhuma delas exiba tal excesso de tenacidade da parte dos oprimidos e suporte tal humilhação (...)**. Thiers sempre se prendeu ao velho axioma da cavalaria errante de que toda arma é justa quando usada contra o plebeu.

"A Assembleia se reúne tranquilamente"***, escreve *Thiers* aos seus *prefeitos*.

---

* Pelotão. (N. T.)

** Na tradução alemã (MEW): "Todas as lutas das classes dominantes contra as massas produtoras que ameaçam seus privilégios estão repletas dos mesmos tipos de horrores, embora nenhuma delas exiba um tal excesso de humanidade da parte dos oprimidos e apenas umas poucas mostrem tal perfídia da parte de seus adversários (...)". (N. T.)

*** "*L'Assemblée siège paisiblement.*" (N. T.)

Karl Marx

O caso de Belle Epine

O caso de Belle Epine, próximo a Villejuif, [deu-se] assim: em 25 de abril, quatro guardas nacionais foram rendidos por uma tropa de caçadores montados, que exigiram sua rendição e a deposição de suas armas. Como não pudessem resistir, eles obedeceram e foram deixados ilesos pelos caçadores. Algum tempo depois seu capitão, um virtuoso oficial de Galliffet, chegou a pleno galope e disparou sobre os prisioneiros com seu revólver, um após o outro, e retirou-se com sua tropa. Três dos guardas foram mortos, tendo um – cujo nome é Scheffer – sobrevivido, gravemente ferido, levado posteriormente para o hospital de Bicêtre. A Comuna enviou para lá uma comissão a fim de tomar o depoimento do moribundo, que foi publicado em seu *rapport**. Quando um dos membros parisienses da *Assemblée* interpelou o ministro da Guerra sobre esse relatório, os *rurais* abafaram a voz do deputado e proibiram o ministro de responder. Seria um insulto ao seu "glorioso" exército – não cometer assassinato, mas falar sobre ele.

A tranquilidade de espírito com a qual essa Assembleia suporta os horrores da guerra civil é relatada em um dos boletins de Thiers a seus prefeitos: "A Assembleia se reúne tranquilamente" (ela tem o *coeur léger*, como Ollivier**), e o Executivo demonstra, por suas façanhas gastronômicas promovidas por Thiers e à mesa dos príncipes alemães, que sua digestão não é nem um pouco perturbada nem mesmo pelos espectros de Lecomte e Clément Thomas.

5) A Comuna

A Comuna fora, após Sedan, proclamada pelos trabalhadores de Lyon, Marselha e Toulose. Gambetta fez de tudo para destruí-la. Durante o cerco de Paris, as sempre recorrentes agitações operárias, sempre esmagadas sob falsos pretextos pelos bretões de Trochu, esses dignos substitutos dos corsos de Luís Bonaparte, representaram uma série de tentativas de substituir o governo dos impostores pela Comuna. A Comuna, construída silenciosamente, foi o verdadeiro segredo da Revolução de 4 de Setembro. Razão pela qual, na aurora de 18 de março, após a derrota da contrarrevolução, a sonolenta Europa foi arrancada de seus sonhos pelos estrondos parisienses de "*Vive la Commune!*"***

O que é a Comuna, essa esfinge que atormenta o espírito burguês?

---

*   Relatório. (N. T.)
** Em 15 de julho de 1870, Émile Ollivier, chefe de gabinete de Luís Bonaparte, anunciou ao *Corps législatif* [corpo legislativo] a declaração de guerra à Prússia, dizendo aceitar a guerra "*d'un coeur léger*" ("com o coração leve"). (N. T.)
*** "Viva a Comuna!" (N. T.)

Em sua mais simples concepção, [ela é] a forma sob a qual a classe trabalhadora assume o poder político em seus baluartes sociais, Paris e outros centros industriais.

"Os proletários da capital", disse o Comitê Central em sua proclamação de 20 de março, "em meio aos fracassos e traições das classes dominantes, entendeu que lhe era chegada a hora de salvar a situação tomando em suas mãos a direção dos negócios públicos... Entenderam ser seu imperioso dever e seu absoluto direito tomar em suas próprias mãos o seu próprio destino, apossando-se do poder político (poder estatal)".

Mas o proletariado não pode, como o fizeram as classes dominantes e suas diferentes frações rivais nos sucessivos momentos de seu triunfo, simplesmente se apossar desse corpo estatal existente e empregar esse aparato pronto para seu próprio objetivo. A primeira condição para a manutenção do poder político é transformar [a] maquinaria estatal e destruí-la – um instrumento de domínio de classe. Essa enorme maquinaria governamental, que como uma jiboia constringe o verdadeiro corpo social na malha ubíqua de um exército permanente, uma burocracia hierárquica, uma polícia e um clero obedientes e uma magistratura servil, foi primeiramente forjada nos dias da monarquia absoluta como uma arma da nascente sociedade da classe média em suas lutas para emancipar-se do feudalismo. A primeira Revolução Francesa, com sua tarefa de conferir pleno alcance ao livre desenvolvimento da moderna sociedade da classe média, teve de eliminar todos os bastiões locais, territoriais, municipais e provinciais do feudalismo, preparando o solo social para a superestrutura de um poder estatal centralizado, com órgãos onipresentes ramificados segundo o plano de uma divisão do trabalho sistemática e hierárquica.

Mas a classe operária não pode simplesmente se apossar da maquinaria estatal tal como ela se apresenta e dela servir-se para seus próprios objetivos. O instrumento político de sua escravização não pode servir como o instrumento político de sua emancipação.

O estado burguês moderno toma corpo em dois grandes órgãos, parlamento e governo. Durante o período da República do Partido da Ordem, de 1848 a 1851, a onipotência parlamentar gerou sua própria negação – o Segundo Império –, e o imperialismo, com seu parlamento de faz de conta, é o regime que agora floresce em todos os grandes estados militares do continente. A usurpadora ditadura do corpo governamental sobre a própria sociedade, que à primeira vista dá a impressão de elevar-se por sobre todas as classes e humilhá-las, tornou-se na verdade, ao menos no continente europeu, a única forma possível de Estado em que a classe apropriadora pode continuar a dominar a classe produtora. A assembleia dos fantasmas de todos os parlamentos franceses mortos que ainda assombram em Versalhes não possui qualquer força real salvo aquela da maquinaria governamental formada no Segundo Império. O enorme parasita governamental, constringindo o corpo social como uma jiboia na malha ubíqua de sua burocracia, polícia, exército permanente, clero e magistratura, teve seu nascimento nos dias da monarquia absoluta. O poder centralizado do Estado tinha, naquele tempo, de servir à nascente sociedade de classe média como uma poderosa arma em suas lutas para emancipar-se do feudalismo. A Revolução Francesa do século XVIII, com sua missão de varrer o lixo dos privilégios senhoriais, locais, municipais e provinciais, não podia senão limpar simultaneamente o solo social dos últimos obstáculos a estorvar o pleno desenvolvimento do poder estatal centralizado, com seus órgãos onipresentes desenhados segundo o plano de uma divisão do trabalho sistemática e hierárquica. E assim ele veio ao mundo sob o Primeiro Império, ele mesmo o fruto das guerras de coalizão da velha Europa semifeudal contra a moderna França. Durante os subsequentes regimes parlamentares da *Restauração*, da Monarquia de Julho e do Partido da Ordem, o controle supremo dessa maquinaria estatal, com suas fascinantes tentações de cargos, propinas e patronagens, tornou-se não apenas o pomo de discórdia entre as frações rivais da classe dominante, mas, porque o progresso econômico da sociedade moderna inchava as fileiras da classe trabalhadora, acumulava suas misérias, organizava sua resistência e desenvolvia suas tendências à emancipação – em uma palavra, porque a moderna luta de classes, a luta entre trabalho e capital, tomava forma –, a fisionomia e o caráter do poder estatal sofreram uma notável mudança. Ele fora sempre o poder para a manutenção da ordem, isto é, da ordem existente da sociedade e, portanto, da subordinação e exploração da classe produtora pela classe apropriadora. Mas assim que essa ordem foi aceita como uma necessidade incontroversa e incontestada, o poder estatal pôde assumir um aspecto de imparcialidade. Ele manteve a existente subordinação das massas, que era a ordem inalterável das coisas e um fato social tolerado pelas massas sem contestação, exercido por seus "superiores naturais" sem solicitude. Com a entrada da própria sociedade em nova fase, a fase da luta de classes, o caráter de sua força pública organizada – o poder estatal – teve de mudar (mas também operar uma marcante mudança) e cada vez mais desenvolver seu caráter de instrumento do despotismo de classe, de engrenagem política voltada a perpetuar a escravização social dos produtores da riqueza por seus apropriadores, do domínio econômico do capital sobre o trabalho. Após cada nova revolução popular, resultando na transferência da direção da maquinaria estatal para um grupo das classes dominantes a outro, o caráter repressivo do Estado foi mais plenamente desenvolvido e mais impiedosamente usado, porque as promessas feitas – e aparentemente garantidas pela Revolução – só podiam ser quebradas pelo emprego da força. Além disso, a mudança operada pelas sucessivas revoluções sancionava apenas politicamente o fato social, o crescente poder do capital e, portanto, transferia o próprio poder estatal cada vez mais diretamente para as mãos dos antago-

A guerra civil na França

nistas diretos da classe trabalhadora. Assim, a Revolução de Julho transferiu o poder das mãos dos proprietários de terra para as dos grandes manufatureiros (os grandes capitalistas) e a Revolução de Fevereiro para as das frações unidas da classe dominante, unidas em seu antagonismo à classe trabalhadora, unidas como "o Partido da Ordem", a ordem de seu próprio domínio de classe. Durante o período da República Parlamentar, o poder estatal tornou-se, enfim, o confesso instrumento da guerra, empregado pela classe apropriadora contra a massa produtora do povo. Mas como confesso instrumento de guerra civil ele só poderia ser utilizado durante o tempo da guerra civil; portanto, a condição de existência da República Parlamentar estava na continuação da guerra civil abertamente declarada, na negação daquela própria "ordem" em nome da qual a guerra civil era travada. Isso só podia ser um estado de coisas espasmódico, excepcional. Ele era impossível como a forma política normal da sociedade, insuportável mesmo para a massa das classes médias. Quando, portanto, todos os elementos da resistência popular foram quebrados, a República parlamentar teve de desaparecer diante do (dar lugar ao) Segundo Império.

O Império, afirmando apoiar-se sobre a maioria produtora da nação – os camponeses, [situados] aparentemente fora do espectro da luta de classe entre capital e trabalho (indiferentes e hostis a ambos os poderes sociais em conflito) –, dirigindo o poder de Estado como uma força superior às classes dominantes e dominadas, impondo a ambas as classes um armistício (silenciando a forma política e, portanto, revolucionária da luta de classe), despindo o poder estatal de sua forma direta de despotismo de classe ao frear o poder parlamentar e, portanto, o poder político direto das classes apropriadoras, esse Império era a única forma possível de Estado capaz de garantir alguma sobrevida à velha ordem social. Ele foi, assim, aclamado por todo o mundo como o "salvador da ordem" e foi por vinte anos o objeto de admiração dos pretendentes a escravocratas de todo o mundo. Sob seu poder, em coincidência com a mudança trazida ao mercado mundial pela Califórnia, Austrália e pelo admirável desenvolvimento dos Estados Unidos, deu-se um insuperável período de atividade industrial, uma orgia de especulação nas bolsas, fraudes financeiras, aventuras de sociedades por ações, tudo isso levando à rápida centralização do capital pela expropriação da classe média e pelo alargamento do abismo entre a classe capitalista e a classe trabalhadora. O regime capitalista, dando pleno alcance à sua tendência inata, apareceu sem disfarces em toda a sua torpeza. Ao mesmo tempo, apareceu uma orgia de devassidão luxuriosa, de esplendor meretrício, um pandemônio de todas as baixas paixões das altas classes. Essa forma acabada do poder governamental foi, ao mesmo tempo, o mais prostituído, desavergonhado saqueio dos recursos estatais por um bando de aventureiros, uma incubadora de enormes dívidas estatais, a glória da prostituição, uma vida fictícia de falsos pretextos. O poder governamental, coberto dos pés à cabeça com seus falsos brilhos, afundou na lama. A maturidade da podridão da própria maquinaria estatal e a putrefação do corpo social inteiro a florescer sobre ela foram postos a nu pelas baionetas da Prússia, ela própria apenas ávida em transferir de Paris para Berlim a sede europeia desse regime de ouro, sangue e lama.

Tal era o poder estatal em sua forma acabada e mais prostituída, em sua suprema e mais pérfida realidade, poder que a classe trabalhadora de Paris havia de superar e do qual somente essa classe podia livrar a sociedade. Quanto ao parlamentarismo, este havia sido morto por sua própria artilharia* e pelo Império. Tudo o que a classe trabalhadora tinha a fazer era não ressuscitá-lo.

O que os trabalhadores tinham de derrubar era não uma mais ou menos incompleta forma do poder governamental da velha sociedade, mas sim esse poder mesmo em sua forma acabada e exaustiva: o *Império*. O oposto direto do *Império* era a *Comuna*.

Em sua mais simples concepção, a Comuna visava a destruição preliminar da velha maquinaria governamental em suas sedes centrais – Paris e as outras grandes cidades da França – e sua substituição por um verdadeiro autogoverno que, em Paris e nas grandes cidades, bastiões da classe trabalhadora, era o governo da classe trabalhadora. Por meio do cerco, Paris havia se livrado do exército, substituindo-o por uma Guarda Nacional com seu núcleo formado pelos operários de Paris. Foi somente devido a esse estado de coisas que o levante de 18 de março tornara-se possível. Esse fato tinha de se tornar uma instituição e a Guarda Nacional das grandes cidades, o povo armado contra a usurpação governamental, tinha de suplantar o exército permanente a defender o governo contra o povo. A Comuna consistia de conselheiros municipais dos diferentes *arrondissements* (como Paris foi a iniciadora e o modelo, temos de fazer referência a isso), escolhidos pelo sufrágio de todos os cidadãos, responsável e revogável em curto prazo. A maioria desse corpo era naturalmente formado de operários ou representantes reconhecidos da classe trabalhadora. Ele era não um corpo parlamentar, mas um corpo de trabalho, Executivo e Legislativo ao mesmo tempo. Os agentes policiais, em vez de serem os agentes do governo central, tinham de ser os servidores da Comuna, tendo, como os funcionários em todos os outros departamentos da administração, de ser escolhidos e sempre substituíveis pela Comuna; todos os funcionários, como os membros da própria Comuna, tinham de realizar seu trabalho por salários de operários. Os juízes também tinham

---

* No original inglês: "*by its own charges*". Na tradução alemã (MEW): "por seu próprio triunfo". (N. T.)

de ser eleitos, substituíveis e responsáveis. A iniciativa em todas as matérias da vida social estava reservada à Comuna. Em uma palavra, todas as funções públicas, mesmo aquelas poucas que caberiam ao governo central, eram executadas pelos agentes comunais e, portanto, estavam sob o controle da Comuna. É um absurdo dizer que as funções centrais – não da autoridade governamental sobre o povo, mas aquela necessária para os anseios gerais e comuns do país – se tornariam impossíveis. Essas funções existiriam, mas os próprios funcionários não poderiam, como na velha maquinaria governamental, sobrepor-se à sociedade real, porque suas funções seriam executadas por agentes comunais e, portanto, estariam sempre sobre um controle real. As funções públicas cessariam de ser uma propriedade privada conferida a partir de um governo central a controlar suas ferramentas. Juntamente com o exército permanente e a polícia governamental, a força física da repressão seria quebrada. Pela desoficialização [*disestablishment*] de todas as igrejas como corpos proprietários e pelo banimento da instrução religiosa de todas as escolas públicas (juntamente com [a introdução da] instrução gratuita) e seu confinamento aos limites da vida privada, para ali viver das esmolas dos fiéis [e pelo] despojamento de todos os institutos educacionais do patrocínio e da servidão governamental, a força mental da repressão seria quebrada e a ciência se tornaria não só acessível a todos, mas seria liberada dos grilhões da pressão governamental e do preconceito de classe. A tributação municipal seria determinada e recolhida pela Comuna, a taxação para os fins do Estado geral seria recolhida por funcionários comunais e desembolsada pela própria Comuna para as finalidades gerais (devendo o seu desembolso para as finalidades gerais ser supervisionado pela própria Comuna).

A força governamental de repressão e autoridade sobre a sociedade seria, assim, quebrada em seus órgãos meramente repressivos, e onde houvesse legítimas funções a preencher, estas não seriam exercidas por um corpo superior à sociedade, mas pelos próprios agentes responsáveis da sociedade.

6) Conclusão

À Paris que luta, trabalha e pensa eletrizada pelo entusiasmo da iniciativa histórica, plena de realidade heroica, à nova sociedade em trabalho de parto opõe-se, em Versalhes, a velha sociedade, um mundo de antiquadas fraudes e mentiras acumuladas. Sua verdadeira representação é a Assembleia "rural", povoada com os fantasmas falastrões de todos os regimes defuntos em que o domínio de classe sucessivamente se incorporou na França, tendo como líder um senil charlatão do parlamentarismo, sua espada nas mãos dos *capitulards* imperialistas a bombardear Paris sob os olhos de seus conquistadores prussianos.

As imensas ruínas que o Segundo Império, em sua queda, amontoou sobre a França, são para eles apenas uma oportunidade para cavar e trazer à superfície o lixo das antigas ruínas, do legitimismo ou do orleanismo.

A chama da vida deve queimar em uma atmosfera de exalação sepulcral de todas as emigrações passadas. (O próprio ar que eles respiram é a exalação sepulcral de todas as emigrações passadas.)

Não há nada real neles a não ser sua conspiração comum contra a vida, seu egoísmo de interesse de classe, seu desejo de alimentar-se da carcaça da sociedade francesa, seus interesses comuns de escravocratas, seu ódio do presente e sua guerra contra Paris.

Tudo neles é uma caricatura, a começar por aquele velho fóssil do regime de Luís Filipe, o conde Jaubert, exclamando na Assembleia Nacional, no palácio de Luís XIV, "Nós somos o Estado" ("O Estado somos nós") (eles são, de fato, o espectro estatal em sua separação da sociedade), até os bajuladores republicanos de Thiers, que realizavam suas *réunions* no *Jeu de Paume** a fim de demonstrar sua degeneração em comparação com seus predecessores de 1789.

Com Thiers à frente, a avassaladora maioria dividiu-se nesses dois grupos de legitimistas e orleanistas, tendo na rabeira os republicanos do "velho estilo". Cada uma dessas frações arma intrigas para uma restauração própria, os republicanos para a restauração da República Parlamentar – construindo suas esperanças sobre a vaidade senil de Thiers, porém ao mesmo tempo servindo como [o] adorno republicano desse domínio e sancionando, com sua presença, a guerra dos generais bonapartistas contra Paris depois de ter tentado convencê-la a cair nos braços de Thiers e desarmá-la sob Saisset! Cavaleiros da triste figura, as humilhações que eles voluntariamente suportam [mostram] o quanto o republicanismo se rebaixou a uma forma particular do domínio de classe. Foi em vista deles que Thiers disse à assembleia dos *maires* do Seine-et-Oise: O que eles querem ainda? "Não se encontrava ele, um simples cidadão, no topo do Estado?" O progresso de 1830 a 1870 [mostra] que Luís Filipe era, então, a melhor das repúblicas e que o ministro de Luís Filipe, o próprio Thiers, é, agora, a melhor das repúblicas.

Sendo forçados a realizar sua verdadeira obra – a guerra contra Paris – com os soldados, os gendarmes e a polícia imperialistas, sob o poder dos generais bonapartistas aposentados, eles tremeram diante da suspeita de que, durante seu regime de 1848-1851, estariam apenas forjando o instrumento para uma segunda restauração do Império. Os zuavos pontifícios, os vendeianos de Cathelineau[3] e os bretões de Charette são, na verdade, seu exército "parlamentar", meros fantasmas de um exército se comparados

---

* Ver nota * na página 66. (N. E.)
[3] Tropa oriunda da Vendeia, empregada para a supressão da Comuna de Paris. (N. E. A.)

com a realidade imperial. Enquanto se contorcem de raiva só em ouvir o nome da República, aceitam em seu nome as ordens de Bismarck, desgastam em seu nome o resto da saúde da França na guerra civil, denunciam Paris em seu nome, forjam leis de prospectiva proscrição contra os rebeldes em seu nome, usurpam em seu nome um poder ditatorial sobre a França.

Seu título de honra [é] o sufrágio universal, ao qual sempre se opuseram durante seus próprios regimes de 1815 a 1848 – [e] aboliram em maio de 1850, depois de ele ter sido estabelecido contra eles pela República –, mas agora o aceitam como a prostituta do Império, esquecendo que, com ele, aceitam o Império dos plebiscitos! Eles mesmos são impossíveis, mesmo com o sufrágio universal.

Eles repreendem Paris por esta se revoltar contra a unidade nacional e sua primeira palavra foi a *decapitação* dessa unidade pela descapitalização de Paris. Paris fez aquilo que eles fingiam querer, mas não o fez como eles queriam, como um sonho reacionário do passado, mas como uma reivindicação revolucionária do futuro. Thiers, o chauvinista, ameaça desde o 18 de março com a "intervenção da Prússia", permaneceu em Bordeaux para a "intervenção da Prússia", agindo contra Paris, de fato, somente segundo os meios a ele designados pela Prússia. Comparados com esse charlatão do chauvinismo, os Bourbons eram a dignidade em pessoa.

Seja qual for o nome – em caso de sua vitória – de sua restauração, liderada por seja qual for o seu impostor bem-sucedido, sua realidade só pode ser o Império, a forma política acabada e indispensável do domínio de suas classes apodrecidas. Se conseguirem restaurá-lo – e eles têm de restaurá-lo com o sucesso de qualquer de seus planos de restauração –, eles só farão acelerar a putrefação da velha sociedade que representam e a maturidade da nova sociedade que combatem. Seus olhos turvos veem somente a superfície política dos regimes mortos e eles sonham em ressuscitá-los colocando um Henrique V ou o conde de Paris em seu topo. Eles não veem que os corpos sociais que engendraram essas superestruturas políticas não existem mais, que esses regimes só foram possíveis em fases passadas da sociedade francesa, sob condições agora superadas, e que agora essa sociedade só aceita as formas do Império, em seu estado putrefato, e a da República do Trabalho, em seu estado de regeneração. Eles não veem que os ciclos das formas políticas foram apenas a expressão política das mudanças reais pelas quais a sociedade passou.

Os prussianos, que em um rumoroso júbilo de triunfo olham para as agonias da sociedade francesa e as exploram com a sórdida frieza calculista de um Shylock e a insolente grosseria de um *Krautjunker**, são eles mesmos punidos pela transferência do Império para o solo alemão. Eles mesmos estão

---

* Pequeno aristocrata rural. (N. T.)

condenados a liberar na França as forças subterrâneas que acabarão por engolfá-los juntamente com a velha ordem das coisas. A Comuna de Paris pode cair, mas a Revolução Social que ela iniciou triunfará. Seu local de nascimento é em toda parte.

As mentiras nos boletins de Thiers

A imensa fraude daquela Versalhes, seu caráter mentiroso não poderia ser melhor incorporado e resumido do que em Thiers, o mentiroso profissional para quem a "realidade das coisas" existe somente em seu "sentido parlamentar", isto é, como uma mentira.

Em sua resposta à carta do arcebispo, ele friamente nega "as supostas execuções e *represálias* (!) atribuídas às tropas de Versalhes" e confirma essa impudente mentira com uma comissão nomeada para esse propósito por seus "rurais". Ele conhece, é claro, as proclamações triunfantes desses atos feitas pelos próprios generais bonapartistas. Mas no "sentido parlamentar" da palavra, elas não existem.

Em sua circular de 16 de abril sobre o bombardeio de Paris: "Se alguns tiros de canhão foram disparados, não foi um ato do exército de Versalhes, mas de alguns insurgentes *que queriam fazer crer que estavam a lutar*, quando na verdade nem mesmo ousavam se mostrar".

É claro, Paris bombardeia a si mesma a fim de fazer o mundo crer que ela está lutando!

Mais tarde: "*Nossa artilharia não bombardeia: ela canhoneia, isso é verdade*"*.

Boletim de Thiers sobre Moulin-Saquet (4 de maio): "*Libertação de Paris dos terríveis tiranos que a oprimem*"** (por meio do assassinato de guardas nacionais parisienses enquanto dormiam).

O variegado amontoado de um exército – os restos da *soldatesca* bonapartistas soltos da prisão pela graça de Bismarck, tendo como núcleo os gendarmes de Valentin e os *sergents de ville* de Piétri, com os zuavos pontifícios, os *chouans* de Charette e os vendeianos de Cathelineau, todos sob as ordens dos dezembristas fugitivos, os generais da capitulação – ele chama de "*o melhor exército que a França já possuiu*". É claro, se os prussianos continuam aquartelados em S. Denis, é porque Thiers deseja assustá-los com a visão do "melhor entre os melhores exércitos".

Se tal é o "melhor exército", aquele anacronismo de Versalhes é dito "a mais liberal e mais livre assembleia eleita que já existiu na França". Thiers chega ao cúmulo de sua excentricidade ao relatar aos *maires* etc. que "ele é

---

* "*Notre artillerie ne bombarde pas: elle canonne, il est vrai.*" (N. T.)
** "*Délivrance de Paris des affreux tyrans qui l'opprimen.*" (N. T.)

um homem que jamais quebrou sua palavra", obviamente no sentido parlamentar de manter a palavra.

Ele é o mais verdadeiro dos republicanos e (*séance** de 27 de abril): "A Assembleia é mais liberal do que ele mesmo".**

Aos *maires*: "Podeis confiar em minha palavra, a qual jamais faltei" ***, o que no sentido não parlamentar significa: que eu nunca mantive.

"Essa assembleia é uma das mais liberais que a França já instituiu."****

Ele compara a si mesmo com Lincoln e os parisienses com os escravocratas do sul. Os sulistas queriam separar-se territorialmente dos Estados Unidos, em nome da escravização do trabalho. Paris quer separar o sr. Thiers – e os interesses que ele representa – do poder, em nome da emancipação do trabalho.

A vingança que os generais bonapartistas, os gendarmes e os *chouans* descarregam sobre Paris é uma necessidade da guerra de classe contra o trabalho, mas na pequena comédia à parte dos boletins de Thiers ela se torna um pretexto para caricaturar seu ídolo, o primeiro Napoleão, e fazer dele próprio o motivo de chacota da Europa ao afirmar atrevidamente que o exército francês, por meio de sua guerra contra os parisienses, recuperara o renome que havia perdido na guerra contra os prussianos. A guerra inteira aparece, assim, como uma mera brincadeira de crianças para dar vazão à vaidade infantil de um anão, maravilhado ao descrever *suas* próprias batalhas, travadas por *seu* próprio exército, sob *seu* próprio secreto comando.

E suas mentiras culminam a respeito de Paris e a província.

Paris, que na realidade desafiou por dois meses o melhor exército que a França jamais possuiu, apesar da ajuda secreta dos prussianos, na verdade apenas anseia que Thiers a livre de seus "atrozes tiranos", e portanto ela luta contra ele, embora esses tiranos não passem de um punhado de criminosos.

Thiers não se cansa de representar a Comuna como um punhado de condenados, de homens *ticket-of-leave*, de mera espuma. Paris luta contra ele porque quer ser libertada por ele dos "*affreux****** tiranos que a oprimem". E esse "punhado" de bandidos põe em xeque desde dois meses "o melhor exército que a França já possuiu", comandado pelo invencível MacMahon e inspirado pelo gênio napoleônico do próprio Thiers!

A resistência de Paris não é nenhuma realidade, mas as mentiras de Thiers sobre Paris o são.

---

*   Sessão. (N. T.)
**   "*L'assemblée est plus libérale que lui-même.*" (N. T.)
***   "*On peut compter sur ma parole à laquelle je n'ai jamais manqué.*" (N. T.)
**** "*L'assemblée est une des plus libérales qu'ait nommée la France.*" (N. T.)
***** Terríveis. (N. T.)

Não contente em refutá-lo por seus feitos, todos os elementos vivos de Paris se dirigiram a ele, mas em vão, a fim de tirá-lo de seu mundo de mentiras.

> Não se deve confundir o movimento de Paris com o ataque a Montmartre, que foi apenas sua causa e ponto de partida; esse movimento é geral e tem raízes profundas na consciência de Paris; mesmo a maioria daqueles que, por uma razão ou outra, mantêm-se em recuo (dele afastados), não nega sua legitimidade social.

Quem contou isso a ele? Os delegados das câmaras sindicais, falando em nome dos 7 ou 8 mil comerciantes e industriais. Eles foram a Versalhes para dizer-lhe isso pessoalmente. Assim também a *Liga da União Republicana*, assim também as *lojas maçônicas*, por meio de seus delegados e seus protestos. Mas ele adere a isso.

Em seus boletins sobre Moulin-Saquet (4 de maio): "Foram feitos trezentos prisioneiros (...) O resto dos insurgentes fugiu, deixando 150 mortos e feridos sobre o campo de batalha (...) Eis a vitória que a Comuna pode celebrar amanhã em seus boletins. Paris será, em pouco tempo, libertada desses terríveis tiranos que a oprimem."*

Mas a Paris que luta, a Paris real, não é a *sua* Paris. A sua Paris é, ela mesma, uma mentira parlamentar. "A Paris do rico, do preguiçoso, do capitalista", o bordel cosmopolita, essa é a sua Paris. Essa é a Paris que quer ser restaurada a ele; a Paris real é a Paris da "multidão vil". A Paris que mostrou sua coragem na "passeata pacífica" e na escapada de Saisset, que se espreme agora em Versalhes, em Rueil, em S. Denis, em S. Germain-en-Laye, seguido pelas cocotes, penduradas nos "homens de religião, família, ordem" e, acima de tudo, "propriedade", a Paris das classes vadias, a Paris dos *franc-fileurs* divertindo-se ao olhar pelo telescópio o desenrolar da batalha, tratando a guerra civil apenas [como] uma agradável diversão, essa é a Paris do sr. Thiers, assim como a emigração de Coblenz era a França do sr. Calonne e como a emigração para Versalhes é a França do sr. Thiers.

Se a Paris que quer ser libertada da Comuna por Thiers, por seus "rurais", pelos *décembriseurs* e gendarmes é uma mentira, o é igualmente a sua "província", que quer ser libertada de Paris por Thiers e seus "rurais".

Antes da conclusão definitiva do tratado de paz em Frankfurt, ele apelou às províncias para que estas enviassem seus *bataillons* de guardas nacionais e voluntários a Versalhes para lutar contra Paris. As províncias recusaram-se peremptoriamente. Apenas a Bretanha mandou um punhado de *chouans* "lutando sob uma bandeira branca, cada um portando sobre o peito um coração de Jesus em pano branco e a gritar '*Vive le Roi!*'". A França provincial

---

* "*À toutes jambes, laissant 150 morts et blessés sur le champ de bataille (...) Voilà la victoire que la Commune peut célébrer dans ses bulletins. Paris sera sous peu délivré de ses terribles tyrans qui l'oppriment.*" (N. T.)

atendeu tanto aos seus apelos que ele foi forçado a enviar tropas francesas prisioneiras de Bismarck, lançar mão dos zuavos pontifícios (os verdadeiros representantes armados de *sua* França provincial) e fazer de 20 mil gendarmes e 12 mil *sergents de ville* o núcleo de seu exército.

Apesar da muralha de mentiras, do bloqueio intelectual e policial pelo qual ele tentou cercar (excluir) Paris das províncias, estas, em vez de lhe enviar *bataillons* para travar guerra contra Paris, o inundou com tantas delegações insistindo na paz com Paris que ele passou a recusar-se a recebê-las em pessoa. O tom das mensagens enviadas pelas províncias, a maioria propondo a imediata conclusão de um armistício com Paris, a dissolução da Assembleia, "pois seu mandato expirara", e a garantia dos direitos municipais reivindicados por Paris, foi tão ofensivo que Dufaure o denuncia em sua "circular contra a conciliação" aos prefeitos. Por outro lado, a Assembleia "rural" e Thiers não receberam uma única mensagem de aprovação da parte das províncias.

Mas o grande *défi** que as províncias impuseram à "mentira" de Thiers sobre elas foram as eleições municipais de 30 de abril, realizadas sob seu governo com base em uma lei de sua Assembleia. Dos 700 mil conselheiros (arredondados os números) eleitos pelas 30 mil comunas que restaram na mutilada França, os legitimistas, orleanistas e bonapartistas coligados não chegaram a 8 mil! As eleições suplementares foram ainda mais hostis! Isso mostrou claramente o quanto a *Assembleia Nacional*, escolhida de surpresa e sob falsos pretextos, representa a França, a França provincial, a França menos Paris!

Mas o plano de uma assembleia dos delegados municipais das grandes cidades da província em Bordeaux, proibido por Thiers nos termos da lei de 1834 e outra lei do Império de 1855, forçou-o a confessar que suas "províncias" eram uma mentira, assim como o era a "sua" Paris. Ele acusou-os de reunir a "falsa" Paris, de estarem avidamente inclinados a "assentar os fundamentos do comunismo e da rebelião". Mais uma vez, ele foi respondido pela última resolução dos conselhos municipais de Nantes, Vienne, Chambéry, Limoux, Carcassone, Angers, Carpentras, Montpellier, Privas, Grenoble etc., pedindo, insistindo na paz com Paris, "na afirmação absoluta da República, no reconhecimento do direito comunal", que, como *diz o conselho municipal de Vienne*, "os eleitos em 8 de fevereiro prometeram em sua circular quando eram candidatos. Para cessar a guerra estrangeira, ela (a Assembleia nacional) cedeu duas províncias e prometeu 5 bilhões à Prússia. O que ela não deve fazer para pôr um fim à guerra civil?"** (Justamente o contrário. As duas

---

* Desafio. (N. T.)

** "The élus of the 8. février promised dans leur circulaire, lorsqu'ils étaient candidats. Pour faire cesser la guerre étrangère, elle (l'Assemblée nationale) a cédé deux provinces et promis cinq milliards à la Prusse. Que ne doit-elle pas faire pour mettre fin à la guerre civile?" (N. T.)

províncias não são sua propriedade "privada", e quanto à nota promissória de 5 bilhões, a questão é exatamente que ela será paga pelo povo da França e não por eles.)

Se, portanto, Paris pode reclamar justamente das províncias dizendo que elas se limitam a protestos pacíficos, deixando-a sozinha contra todas as forças estatais (...), a província desmontou nos tons mais inequívocos a mentira de que Thiers e a Assembleia seriam seus representantes, declarou a sua província como uma mentira, como o é sua inteira existência: uma fraude, um fingimento.

O Conselho Geral orgulha-se do papel proeminente que seções parisienses da *Internacional* desempenharam na gloriosa revolução de Paris. Não, como imaginam os imbecis, como se a seção parisiense ou qualquer outra seção da Internacional recebesse sua *mot d'ordre** de um centro. Mas porque a flor da classe trabalhadora pertence em todos os países civilizados à *Internacional*, estando imbuída de suas ideias, ela certamente tomará a liderança, por toda parte, nos movimentos da classe trabalhadora.

(Desde o próprio dia da capitulação, quando os prisioneiros de Bismarck assinaram a rendição da França, mas reservaram para si uma numerosa guarda pessoal para o declarado propósito de submeter Paris, esta ficou em alerta. A Guarda Nacional reorganizou-se e confiou seu controle supremo a um comitê central eleito por todas as companhias, batalhões e baterias da capital, salvo alguns fragmentos das velhas formações bonapartistas. À véspera da entrada dos prussianos em Paris, o Comitê Central tomou medidas para a remoção para Montmartre, Belleville e La Villette dos canhões e *mitrailleuses* traiçoeiramente abandonados pelos *capitulards* justamente nos próprios bairros que os prussianos estavam prestes a ocupar.)

[Passagens revisadas das partes 5 e 6 do segundo rascunho]

A Paris armada era o único obstáculo sério no caminho da conspiração contrarrevolucionária. Paris tinha, portanto, de ser desarmada. Nesse ponto, a Assembleia de Bordeaux era a sinceridade em pessoa. Se o discurso ruidoso de seus "rurais" não fosse suficiente para se fazerem ouvir, então a entrega de Paris por Thiers à terna misericórdia do triunvirato de Vinoy, o *décembriseur*, Valentin, o *gendarme* bonapartista e Aurelle de Paladines, o general jesuíta, acabaria com qualquer possibilidade de dúvida quanto ao objetivo último do desarmamento de Paris. Mas se seu propósito era francamente confessado, o pretexto sob o qual esses atrozes criminosos iniciaram a guer-

---

* Palavra de ordem. (N. T.)

ra civil foi o mais desavergonhado, a mais descarada (notória) das mentiras. A artilharia da Guarda Nacional de Paris, dizia Thiers, pertencia ao Estado e ao Estado devia retornar. O fato era este: desde o próprio dia da capitulação, quando os prisioneiros de Bismarck assinaram a rendição da França, porém reservando para si uma numerosa guarda pessoal para o declarado propósito de submeter Paris, esta ficou em alerta. A Guarda Nacional reorganizou-se e confiou seu controle supremo a um Comitê Central eleito pela corporação inteira, salvo alguns fragmentos das velhas formações bonapartistas. À véspera da entrada dos prussianos em Paris, o Comitê Central tomou medidas para transferir para Montmartre, Belleville e La Villette os canhões e as *mitrailleuses* traiçoeiramente abandonados pelos *capitulards* justamente nos bairros que os prussianos estavam prestes a ocupar. Aquela artilharia fora adquirida pelas subscrições da Guarda Nacional. Ela fora oficialmente reconhecida como sua propriedade privada na capitulação de 28 de janeiro e, justamente por isso, excluída da entrega geral de armas do governo aos conquistadores. E Thiers ousou iniciar a guerra civil com o pretexto mendaz de que a artilharia da Guarda Nacional era propriedade estatal!

O confisco dessa artilharia devia evidentemente servir como medida preparatória para o desarmamento geral de Paris e, portanto, da Revolução de 4 de Setembro. Mas essa revolução tornara-se, agora, o estatuto legal da França. Sua República foi reconhecida pelo conquistador nos termos da própria capitulação, foi reconhecida após a capitulação pelas potências estrangeiras e a Assembleia nacional foi convocada em seu nome. A revolução operária de Paris de 4 de setembro era o único título legal da Assembleia Nacional reunida em Bordeaux e de seu poder Executivo. Sem ela, a Assembleia Nacional teria sido obrigada a dar lugar imediatamente ao *Corps législatif* eleito pelo sufrágio universal e dissolvido pelo braço da Revolução. Thiers e seus *homens ticket-of-leave* teriam tido de capitular em troca de salvo-condutos, assinados por Luís Bonaparte, a fim de livrá-los de uma viagem a Caiena. A Assembleia Nacional, dotada de plenos poderes para acertar as condições da paz com a Prússia, foi apenas um incidente da Revolução. Sua verdadeira encarnação foi a Paris armada, que havia iniciado a revolução [e] por ela sofrera um cerco de cinco meses, com seus horrores da fome, que fez de sua prolongada resistência, apesar do "plano" de Trochu, a base de uma obstinada guerra de defesa nas províncias. E Paris era agora pressionada, pelos gritos insultantes dos escravocratas rebelados de Bordeaux, ou a depor suas armas e reconhecer que sua revolução de 4 de Setembro não tivera outro propósito do que o de transferir o poder de Luís Bonaparte e sua corja para seus rivais monárquicos, ou a seguir em frente como a campeã francesa do autossacrifício, que só pode ser salva de sua ruína e se regenerar por meio da superação revolucionária das condições políticas e sociais que haviam engendrado o Segundo Império e que, sob sua égide acolhedora, amadureciam até a completa podridão. Paris, esgotada por cinco meses de fome, não hesitou nem um momento. Heroicamente, resolveu correr todos os riscos de uma resistência contra os conspiradores franceses, sob os olhos do exército aquartelado às suas portas. Mas em sua aversão à guerra civil, o governo popular de Paris, o Comitê Central da Guarda Nacional, continuava a persistir em uma atitude meramente defensiva, apesar das provocações da Assembleia, das usurpações do Executivo e da ameaçadora concentração de tropas em Paris e seus arredores.

Na aurora de 18 de março de 1871, Paris despertou com o estrondo: *"Vive la Commune!"*. Que é a Comuna, essa esfinge tão atordoante para o espírito burguês?

"Os proletários da capital", dizia o Comitê Central em seu manifesto de 18 de março, "em meio aos fracassos e às traições das classes dominantes, compreenderam ser chegada a hora de salvar a situação, tomando em suas próprias mãos a direção dos negócios públicos. (...) Compreenderam que é seu dever imperioso e seu direito absoluto tomar em suas mãos seus próprios destinos, tomando o poder político".

Mas a classe operária não pode, como as facções rivais da classe apropriadora o fizeram em seus momentos de triunfo, simplesmente se apossar da maquinaria do Estado tal como ela se apresenta e empregá-la para seus próprios fins.

O poder estatal centralizado, com seus órgãos onipresentes, com seu exército, polícia, burocracia, clero e magistratura permanentes – órgãos traçados segundo um plano de divisão sistemática e hierárquica do trabalho –, data dos tempos da Monarquia absoluta, quando serviu à nascente sociedade da classe média como uma arma poderosa em suas lutas para emancipar-se do feudalismo. A Revolução Francesa do século XVIII varreu todo esse lixo dos privilégios senhoriais, locais, municipais, limpando assim o solo social dos últimos obstáculos que se erguiam ante a superestrutura final do Estado. Este recebeu sua forma final sob o Primeiro Império, o fruto das guerras de coalizão da velha Europa semifeudal contra a França moderna. Durante os subsequentes regimes parlamentares, a detenção do poder governamental, com suas irresistíveis ofertas de cargos, propinas e patronagem, tornou-se não só o pomo de discórdia entre as facções rivais das classes dominantes. Seu caráter político mudou simultaneamente com as mudanças econômicas da sociedade. No mesmo passo em que o progresso da moderna indústria desenvolvia, ampliava e intensificava o antagonismo de classe entre o capital e o trabalho, o poder do Estado foi assumindo cada vez mais o caráter de poder nacional do capital sobre o trabalho, de uma força política organizada para a escravização social, de uma simples máquina do despotismo de classe. Após toda revolução que marca uma fase progressiva na marcha (desenvolvimento) (curso) da luta de classes, o caráter puramente repressivo do poder do Estado revela-se como mais impiedoso e mais despido de disfarces. A Revolução de Julho, ao transferir o controle da maquinaria estatal dos latifundiários para os capitalistas, transferiu-o dos antagonistas mais distantes para os antagonistas mais imediatos dos operários. A Revolução de Fevereiro hasteou as cores da "República Social", provando assim, desde seu surgimento, que o verdadeiro significado do poder estatal está revelado, que sua pretensão de ser a força armada do bem público – como a corporificação dos interesses gerais das sociedades, pairando acima e mantendo em suas respectivas esferas os interesses privados antagônicos – foi explodida, que seu segredo como um instrumento do despotismo de classe foi revelado, que os operários querem a República não mais como uma modificação política do velho sistema do domínio de classe, mas como os meios revolucionários para suprimir o próprio domínio de classe. Diante das ameaças da "República Social", as classes dominantes sentem instintivamente que o reino anônimo da República parlamentar pode se converter em uma sociedade por ações de suas facções conflituosas, ao passo que, nas monarquias do passado, a vitória de uma facção significava a derrota da outra, a prevalência do interesse de uma seção dessa classe sobre o interesse da outra, da terra sobre o capital ou do capital sobre a terra. Em oposição à classe trabalhadora, a classe até então dominante, seja qual for a forma em que ela possa apropriar o trabalho das massas, tem um e o mesmo interesse *econômico*: manter a escravização do trabalho e colher seus frutos diretamente – como proprietário fundiário ou capitalista – ou indiretamente – como parasitas estatais do proprietário fundiário e do capitalista –, manter essa "ordem" das coisas que faz com que a multidão produtora, a "multidão vil", sirva como uma mera fonte de riqueza e domínio para seus "melhores". Por isso, os aventureiros legitimistas, orleanistas, republicanos burgueses e bonapartistas, ávidos por qualificar a si mesmos como defensores da propriedade começando por furtá-la, encontram-se reunidos e surgem no "*Partido da Ordem*", que é o resultado prático dessa revolução feita pelo proletariado sob gritos entusiásticos da "*República Social*". A República parlamentar do Partido da Ordem é não apenas o reino do terror da classe dominante. O poder estatal torna-se, em suas mãos, o *instrumento confesso da guerra civil* nas mãos do capitalista e do proprietário fundiário, de seus parasitas estatais, contra [as] aspirações revolucionárias do produtor.

Sob os regimes monárquicos, as medidas repressivas e os confessados princípios do governo do dia são denunciados ao povo pelas frações das classes dominantes excluídas do poder; as fileiras oposicionistas da classe dominante atraem o povo para suas lutas partidárias ao apelar aos seus próprios interesses, agindo como tribunos do povo e reivindicando liberdades populares. Mas no reino anônimo da República, enquanto amalgamam os modos de repressão dos regimes passados (buscando no arsenal de todos os regimes passados as armas da repressão) e os empregam impiedosamente, as diferentes frações da classe dominante celebram uma orgia da renegação. Com cínico desaforo, elas negam os compromissos por elas assumidos, pisoteiam seus "assim chamados" princípios, amaldiçoam as revoluções que elas provocaram em nome desses princípios e amaldiçoam o próprio nome da República, embora apenas o seu reino anônimo seja amplo o suficiente para admiti-las em uma cruzada comum contra o povo.

Assim, essa forma mais cruel é ao mesmo tempo a mais odiosa e revoltante forma do domínio de classe. Empregando o poder estatal apenas como um instrumento de guerra civil, ela só pode detê-lo perpetuando a guerra civil. Com a anarquia parlamentar em seu topo, coroada pelas ininterruptas intrigas de cada uma das frações do Partido da "Ordem" para a restauração de seu próprio regime de estimação, em guerra aberta contra o corpo inteiro da sociedade fora de seu próprio círculo estreito, o domínio do Partido da Ordem se torna o mais intolerável domínio da desordem. Tendo, em sua guerra contra a massa do povo, quebrado todos os seus meios de resistência, deixando-o desamparado sob a espada do Executivo, o próprio Partido da Ordem e seu regime parlamentar acabaram expulsos do palco pela espada do Executivo. Essa República Parlamentar do Partido da Ordem só pode, portanto, ser um interregno. Seu resultado natural é o *Império*, seja qual for o número do império. Sob a forma do império, o poder estatal, tendo a espada como cetro, afirma estar apoiado sobre o campesinato, essa grande massa de produtores aparentemente situados fora da luta de classe entre capital e trabalho; afirma salvar a classe trabalhadora ao derrubar o parlamentarismo e, assim, a direta subserviência do poder estatal às classes dominantes; afirma salvar as próprias classes dominantes ao submeter as classes trabalhadoras sem insultá-las; afirma, se não o bem-estar público, pelo menos a glória nacional. Ele é, portanto, aclamado como o "salvador da ordem". Por mais incômodo que possa ser para o orgulho político da classe dominante e de seus parasitas estatais, ele prova ser o regime realmente adequado à "ordem" burguesa, na medida em que dá rédeas soltas a todas as orgias de sua indústria, às torpezas de sua especulação e a todos os esplendores meretrícios de sua vida. Assim, o Estado, aparentemente a flutuar sobre a sociedade civil, torna-se ao mesmo tempo a incubadora de todas as corrupções dessa sociedade. Sua própria podridão e a podridão da sociedade a ser salva por ele foram desnudadas pela baioneta da Prússia, mas em tal medida é esse império a inevitável forma política da "ordem" – isto é, a "ordem" da sociedade burguesa – que a própria Prússia parece só ter derrubado sua sede central em Paris a fim de transferi-la para Berlim.

O Império não é, como seus predecessores – a Monarquia legítima, a Monarquia constitucional e a República parlamentar –, [apenas] uma das formas políticas da sociedade burguesa; ela é, ao mesmo tempo, sua forma mais prostituída, mais completa e acabada. O Império é o poder estatal do domínio moderno de classe, ao menos no continente europeu.

APÊNDICE

"As verdadeiras mulheres de Paris voltavam a emergir: heroicas, nobres e devotadas como as mulheres da antiguidade." (p. 66)

INTRODUÇÃO À *GUERRA CIVIL NA FRANÇA*, DE KARL MARX (1891)

Friedrich Engels

A incumbência de preparar uma reedição da mensagem do Conselho Geral da Internacional sobre a "guerra civil na França" e acompanhá-la de uma introdução pegou-me desprevenido. Por isso, aqui poderei apenas tratar dos pontos mais essenciais.

Decidi publicar o texto mais longo acima mencionado precedido das duas mensagens do Conselho Geral sobre a guerra franco-prussiana. Isso porque, antes de tudo, o segundo documento, que não pode ser plenamente compreendido sem o primeiro, trata da "guerra civil". Porém, também pelo fato de que essas duas mensagens redigidas por Marx, não menos do que a *Guerra civil*, são amostras extraordinárias do prodigioso talento do autor, primeiramente demonstrado em *O 18 de brumário de Luís Bonaparte**, em compreender claramente o caráter, o alcance e as consequências necessárias dos grandes acontecimentos históricos, em um momento em que esses acontecimentos ainda se desenrolam diante de nossos olhos ou mal acabaram de se completar. E, finalmente, porque na Alemanha ainda sofremos as consequências, previstas por Marx, daqueles acontecimentos.

Pois não ocorreu exatamente aquilo que dizia a primeira mensagem: que, caso a guerra de defesa da Alemanha contra Luís Bonaparte degenerasse em uma guerra de conquista contra o povo francês, todas as desgraças que se abateram sobre a Alemanha após as assim chamadas guerras de libertação renasceriam com uma renovada virulência? Não tivemos mais vinte anos de governo de Bismarck, que no lugar das perseguições aos demagogos instaurou a lei de exceção e a caça aos socialistas, com o mesmo arbítrio policial, com exatamente a mesma horripilante interpretação das leis?

E não se confirmou literalmente a previsão de que a anexação da Alsácia-Lorena "jogaria a França nos braços da Rússia" e de que depois dessa anexação ou a Alemanha se tornaria a notória escrava da Rússia ou, após um

---

* São Paulo, Boitempo, 2011. (N. E.)

breve descanso, teria ela de se armar para uma nova guerra, mais precisamente "para uma guerra de raças contra as raças eslavas e romanas aliadas"? A anexação das províncias francesas não empurrou a França para os braços da Rússia? Não passou Bismarck vinte anos inteiros a coquetear em vão pelos favores do tsar, para isso prestando-se a serviços ainda mais abjetos do que aqueles que a pequena Prússia, antes de tornar-se a "primeira potência da Europa", costumava depositar aos pés da sagrada Rússia? E não paira diariamente sobre nossas cabeças a espada de Dâmocles de uma guerra em cujo primeiro dia todas as alianças firmadas entre os soberanos se dispersarão ao vento como farelo, uma guerra da qual nada se sabe ao certo a não ser a absoluta incerteza de sua origem, uma guerra de raças que sujeitará a Europa inteira à devastação por obra de 15 ou 20 milhões de homens armados e que ainda não estourou pela única razão de que mesmo os maiores estados militares tremem diante da absoluta incalculabilidade de seu resultado final?

Tanto mais se faz necessário tornar novamente acessível aos trabalhadores alemães essas provas contundentes, hoje parcialmente esquecidas, do longo alcance da visão da política internacional dos trabalhadores em 1870.

O que vale para essas duas mensagens vale, também, para aquelas sobre a "guerra civil na França". Em 28 de maio, os últimos combatentes da Comuna sucumbiram à supremacia do inimigo nas colinas de Belleville, e dois dias mais tarde, no dia 30, Marx lia ao Conselho Geral o trabalho em que o significado histórico da Comuna de Paris é apresentado em traços curtos, fortes, mas tão penetrantes e sobretudo tão verdadeiros como nunca mais se conseguiu reproduzir em toda a massa da literatura que foi escrita sobre o assunto.

Graças ao desenvolvimento econômico e político da França desde 1789, Paris passou a ocupar, nos últimos cinquenta anos, uma posição tal que lá nenhuma revolução podia ser deflagrada sem assumir um caráter proletário, quer dizer, sem que o proletariado, que comprara a vitória com seu sangue, surgisse após a vitória com suas próprias exigências. Essas exigências eram mais ou menos claras e até mesmo confusas, correspondendo ao estado evolutivo alcançado pelos trabalhadores de Paris em cada período, mas todas acabavam por se direcionar à supressão da oposição de classe entre capitalistas e trabalhadores. Como isso deveria ocorrer é algo que realmente não se sabia. Mas a exigência mesma, por mais indeterminada que fosse sua formulação, constituía uma ameaça para a ordem existente da sociedade; os trabalhadores que a colocavam estavam armados; por isso, o desarmamento dos trabalhadores era o primeiro imperativo para a burguesia no comando do Estado. Por isso, também, a cada revolução travada pelos trabalhadores seguia-se uma nova luta, que terminava com a derrota dos trabalhadores.

Isso ocorreu pela primeira vez em 1848. Os burgueses liberais da oposição parlamentar promoveram banquetes para a implementação da reforma eleitoral que garantiria a supremacia de seu partido. Cada vez mais forçados, na luta contra o governo, a apelar ao povo, eles tiveram de permitir que as camadas radicais e republicanas da burguesia e pequena burguesia assumissem progressivamente a liderança. Mas detrás dessas camadas estavam os trabalhadores revolucionários, e estes haviam conquistado desde 1830 uma independência política muito maior do que podiam conceber os burgueses e mesmo os republicanos. No momento da crise entre governo e oposição, os trabalhadores deram início à luta nas ruas; Luís Filipe desapareceu, e com ele a reforma eleitoral, dando lugar à República e, mais precisamente, uma república caracterizada pelos próprios trabalhadores como "social". O que se devia entender por essa República Social era algo que ninguém sabia ao certo, nem mesmo os trabalhadores. Mas agora eles tinham armas e constituíam um poder no Estado. Por isso, assim que os republicanos burgueses no comando sentiram algum solo firme sob seus pés, sua primeira meta foi o desarmamento dos trabalhadores. Isso foi realizado pela indução dos trabalhadores à rebelião de junho de 1848 mediante a direta quebra da palavra empenhada, a aberta humilhação e a tentativa de banir os desempregados para uma província distante. O governo garantira para si uma arrebatadora supremacia. Após cinco dias de luta heroica, os trabalhadores foram derrotados. E então se seguiu um banho de sangue dos prisioneiros indefesos tal como não ocorria desde os dias das guerras civis que conduziram à queda da República romana. Era a primeira vez que a burguesia mostrava a que insanas crueldades de vingança ela é instigada quando o proletariado ousa contrapor-se a ela como uma classe separada, com seus próprios interesses e exigências. E, no entanto, 1848 foi apenas uma brincadeira de crianças em comparação com a fúria de 1871.

A punição correu em seu encalço. Se o proletariado ainda não podia governar a França, a burguesia não o podia mais fazê-lo. Ao menos não naquele período, quando a maior parte dela ainda tendia para a monarquia e se encontrava fragmentada em três partidos dinásticos e um republicano. Suas dissensões internas permitiram ao aventureiro Luís Bonaparte apossar-se de todos os postos de poder – exército, polícia, maquinaria administrativa – e, em 2 de dezembro de 1851, suprimir o último baluarte da burguesia, a Assembleia Nacional. O Segundo Império deu início à exploração da França por um bando de aventureiros políticos e financeiros, mas ao mesmo tempo a um desenvolvimento industrial que jamais fora possível sob o sistema acanhado e receoso de Luís Filipe, dominado exclusivamente por apenas uma pequena parte da grande burguesia. Luís Bonaparte obteve dos capitalistas seu poder político sob o pretexto de protegê-los, os burgueses, contra os trabalhadores, e, por outro lado, de proteger os trabalhadores contra os burgueses; mas, para isso, seu poder foi favorecido pela especulação e pela atividade industrial, em suma, pela prosperidade e enriquecimento de toda a burguesia em uma medida até então inédita. Porém, em uma medida ainda maior, desenvolveu-se a corrupção e o roubo em massa, instalados em torno da corte imperial e extraindo altas porcentagens desse enriquecimento.

Karl Marx

Mas o Segundo Império era o apelo ao chauvinismo francês, a demanda pela restauração das fronteiras do Primeiro Império perdidas em 1814 ou, ao menos, daquelas da Primeira República. Um império francês dentro das fronteiras da antiga monarquia, e mesmo dentro das mais reduzidas fronteiras de 1815, seria, por um bom tempo, uma impossibilidade. Daí a necessidade de guerras breves e expansão de fronteiras. Mas nenhuma expansão de fronteira deslumbrava tanto a imaginação dos chauvinistas franceses quanto a da margem esquerda do Reno. Uma milha quadrada no Reno valia mais para eles do que dez milhas nos Alpes ou em qualquer outro lugar. Dado o Segundo Império, a demanda pela restauração à França da margem esquerda do Reno, feita de uma única vez ou por partes, era apenas uma questão de tempo. Esse tempo chegou com a guerra austro-prussiana de 1866; depois que sua expectativa de uma "reparação territorial" foi lograda por Bismarck e por sua própria política exageradamente engenhosa e hesitante, não restou a Bonaparte mais do que a guerra, que foi deflagrada em 1870 e que o arrastaria a Sedan e, de lá, a Wilhelmshöhe*.

Sua consequência necessária foi a revolução parisiense de 4 de setembro de 1870. O Império desmoronou como um castelo de cartas, a República foi novamente proclamada. Mas o inimigo permanecia às portas; os exércitos do Império estavam ou definitivamente cercados em Metz ou aprisionados na Alemanha. Nesse momento crítico, o povo autorizou os deputados de Paris eleitos para o antigo corpo legislativo a atuar como "Governo da Defesa Nacional". Isso foi concedido tanto mais prontamente quanto, para a finalidade da defesa, todos os parisienses capazes de manejar armas haviam sido alistados na Guarda Nacional e armados, de modo que, agora, os trabalhadores constituíam a grande maioria. Mas rapidamente aflorou a oposição entre o governo, constituído quase exclusivamente de burgueses, e o proletariado armado. Em 31 de outubro, batalhões de trabalhadores atacaram a prefeitura municipal e aprisionaram uma parte dos membros do governo; mediante traição, quebra da palavra por parte do governo e intervenção de alguns batalhões pequeno-burgueses, eles foram novamente postos em liberdade, e a fim de não precipitar a guerra civil interna em uma cidade já sitiada por potências bélicas estrangeiras, o governo de então foi deixado em seu lugar.

Finalmente, em 28 de janeiro de 1871, a faminta Paris capitulou. Porém, com honras até então inéditas na história das guerras. As fortalezas foram rendidas, as muralhas externas desarmadas, as armas dos Regimentos de Linha e da Guarda Móvel entregues, os próprios soldados considerados prisioneiros de guerra. Mas a Guarda Nacional conservou consigo suas armas e canhões e apenas cumpriu o armistício firmado com os vencedores. E estes

---

* Isto é, para a prisão. (N. T.)

mesmos não ousaram entrar triunfalmente em Paris. Eles só ousaram ocupar uma borda muito pequena de Paris, que além do mais consistia, em sua maior parte, de parques públicos, e isso por uns poucos dias! E durante esse tempo, aqueles que por 131 dias haviam mantido seu cerco à capital foram eles mesmos cercados pelos trabalhadores armados de Paris, a vigiar atentamente para que nenhum "prussiano" pudesse ultrapassar os estreitos limites daquela borda cedida aos conquistadores estrangeiros. Tal era o respeito que os trabalhadores de Paris inspiravam naquele exército diante do qual todos os exércitos do Império haviam deposto suas armas; e os aristocratas rurais [*Junker*] prussianos, que lá estavam para fazer vingança no centro da revolução, foram obrigados a pôr-se em pé respeitosamente e saudar justamente essa revolução armada!

Durante a guerra, os trabalhadores de Paris haviam se limitado a reivindicar a enérgica continuação da luta. Mas agora que reinava a paz depois da capitulação de Paris, agora Thiers, o novo chefe de governo, percebeu que o domínio das classes proprietárias – dos grandes proprietários de terra e dos capitalistas – estaria em permanente perigo enquanto os trabalhadores de Paris conservassem as armas em suas mãos. Sua primeira medida foi uma tentativa de desarmamento. Em 18 de março, ele enviou tropas de linha com ordens para roubar a artilharia que pertencia à Guarda Nacional, armas que haviam sido produzidas durante o cerco a Paris e pagas por subscrição pública. A tentativa fracassou, Paris armou-se como um só homem em defesa das armas e foi declarada a guerra entre Paris e o governo da França com sede em Versalhes. Em 26 de março, a Comuna de Paris foi escolhida e, no dia 28, proclamada. O Comitê Central da Guarda Nacional, que até então ocupara o governo, apresentou sua abdicação à Guarda Nacional, mas não antes de decretar a abolição da escandalosa "polícia dos costumes" de Paris. Em 30 de abril, a Comuna suprimiu o alistamento e o exército permanente e declarou a Guarda Nacional, à qual passavam a pertencer todos os cidadãos aptos a portar armas, como a única força armada; isentou de pagamento todas as parcelas de aluguéis de imóveis de outubro de 1870 a abril [de 1871], podendo os inquilinos descontar o valor já pago nas parcelas futuras, e cancelou todas as vendas de bens depositados nas casas de penhores públicas. No mesmo dia, os estrangeiros eleitos para a Comuna foram confirmados em seus postos, pois a "bandeira da Comuna é a República Universal".

Em 1º de abril, decidiu-se que o salário mais alto de um funcionário da Comuna, portanto também de seus próprios membros, não poderia ultrapassar 6 mil francos (4.800 marcos). No dia seguinte, foi decretada a separação entre Igreja e Estado e o cancelamento de todos os pagamentos estatais para fins religiosos, bem como a transferência de todos os bens da Igreja para o patrimônio nacional; a isso se seguiu, em 8 de abril, a ordem – e sua progressiva execução – de banir das escolas todos os símbolos, imagens, dogmas e preces religiosos, em suma, "tudo aquilo que pertence ao âmbito da consciência de cada indivíduo". No dia 5, em resposta aos fuzilamentos diários dos combatentes da Comuna feitos prisioneiros pelas tropas de Versalhes, um decreto sobre tomada de reféns foi emitido, mas nunca executado. No dia 6, a guilhotina foi arrancada pelo 137º Batalhão da Guarda Nacional e queimada em público em meio a um sonoro júbilo popular. No dia 12, a Comuna decidiu derrubar, como símbolo do chauvinismo e da incitação do ódio entre os povos, a Coluna da praça Vendôme, que fora fundida após a guerra de 1809 com o bronze dos canhões capturados por Napoleão. Isso foi realizado em 16 de maio. Em 16 de abril, a Comuna ordenou um levantamento estatístico das fábricas paralisadas pelos fabricantes e a elaboração de planos para o gerenciamento dessas fábricas pelos trabalhadores, anteriormente empregados, agora reunidos em sociedades cooperativas, assim como para a organização dessas sociedades em uma grande liga. No dia 20, ela suprimiu o trabalho noturno dos padeiros e também as carteiras de registro dos trabalhadores, cuja administração desde o Segundo Império constituíra monopólio de alguns indivíduos nomeados pela polícia, exploradores de primeira linha; as carteiras de registro foram transferidas aos *maires* do 20º *arrondissement* de Paris. Em 30 de abril, ela ordenou a supressão das casas de penhores, que constituem uma exploração privada dos trabalhadores e se encontram em contradição com o direito do trabalhador ao seu instrumento de trabalho e ao crédito. Em 5 de maio, ordenou a demolição da Capela Expiatória erigida como desagravo à execução de Luís XVI.

Assim, a partir de 18 de março o caráter de classe do movimento parisiense, que até então estivera em segundo plano na luta contra a invasão estrangeira, emergiu de forma penetrante e nítida. Ou eles decretaram reformas que a burguesia republicana falhara em implementar por pura covardia, porém constituíam uma base necessária para a livre ação da classe trabalhadora – como a implementação do princípio de que a religião, *diante do Estado*, é uma questão meramente privada –, ou promulgaram decretos que iam diretamente ao encontro dos interesses da classe trabalhadora e que, em parte, feriam profundamente o antigo ordenamento social. Em uma cidade sitiada, no entanto, a concretização disso tudo podia, no máximo, dar seus primeiros passos. E a partir do começo de março, a luta contra os exércitos cada vez mais numerosos reunidos pelo governo de Versalhes passou a consumir todas as suas forças.

Em 7 de abril, os versalheses haviam capturado as passagens sobre o Sena em Neuilly, no *front* oeste de Paris; por outro lado, foram derrotados pelo general Eudes, no dia 11, em ataque ao *front* sul, com pesadas baixas. Paris foi continuamente bombardeada, e justamente por aquelas mesmas pessoas que haviam estigmatizado como um sacrilégio o bombardeio da cidade pelos prussianos. Essas mesmas pessoas agora imploravam ao governo prussiano o imediato retorno dos soldados franceses feitos prisioneiros em Sedan e Metz, a fim de que estes pudessem reconquistar Paris para eles.

A guerra civil na França

A progressiva chegada dessas tropas garantiu aos versalheses, a partir de maio, uma supremacia decisiva. Isso já ficou patente quando, em 23 de abril, Thiers quebrou as negociações para a troca, proposta pela Comuna, do arcebispo de Paris e de uma lista inteira de outros padres detidos como reféns em Paris por um único homem, Blanqui, que por duas vezes fora eleito para a Comuna, porém encontrava-se detido em Clairvaux. E mais ainda pela mudança de linguagem de Thiers, que antes era procrastinadora e equívoca e agora se tornava, de súbito, insolente, ameaçadora, brutal. No *front* sul, os versalheses tomaram, em 3 de maio, o reduto de Moulin-Saquet; no dia 9, o forte de Issy, inteiramente destruído pela artilharia; no dia 14, o forte de Vanves. No *front* ocidental, eles avançavam gradualmente, capturando os numerosos vilarejos e prédios que se estendiam até as muralhas externas da cidade, até chegarem à própria muralha principal; no dia 21, graças à traição e ao descuido dos guardas nacionais lá estacionados, eles conseguiram entrar na cidade. Os prussianos, que mantinham a posse dos fortes situados no norte e no leste, permitiram aos versalheses avançar pelo norte da cidade, atravessando o terreno a eles vedado pelo armistício, e, assim, marchar avante e atacar por um longo *front* que os parisienses, por acreditá-lo coberto pelo armistício, haviam deixado fracamente guarnecido. Como resultado disso, a resistência na metade oeste de Paris, na cidade propriamente luxuosa, era fraca; ela se tornava mais forte e mais tenaz quanto mais as tropas invasoras se aproximavam da metade leste, da cidade propriamente operária. Somente depois de oito dias de luta foram derrotados os últimos defensores da Comuna no alto das colinas de Belleville e Ménilmontant, e então o assassinato de homens, mulheres e crianças desarmados, que durante toda uma semana ocorreu em escala progressiva, atingiu sua escala máxima. Como as armas de carregamento manual não conseguiam mais matar na velocidade necessária, os vencidos foram executados às centenas com metralhadoras. O "muro dos federados", no cemitério de Père-Lachaise, onde se deu o último assassinato em massa, permanece ainda hoje como um testemunho mudo-eloquente da selvageria de que a classe dominante é capaz tão logo o proletariado ousa insurgir-se por seus direitos. Então vieram as prisões em massa; quando a execução de todos eles se mostrou impossível, iniciaram-se os fuzilamentos arbitrários de vítimas expiatórias escolhidas a esmo nas listas de prisioneiros, sendo os restantes transferidos para grandes campos, onde deviam aguardar o julgamento perante a corte marcial. As tropas prussianas, que cercavam a metade norte de Paris, receberam ordens de não deixar passar nenhum fugitivo; mas os oficiais frequentemente fechavam os olhos quando os soldados prestavam mais obediência aos ditames da humanidade do que àqueles do comando maior; particularmente, há de se prestar as devidas honras aos regimentos do exército da Saxônia por terem agido muito humanamente e permitido a passagem de inúmeros trabalhadores cujas características de combatentes da Comuna eram evidentes.

Karl Marx

———◆———

Se hoje, vinte anos depois, olhamos retrospectivamente para a atividade e o significado histórico da Comuna de Paris de 1871, concluímos ser necessário fazer alguns acréscimos à exposição apresentada em *A guerra civil na França*.

Os membros da Comuna se dividiam em uma maioria, os blanquistas, que também haviam sido predominantes no Comitê Central da Guarda Nacional, e uma minoria: os membros da Associação Internacional dos Trabalhadores, consistindo principalmente de seguidores da escola socialista de Proudhon. Os blanquistas, em sua grande maioria, eram socialistas apenas por instinto revolucionário, proletário; somente alguns poucos haviam obtido uma maior clareza dos princípios por intermédio de Vaillant, conhecedor do socialismo científico alemão. Compreende-se, assim, que no âmbito econômico tenha-se deixado de fazer muitas coisas que, segundo nossa visão atual, a Comuna deveria ter feito. O mais difícil de entender é, de certo, o respeito sagrado com o qual se permaneceu respeitosamente diante das portas do Banco da França. Este foi, também, um terrível erro político. O banco nas mãos da Comuna – isso valia mais do que dez mil reféns. Isso significaria a pressão da burguesia francesa inteira sobre o governo de Versalhes em favor da paz com a Comuna. Mas o que é mais admirável é o acerto de tantas medidas tomadas pela Comuna, composta, como era, de blanquistas e proudhonianos. É claro que os proudhonianos foram os principais responsáveis pelos decretos econômicos da Comuna, tanto por seus aspectos elogiáveis quanto pelos condenáveis, do mesmo modo que os blanquistas foram os principais responsáveis por suas ações e omissões políticas. E, em ambos os casos, quis a ironia da história – como costuma acontecer quando doutrinadores chegam ao poder – que tanto uns quanto os outros fizessem o contrário daquilo que suas escolas doutrinárias prescreviam.

Proudhon, o socialista do pequeno-camponês e do mestre-artesão, odiava a associação com um ódio positivo. Ele afirmava haver nela mais mal do que bem, que ela era estéril por natureza, mesmo danosa, por ser uma amarra a tolher a liberdade do trabalhador; ela era, para ele, um puro dogma, improdutivo e opressivo, em oposição tanto à liberdade do trabalhador como à economia de trabalho, e dizia que suas desvantagens multiplicavam-se mais rapidamente do que suas vantagens; que, comparada com ela, a concorrência, a divisão do trabalho e a propriedade privada eram forças econômicas. Apenas para os casos excepcionais – como Proudhon os denomina – da grande indústria e das grandes unidades industriais, como as ferrovias, haveria lugar para a associação dos trabalhadores. (Cf. "*Idée générale de la révolution*", 3. *étude.**)

---

* "Ideia geral da revolução", 3º estudo. (N. T.)

A guerra civil na França

E, em 1871, a grande indústria já deixara – mesmo em Paris, o principal centro da produção artesanal – em tal medida de ser um caso excepcional que o de longe mais importante decreto da Comuna instituía uma organização da indústria de larga escala, e mesmo da manufatura, que não se baseava apenas na associação dos trabalhadores em cada fábrica, mas também devia combinar todas essas associações em uma grande liga; em suma, uma organização que, como Marx afirmara na *Guerra civil* com plena correção, acabaria por conduzir ao comunismo, ao oposto direto, portanto, da doutrina proudhoniana. E por isso foi a Comuna, igualmente, o túmulo da escola socialista proudhoniana. Esta escola, hoje, desapareceu dos círculos operários franceses; nestes reina, agora incontestada, entre possibilistas* não menos do que entre "marxistas", a teoria marxiana. Apenas em meio à burguesia "radical" ainda se encontram proudhonianos.

Não era melhor o caso dos blanquistas. Crescidos na escola da conspiração, mantidos unidos por meio da rígida disciplina a ela correspondente, eles partiam do ponto de vista de que um número relativamente pequeno de homens decididos e bem organizados poderia, em dado momento favorável, não apenas tomar o comando do Estado, como também, pelo emprego de uma grande e implacável energia, conservar o poder até conseguir arrastar a massa do povo para a revolução, arregimentando-a em torno do pequeno grupo de líderes. Isso exigiria, antes de tudo, a centralização ditatorial de todo poder nas mãos do novo governo revolucionário. E o que fez a Comuna, cuja maioria era constituída justamente desses blanquistas? Em todas as suas proclamações aos franceses da província, ela os conclamava a formar uma federação de todas as comunas francesas com Paris, a uma organização nacional que, pela primeira vez, seria realmente obra da própria nação. Precisamente o poder repressivo do governo centralizado até então existente, o poder do exército, da polícia política e da burocracia criados por Napoleão em 1798 e, desde então, assumido por todo novo governo como um conveniente instrumento e usado contra seus adversários, precisamente este poder devia cair por toda parte, do mesmo modo como já caíra em Paris.

Desde o primeiro momento, a Comuna teve de reconhecer que a classe trabalhadora, uma vez no poder, não podia continuar a operar com a velha máquina estatal; que essa classe trabalhadora, para não tornar a perder o poder que acabara de conquistar, tinha de, por um lado, eliminar a velha maquinaria opressora até então usada contra ela, enquanto, por outro lado, tinha de proteger-se de seus próprios delegados e funcionários, declarando-os,

---

* Tendência no movimento socialista francês que, em 1882, provocou uma cisão no Partido Trabalhista Francês. Seus líderes proclamavam como meta a consecução do "possível", o que, para eles, excluía a revolução proletária. (N. T.)

sem qualquer exceção, como substituíveis a qualquer momento. Em que consista o traço característico do Estado até então existente? A sociedade havia criado, para a consecução de seus interesses comuns, seus próprios órgãos, originalmente por meio da divisão simples do trabalho. Mas esses órgãos, tendo em seu ápice o poder estatal, converteram-se, com o passar do tempo e em nome de seus próprios interesses, de servidores da sociedade em senhores desta. Tal como se observa, por exemplo, não apenas na monarquia hereditária, mas igualmente também na república democrática. Em nenhum lugar constituem os "políticos" uma seção mais apartada e poderosa da nação do que justamente na América do Norte. Lá cada um dos dois grandes partidos aos quais o poder recai alternadamente é regido por pessoas que fazem da política um negócio, que especulam por assentos nas assembleias da União ou dos Estados ou que vivem da agitação para seu partido em troca de cargos futuros. É bem conhecido que os norte-americanos, já há 30 anos, procuram se ver livres desse jugo insuportável e que eles, apesar de tudo, afundam cada vez mais nesse lamaçal de corrupção. É precisamente na América que podemos observar melhor como se opera essa autonomização do poder estatal em relação à sociedade, da qual ele deveria ser um mero instrumento. Lá não existe qualquer dinastia, nobreza, exército regular – com exceção de uns poucos homens para o policiamento dos índios –, nenhuma burocracia com postos permanentes ou com direito a pensões. E, no entanto, é nesse país que temos dois grandes bandos de especuladores políticos a se apossarem alternadamente do Estado, explorando-o com os mais corruptos meios para os mais corruptos fins – e a nação se vê impotente contra esses dois cartéis políticos que supostamente estão a seu serviço, mas que, na realidade, a dominam e saqueiam.

Contra essa transformação do Estado e dos órgãos estatais de servidores da sociedade em senhores da sociedade, transformação inevitável em todos os Estados até então existentes, a Comuna lançou mão de dois meios infalíveis. Primeiro, ela ocupou todos os cargos – administrativos, judiciais e educacionais – por meio de eleição pelo voto de todos os envolvidos, dando a estes o direito de demitir os eleitos a qualquer momento. Segundo, ela pagava a cada servidor, de alto ou baixo escalão, apenas um salário igual aos dos outros trabalhadores. O salário mais alto era de 6 mil francos. Com isso, fechou-se a porta para a caça por cargos e para o carreirismo, para não falar dos mandatos imperativos dos delegados aos corpos legislativos, que ainda foram acrescentados em profusão.

Essa explosão do poder estatal até então existente e sua substituição por um novo poder, verdadeiramente democrático, é descrita com detalhes na terceira parte da *Guerra civil*. Aqui se fez necessário, porém, expor uma vez mais alguns de seus aspectos, porque justamente na Alemanha a crença supersticiosa no Estado transferiu-se da filosofia para a consciência geral da burguesia e, até mesmo, de muitos trabalhadores. Segundo a representação filosófica, o Estado é a "efetivação da ideia" ou o reino de Deus na Terra traduzido para a língua filosófica, o âmbito em que a verdade e a justiça se efetivam ou devem se efetivar. Disso resulta uma reverência supersticiosa ao Estado e a tudo a ele ligado, reverência que se alastra mais rapidamente na medida em que as pessoas, desde a mais tenra infância, estão acostumadas a imaginar que os negócios e interesses comuns a toda a sociedade não podem ser geridos de outra maneira do que aquela em que o foram no passado, isto é, mediante o Estado e seus oficiais bem remunerados. E ainda se acredita que foi dado um grande passo ao se superar a crença na monarquia hereditária e prestar juramento à república democrática. Na realidade, porém, o Estado não é mais do que uma máquina para a opressão de uma classe por outra, e isso vale para a república democrática não menos que para a monarquia; na melhor das hipóteses, ele é um mal que o proletariado vitorioso herda na luta pelo domínio de classe e cujos piores aspectos o proletariado, assim como a Comuna, não pode evitar eliminar o mais prontamente possível, até que uma nova geração, crescida em condições sociais novas e livres, seja capaz de remover de si todo este entulho estatal.

 E eis que o filisteu alemão foi novamente tomado de um saudável terror com as palavras: ditadura do proletariado. Pois bem, senhores, quereis saber como é esta ditadura? Olhai para a Comuna de Paris. Tal foi a ditadura do proletariado.

Friedrich Engels
Londres, no vigésimo aniversário da Comuna de Paris,
18 de março de 1891

"Trabalhando, pensando, lutando, sangrando: assim se encontrava Paris, em sua incubação de uma sociedade nova e quase esquecida dos canibais à espreita diante de suas portas, radiante no entusiasmo de sua iniciativa histórica!" (p. 66)

CARTAS (1870-1871)

Marx a Engels
em Manchester

[Londres,] 8 de agosto de 1870

Caro Fred,

Irei apenas amanhã (fui obrigado a permanecer mais tempo por causa do *business* da *International**), e não para Brighton, mas sim para Ramsgate, porque, segundo as informações que obtive, Brighton está muito quente e, além disso, Arnold Winkelried Ruge torna o ambiente inseguro.

*L'Empire est fait***, isto é, o império alemão. *By hook and crook****, nem por um caminho intencional, nem da forma que se imaginava, parece que todos os pequenos truques desde o *Second Empire**** acabaram por conduzir aos fins "nacionalistas" de 1848 – Hungria, Itália, Alemanha! Tenho a impressão de que esse tipo de movimento só chegará ao fim quando *os prussianos e os russos* resolverem se engalfinhar. Isso não é nada improvável. A imprensa do partido moscovita (eu vi muito disso em Borkheim) atacou o governo russo por sua postura amistosa em relação à Prússia de uma forma tão intensa quanto os jornais franceses, no sentido de Thiers, atacaram o Boustrapa[1] por

---

*   Assuntos da Internacional. (N. T.)
**   O Império está pronto. (N. T.)
*** De uma forma ou de outra. (N. T.)
**** Segundo Império. (N. T.)
[1]   "Boustrapa" é o apelido de Luís Napoleão Bonaparte, formado pelas três sílabas iniciais dos nomes das cidades de Bolonha, Estrasburgo e Paris, em referência às tentativas de golpe de 30 de outubro de 1836 em Estrasburgo, de 6 de agosto de 1840

seus carinhos com a Prússia. Apenas o imperador*, o partido russo-alemão e o oficial *St. Petersburger Journal* sopraram o clarim contra a França. Mas estes também não esperavam se deparar com tão decisivas vitórias prussiano-germânicas. Como Bonaparte em 1866, eles achavam que as *belligerent powers*** enfraqueceriam uma à outra mediante uma longa luta, de modo que a sagrada Rússia pudesse interpor-se como árbitra suprema entre as partes.

Mas e agora? Se Alexandre não deseja ser envenenado, *something must be done**** para silenciar o partido nacionalista. O prestígio da Rússia será ainda mais "ferido" por um império germano-prussiano do que o prestígio do "*Second Empire*" pela Liga da Alemanha do Norte².

A Rússia, exatamente como o fez Bonaparte em 1866-1870, trapaceará a Prússia para obter concessões em direção ao lado turco, e todas essas trapaças, apesar da religião russa dos Hohenzollern, acabarão em uma *guerra entre os trapaceiros*. Por mais simplório que seja o bronco alemão, seu reforçado sentimento nacional (principalmente agora, quando não se pode mais persuadi--lo de que ele deve aceitar tudo o que lhe é imposto a fim de criar a unidade alemã) dificilmente aceitará ser posto *a serviço da Rússia*, para o que não há mais qualquer razão ou mesmo *pretext*****. *Qui vivra, verra*******. Se nosso belo Guilherme****** ainda viver alguns anos, poderemos vivenciar suas proclamações aos poloneses. Como diz o velho Carlyle, quando Deus quer fazer algo especialmente grandioso, escolhe para a tarefa sempre os homens mais imbecis.

O que neste momento me angustia é o estado das coisas na própria França. A próxima grande batalha dificilmente poderá ter outro resultado do que a derrota dos franceses. E então? Bastará o exército derrotado se voltar para Paris, *sob o comando de Boustrapa*, e teremos uma paz das mais humilhantes para a França, talvez com a *restauration******* dos Orléans. Estourando uma revolução em Paris, então a questão é se eles terão os meios e os líderes para opor

---

	em Bolonha e ao golpe de Estado em Paris, em 2 de dezembro de 1851, que levou à instauração da ditadura bonapartista na França. (N. E. A.)
*	Alexandre II, tsar da Rússia. (N. T.)
**	Potências beligerantes. (N. T.)
***	Algo tem de ser feito. (N. T.)
2	A luta pela supremacia na Alemanha acabara com a vitória definitiva da Prússia sobre a Áustria na guerra austro-prussiana de 1866. Com isso, deu-se um passo decisivo rumo à unificação da Alemanha liderada pela Prússia. A monarquia prussiana anexou Hannover, Nassau, Kurhessen, Frankfurt e Schleswig-Holstein. O parlamento alemão foi dissolvido e, com isso, a Áustria foi excluída do desenvolvimento nacional. A Prússia reservou para si o direito de criação da Liga da Alemanha do Norte. (N. E. A.)
****	Pretexto. (N. T.)
*****	Quem viver verá. (N. T.)
******	Guilherme I. (N. T.)
*******	Restauração. (N. T.)

alguma resistência aos prussianos. Não se pode desconsiderar que a farsa bonapartista, que já dura vinte anos, está enormemente desmoralizada. Não temos muitas razões para contar com o heroísmo revolucionário. O que achas?

Não entendo nada de assuntos militares, mas me parece que raramente uma campanha foi conduzida de forma tão estúpida, desorientada e medíocre como a campanha de Badinguet[3]. E ainda por cima toda aquela cena de abertura, bem ao estilo de melodrama da Porte S. Martin do *lower empire**, com o pai e o filho junto aos canhões, e a infâmia – que aqui anda junto com a "alta dignidade" – do bombardeio de Saarbrücken! Esse é o sujeito tal como o conhecemos.

MacMahon pressionou o primitivo Conselho de Guerra por um rápido contra-ataque a Metz, mas Leboeuf manifestou uma opinião contrária.

A propósito! De uma carta de Viena (de um amigo de Eccarius, um senhor de 72 anos) ficamos sabendo que *Bismarck* se encontrava por lá, na maior tranquilidade!

Essa guerra se mostra em perfeita correspondência com o espírito do *lower empire*, com sua forma de comissariado e sua diplomacia de discursos: ela se baseia em roubar e mentir uns para os outros alternadamente, o que explica porque toda a França, do ministro ao escrivão, do marechal ao recruta, do imperador ao engraxate, esteja bastante enfurecida agora que o *true state of things*** vem à tona sob o fogo dos canhões.

O sr. John Stuart Mill teceu grandes elogios à nossa mensagem. Ela causou, em geral, grande impacto em Londres. Entre outras coisas, a Peace Society de Cobden[4] escreveu oferecendo-se para divulgá-la.

*Ad vocem**** o manifesto de Oswald*[5]: senti-me autorizado a te incluir, pois me pareceu indelicado que eu lá figurasse sem "ti". O manifesto fica cada vez mais estúpido à medida que se arrasta. Mas isso não nos importa, já que

---

[3] Badinguet – apelido conferido a Napoleão III, que em 1846 escapou da prisão em Ham vestindo as roupas de um camponês com esse nome. (N. E. A.)

* Baixo império. (N. T.)

** Verdadeiro estado de coisas. (N. T.)

[4] A *Peace Society* (Sociedade da paz) era uma organização pacifista fundada em Londres em 1816 e apoiada por livre-cambistas. A sociedade contribuiu com 20 £ para a divulgação da "Primeira mensagem do Conselho Geral sobre a guerra franco-prussiana" (cf. supra. p. 21-5). Com esse dinheiro, 30 mil exemplares da mensagem foram impressos em Genebra, em alemão e francês. (N. E. A.)

*** Agora sobre. (N. T.)

[5] Eugen Oswald solicitara a Marx, em 18 de julho de 1870, a assinatura de um manifesto contra a guerra franco-prussiana redigido por um grupo de imigrantes alemães e franceses. Marx, Engels e outros membros da Internacional subscreveram esse manifesto intitulado "Ao povo francês! Ao povo alemão!", porém fizeram acompanhar suas assinaturas da seguinte observação: "Concordo com o manifesto acima na medida em que sua tendência geral coincide com o manifesto sobre a guerra emitido pelo Conselho Geral da '*Associação Internacional dos Trabalhadores*'". (N. E. A.)

endossamos apenas *its general sentiments** etc. Voltar atrás – apesar da insignificância – é algo que não se pode mais agora, pois Louis Blanc etc. iriam pensar que isso se deve à vitória prussiana.

A propósito! O velho Ruge escreveu a Oswald oito dias atrás, dizendo que não poderia assinar. Por quê? Ele está *"convencido de que os prussianos irão proclamar a República francesa em Paris!"* Não reconheces aí o velho animal da confusão-construção em toda sua glória?

Em anexo alguma coisa do profeta Urquhart. Salve.

Teu
K. M.

P. S. Em um artigo do *Fortnightly Review* (de agosto) sobre *"Our uncultivated lands****"*, lê-se o seguinte sobre o solo irlandês: "Que o seu solo é fértil é provado pelo testemunho etc. etc. e do sr. de *Laveleye*: este senhor diz que etc. etc."*** (p. 204). Como Laveleye é considerado pelos ingleses como uma grande autoridade agronômica devido aos seus livros sobre a agricultura belga e italiana, acho que o artigo te será útil.

Engels a Marx
em Ramsgate

Manchester, 15 de agosto de 1870.

Caro Mouro,

Para alguém que, como eu, se encontra há três dias com dores de estômago e uma febre baixa de vez em quando, não é nenhum grande prazer, mesmo que já à caminho da melhora, estender-se sobre a política de Wilhelm****. Mas como tens de retomar este assunto, então que assim seja.

Em que medida o certamente muito fraco Bracke deixou-se pessoalmente arrastar pelo entusiasmo nacionalista é algo que não sei, e como em 14 dias recebi apenas *um único* número do *Volkstaat*, também não posso basear meu julgamento em outra coisa além da carta de Bonhorst a Wilhelm, que no

---

* Sua tendência geral. (N. T.)
** Nossas terras não cultivadas. (N. T.)
*** *"That her soil is fertile is proved upon the testimony etc. etc. and M. de* Laveleye: *the latter gentleman says etc. etc."* (N. T.)
**** Wilhelm Liebknecht. (N. T.)

geral é *cool**, mas dá sinais de insegurança teórica. Em contraste com isso, a limitada segurança de Liebknecht quanto aos princípios é, como sabemos, uma vantagem.

O caso se apresenta a mim da seguinte forma: a Alemanha entrou, por intermédio de Badinguet[6], em uma guerra por sua existência nacional. Se sucumbir contra Badinguet, então o bonapartismo estará consolidado por muitos anos e a Alemanha, por anos ou por gerações, estará quebrada. Assim, perderá importância a questão de um movimento operário alemão independente, pois a luta pela criação da existência nacional absorverá tudo e os trabalhadores alemães, na melhor das hipóteses, serão rebocados pelos trabalhadores franceses. Se a Alemanha vencer, então o bonapartismo francês estará quebrado, a eterna gritaria pelo estabelecimento da unidade alemã terá desaparecido e os trabalhadores poderão se organizar em uma escala nacional totalmente diferente da que existiu até então, enquanto os trabalhadores franceses, seja qual for o tipo de governo que lá venha a se instalar, terão certamente um ambiente mais livre do que sob o bonapartismo. A massa inteira do povo alemão de todas as classes percebeu que o que está em primeiro plano é justamente a existência nacional e, por isso, embarcou imediatamente neste movimento. Que, sob essas circunstâncias, um partido político alemão pregue a total abstenção *à la* Wilhelm e coloque considerações secundárias acima da consideração principal, é algo que me parece impossível.

A isso se acrescenta o fato de que Badinguet não poderia ter travado essa guerra sem o chauvinismo da massa da população francesa, do burguês, do pequeno-burguês, do camponês e do proletariado da construção – imperialistas e haussmannistas –, derivado dos camponeses e criado por Bonap[arte] nas grandes cidades. Enquanto esse chauvinismo não for combatido, e de modo intenso, a paz entre a Alemanha e a França será impossível. Poder-se-ia esperar que uma revolução proletária se encarregasse desse trabalho; porém, desde que a guerra começou, aos alemães não resta mais a fazer do que isso, e sem demora.

Que – e agora vêm as questões secundárias – essa guerra seja comandada por Lehmann**, Bismarck e companhia e tenha de servir à sua glória momentânea caso eles a conduzam com sucesso é algo que devemos à miséria da burguesia alemã. É certamente algo muito desagradável, mas que não pode ser alterado. Porém, seria absurdo, por causa disso, elevar o antibismarquismo a um princípio norteador. Em primeiro lugar, tal como em 1866, B[ismarck] faz agora um pouco de nosso trabalho – a *seu* modo e sem querer, é claro, mas o faz. Ele está, melhor do que antes, limpando o terreno para nós. Além disso, não estamos mais no ano 1815. Agora os alemães do sul ingressarão

---

* Satisfatória. (N. T.)
[6] Badinguet – apelido conferido a Napoleão III, que em 1846 escapou da prisão em Ham vestindo as roupas de um camponês com esse nome. (N. E. A.)
** Guilherme I. (N. T.)

necessariamente no parlamento e isso trará um contrapeso ao prussianismo. Considere-se, ainda, as obrigações nacionais que incidirão sobre a Prússia e que, como escreveste, interditarão completamente a aliança russa. É uma absoluta tolice querer, *à la* Liebkn[echt], que a história retroceda a 1866 apenas porque ela o desagrada. Mas nós conhecemos bem nossos exemplares alemães do sul. Com esses bufões, não há nada a fazer.

Penso que nossa gente pode:

1) juntar-se ao movimento nacional – do quão forte ele é, podes ter uma ideia pela carta de Kugelmann – na medida e pelo tempo em que ele se limitar à defesa da Alemanha (o que não exclui uma ofensiva, em certas circunstâncias, até a paz ser instaurada);

2) enfatizar, ao mesmo tempo, a diferença entre os interesses nacional-alemães e os dinástico-prussianos;

3) agir contra qualquer anexação da Alsácia e da Lorena – B[ismarck] dá a entender, agora, sua intenção de anexá-las à Bavária e a Baden;

4) assim que um governo republicano e não chauvinista estiver no poder em Paris, colaborar com ele pelo estabelecimento de uma paz digna;

5) ressaltar continuamente a unidade dos interesses dos trabalhadores alemães e franceses, que não aprovam a guerra e também não fazem guerra uns contra os outros;

6) *Rússia*, como na mensagem da Internacional*.

Em Wilh[elm], o divertido é o argumento de que, pelo fato de Bismarck ser um velho companheiro de Badinguet, a postura correta seria manter-se neutro. Se essa fosse a opinião geral na Alemanha, teríamos novamente, em pouco tempo, a Liga do Reno, e o nobre Wilhelm veria, então, qual o papel que ele nela desempenharia e onde estaria o movimento dos trabalhadores. Um povo que só recebe socos e pontapés é certamente o povo certo para fazer uma revolução social, e mais ainda nos amados X-pequenos estados de Wilhelm!

Que bonito o pobre coleguinha tentar me denunciar por causa de algo que "teria sido" dito no *Elberf[elder] Zeitung*[7]! Pobre animal!

A debacle na França parece ser terrível. Tudo demolido, vendido, arrasado. Os *chassepots*[8] são mal fabricados e falham em ação; e tendo acabado essas armas, os velhos mosquetes tiveram de ser buscados em toda parte. Apesar disso, um governo revolucionário, se chegar *rapidamente*, não tem porque se

---

* Referência à "Primeira mensagem" da Internacional sobre a guerra franco-prussiana (p. 21-5). (N. T.)

[7] Em uma carta de 13 de agosto de 1870, Wilhelm Liebknecht perguntara a Marx "É verdade que Engels está tomado pelo transe patriota? O *Elberfelder Zeitung* teria noticiado isso." (N. E. A.)

[8] Arma aperfeiçoada por Antoine Chassepot e introduzida no exército francês em 1866. (N. E. A.)

desesperar. Mas ele terá de deixar Paris à sua sorte e continuar a guerra a partir do sul. Ele teria, ainda, uma possibilidade de se manter enquanto armas fossem compradas e novos exércitos fossem organizados, com os quais os inimigos seriam progressivamente obrigados a recuar para a fronteira. Este seria, realmente, o verdadeiro fim da guerra: os dois países fornecendo provas mútuas de sua inconquistabilidade. Mas se isso não acontecer rapidamente, então a comédia estará terminada. As operações de Moltke são bastante exemplares – o velho Guilherme* parece dar a ele plenos poderes – e os quatro batalhões já se juntam ao exército, enquanto os batalhões franceses parecem ainda não existir.

Se Badinguet ainda não deixou Metz, isso poderá terminar mal para ele.

Para o reumatismo, não é bom banho de mar. Mas Gumpert – que está em Wales por quatro semanas – diz que a *brisa do mar* é bastante eficaz. Espero que estejas livre das dores em breve, pois isso é algo realmente infame. Em todo caso, isso não te fará mal e o que mais importa é a recuperação de tua saúde geral.

Saudações.

Teu
F. E.

Vês, aliás, como o pobre Wilh[elm] continua a fazer conchavos com os reacionários particularistas – Wulster, Obermüller etc. – e a conduzir o partido nessa direção.

Wilhelm contava, obviamente, com a vitória de Bonaparte, simplesmente para ver o seu Bismarck derrotado. Recordas como ele o ameaçava com os franceses. *Tu*, é claro, também estás *do lado de Wilhelm!*

Marx a Edward Spencer Beesly
em Londres

[Londres,] 19 de outubro de 1870

Meu caro senhor,

Deák é contra os trabalhadores. Ele é, de fato, a versão húngara de um *Whig*** inglês.

---

*   Guilherme I. (N. T.)
** Nome de partido liberal inglês, assim como a designação de seus membros. (N. T.)

Quanto a Lyon, recebi cartas não publicáveis. No início, tudo ia bem. Sob pressão da seção da Internacional, a República foi proclamada antes que Paris desse este passo. Um governo revolucionário foi imediatamente estabelecido – *La Commune* –, composto em parte por trabalhadores membros da "Internacional", em parte por republicanos radicais da classe média. Os *octrois** foram imediatamente abolidos, e com razão. Os intriguistas bonapartistas e clericais foram intimidados. Meios enérgicos foram empregados para armar o povo inteiro. A classe média começou, se não realmente a simpatizar com a nova ordem das coisas, ao menos a aceitá-la tranquilamente. A ação de Lyon foi imediatamente sentida em Marselha e Toulouse, onde são fortes as seções da "Internacional".

Mas então os dois asnos, Bakunin e Cluseret, chegam em Lyon e estragam tudo. Por pertencerem ambos à Internacional, eles tiveram, infelizmente, influência suficiente para desorientar nossos amigos. O Hôtel de Ville foi ocupado por um curto período – baixou-se um decreto dos mais estúpidos sobre a *abolition de l'état*** e outros absurdos semelhantes. O senhor compreende que o próprio fato de um russo – apresentado pelos jornais da classe média como um agente de Bismarck – pretender impor-se como o líder do *Comité du Salut de la France**** já foi o bastante para balançar a opinião pública. Quanto a *Cluseret*, este se comportou como um tolo e um covarde. Esses dois homens abandonaram Lyon depois de seu fracasso.

Em Rouen, como na maioria dos centros industriais da França, as seções da Internacional, seguindo o exemplo de Lyon, forçaram a admissão oficial de seus membros operários nos "comitês de defesa".

Apesar disso, devo dizer-lhe que, segundo todas as informações que recebo da França, a classe média em geral prefere a conquista prussiana à vitória da República com tendências socialistas.

Seu servo,
Karl Marx

Envio-lhe um exemplar do *New-York Tribune* que recebi ontem. Eu ficaria muito agradecido se, após a leitura, o senhor o pudesse enviá-lo de volta. Ele traz um artigo sobre a Internacional. Não sei por quem foi escrito, mas, pelo estilo e pela forma, suponho que o autor é o sr. Dana.

Anexo também três exemplares do *Défense nationale*, que Lafargue lhe envia com seus cumprimentos.

---

* Impostos de consumo. (N. T.)
** Abolição do Estado. (N. T.)
*** Comitê de Salvação da França. (N. T.)

Marx a Wilhelm Liebknecht
em Leipzig
(Extrato)

[Londres,] 6 de abril de 1871

[...]

Parece que os parisienses sucumbem. É culpa deles, mas uma culpa que, na verdade, vem de sua grande *honnêteté**. O Comitê Central e, mais tarde, a Comuna, deram a Thiers, este *mischievous avorton***, o tempo necessário para a concentração das forças inimigas, 1) porque simploriamente não quiseram iniciar a *guerra civil*, como se Thiers já não a tivesse iniciado com sua tentativa de desarmar violentamente Paris, como se a Assembleia Nacional, apenas chamada a decidir sobre a guerra ou a paz com os prussianos, não tivesse imediatamente declarado guerra à *República*. 2) Não querendo assumir a aparência de um poder usurpado, perderam valiosos momentos (deviam ter se dirigido imediatamente a Versalhes após a derrota (praça Vendôme dos *réact[ionnaires]**** em Paris****)).

De todas as coisas que lês nos jornais sobre os eventos internos em Paris, não deves acreditar em uma só palavra. É tudo mentira e enganação. Nunca a vileza da escrevinhação burguesa de jornais se impôs com tanta evidência.

É bastante característico que o imperador***** da unidade alemã, o Império da unidade e o parlamento da unidade em Berlim pareçam *absolutamente não existir* para o mundo exterior. Qualquer brisa em Paris interessa mais.

[...]

Marx a Ludwig Kugelmann
em Hannover

Londres, 12 abril de 1871

Caro Kugelmann,

Teu "conselho médico" foi tão eficaz que consultei imediatamente meu dr. Maddison e submeti-me provisoriamente ao seu tratamento. Mas ele

---

* Honestidade. (N. T.)
** Anão malévolo. (N. T.)
*** Reac[ionários]. (N. T.)
**** Referência à manifestação (tentativa de golpe) monarquista de 22 de março de 1871. (N. T.)
***** Guilherme I. (N. T.)

disse que meus pulmões estão em perfeita ordem e que a tosse tem a ver com bronquite etc. Por isso, ele irá tratar de meu fígado.

Ontem recebemos a notícia nada tranquilizadora de que Lafargue (Laura não) encontra-se, no momento, em Paris.

Se olhares o último capítulo de meu *O 18 de brumário*, constatarás que considero que o próximo experimento da Revolução Francesa consistirá não mais em transferir a maquinaria burocrático-militar de uma mão para outra, como foi feito até então, mas sim em *quebrá-la*, e que esta é a precondição de toda revolução popular efetiva no continente. Esse é, também, o experimento de nossos heroicos correligionários de Paris. Que elasticidade, que iniciativa histórica, que capacidade de autossacrifício demonstram estes parisienses! Depois de seis meses de fome e ruína causados mais pela traição interna do que pelo inimigo externo, eles se erguem sob as baionetas prussianas como se não tivesse havido nenhuma guerra entre França e Alemanha e como se o inimigo ainda não se encontrasse às portas de Paris! Se caírem, a culpada por isso será tão somente sua "generosidade". Deviam ter marchado imediatamente para Versalhes, depois que Vinoy e, mais tarde, a própria parte reacionária da Guarda Nacional de Paris haviam abandonado o campo de batalha. Deixaram passar o momento certo por escrúpulos de consciência. Não quiseram *iniciar* a *guerra civil*, como se Thiers, este *mischievous avorton*, já não a tivesse iniciado com sua tentativa de desarmar violentamente Paris! Segundo erro: o Comitê Central renunciou ao seu poder cedo demais para dar lugar à Comuna. Novamente por causa de uma "nobilitante" escrupulosidade! Porém, mesmo com tudo isso, esse levante de Paris – ainda que derrubado pelos lobos, porcos e cães abjetos da velha sociedade – é o ato mais glorioso de nosso partido desde a Insurreição de Junho em Paris. Comparem-se esses obstinados de Paris com os escravos do Sacro Império Romano Germânico-Prussiano, com seus bailes de máscaras póstumos, fedendo a caserna, igreja, nobreza rural e, sobretudo, filisteísmo!

A propósito. Na *divulgação oficial* das pessoas diretamente subsidiadas pelo caixa de L. Bonaparte, encontra-se a nota de que *Vogt* recebeu 40 mil francos em agosto! Informei o *fait** a Liebknecht, para uso futuro.

Podes enviar-me o Haxthausen, pois nos *últimos tempos* tenho recebido várias brochuras etc. intactas, não apenas da Alemanha, como até mesmo de São Petersburgo.

Obrigado pelos jornais (peço-te que me envies mais, pois pretendo escrever algo sobre a Alemanha, o Parlamento etc.).

Meus cumprimentos à sra. Condessa e à Käuzchen**.

Teu
K. M.

---

*   Fato. (N. T.)
** Gertrud e Franziska Kugelmann. (N. T.)

Marx a Ludwig Kugelmann
em Hannover

[Londres,] 17 de abril de 1871

Caro Kugelmann,

Tua carta chegou corretamente. Neste momento, estou abarrotado de coisas a fazer. Por isso, apenas algumas palavras. Como podes comparar manifestações pequeno-burguesas à *la* 13 de junho de 1849 etc. com a luta atual em Paris é algo que não consigo compreender!

A história mundial seria, sem dúvida, feita de modo muito cômodo se a luta fosse travada apenas sob condições infalivelmente favoráveis. Ela teria, por outro lado, uma natureza bastante mística se nela as "contingências" não desempenhassem nenhum papel. Essas contingências se colocam, naturalmente, no curso geral do desenvolvimento e são novamente compensadas com outras contingências. Mas aceleração e hesitação dependem muito de tais "contingências" – entre as quais figura, também, o "acaso" do caráter das pessoas que, no primeiro momento, encontram-se na liderança do movimento.

O "acaso" desfavorável e decisivo não está, desta vez, nas condições gerais da sociedade francesa, mas na presença da Prússia na Alemanha e em sua posição próxima a Paris. Disso os parisienses sabiam muito bem. Mas também o sabiam os canalhas burgueses de Versalhes. Justamente por isso, colocaram aos parisienses a alternativa de ou aceitar a luta ou sucumbir sem lutar. A desmoralização da classe trabalhadora, no último caso, teria sido uma desgraça muito maior do que o ocaso de um número qualquer de "líderes". A luta da classe trabalhadora contra a classe dos capitalistas e seu Estado entrou, com a luta parisiense, em nova fase. Qualquer que seja o andar das coisas no futuro imediato, o certo é que se conquistou um novo ponto de partida de importância histórico-mundial.

Adio*,
K. M.

---

* Adeus. (N. T.)

Karl Marx

Marx a Leo Frankel e Louis-Eugène Varlin
em Paris
[Extrato]

[Londres,] 13 de maio de 1871

Honrados cidadãos Frankel e Varlin,

Reuni-me com o mensageiro.
Não seria melhor levar para um lugar mais seguro os papéis que comprometem os canalhas de Versalhes? Tal medida preventiva nunca é demais.
Escreveram-me de Bordeaux informando que nas últimas eleições comunais foram eleitos quatro membros da Internacional. As províncias começam a se agitar. Infelizmente, a ação delas é localmente limitada e "pacífica".
Enviei várias centenas de cartas sobre esse assunto para todos os cantos do mundo onde temos seções[9]. A classe trabalhadora foi, a propósito, favorável à Comuna desde o início.
Mesmo os jornais burgueses na Inglaterra abandonaram sua selvageria inicial. De tempos em tempos, consegui contrabandear para suas páginas alguns artigos favoráveis.
Parece-me que a Comuna perde tempo demais com ninharias e brigas pessoais. Vê-se que, nisso, ela sofre influências que não provêm dos trabalhadores. Não seria ruim se vocês encontrassem tempo para recuperar o tempo perdido.
É absolutamente necessário que se faça rapidamente tudo aquilo que vocês precisam fazer fora de Paris, na Inglaterra ou outro lugar. Os prussianos certamente não entregarão os fortes nas mãos dos versalheses, mas depois do tratado definitivo de paz (em 26 de maio) eles permitirão ao governo cercar Paris com seus gendarmes. Como vocês sabem, Thiers e companhia, em seu acordo fechado por intermédio de Pouyer-Quertier, reservaram para si uma grande propina, sendo esta a razão pela qual eles evitaram a ajuda dos banqueiros alemães, oferecida por Bismarck. Nesse caso, eles teriam perdido a propina. Como a condição prévia para o

---

[9] No fim de abril de 1871, Leo Frankel escreveu a Marx: "Eu agradeceria muito se você pudesse me auxiliar com seus conselhos, pois no momento me encontro praticamente sozinho e também sou o único responsável por todas as reformas que desejo e que irei introduzir na esfera do trabalho. Que você fará o possível para deixar claro a todas as nações, a todos os trabalhadores e especialmente aos alemães que a Comuna de Paris não tem nada a ver com as velhas corporações alemãs, é algo que já se pode concluir das últimas linhas de sua última carta; com isso, você estará certamente prestando um grande serviço à nossa causa." (N. E. A.)

cumprimento de *seu* acordo é a tomada de Paris, pediram a Bismarck que o prazo de pagamento da primeira parcela fosse prolongado até a ocupação de Paris. Bismarck aceitou essa condição. E como a Prússia tem uma necessidade urgente de dinheiro, eles concederão aos versalheses todas as facilidades para acelerar a ocupação de Paris. Estejam, portanto, de prontidão!
[...]

Marx a Edward Spencer Beesly
em Londres

Maitland Park Road
Londres, 12 de junho de 1871

Meu caro senhor,

Lafargue, sua família e minha filha estão nos Pireneus, na fronteira espanhola, porém do lado francês. Como Lafargue nasceu em Cuba, ele pode obter um passaporte espanhol. Eu gostaria, no entanto, que ele se estabelecesse definitivamente no lado espanhol, já que desempenhou um papel de destaque em Bordeaux.

Apesar de minha admiração por seus artigos no *Bee-Hive*, quase chego a lamentar ver o seu nome naquele jornal. Permita-me observar, além disso, que, como um homem de partido, tenho uma posição inteiramente hostil em relação ao comtismo, enquanto que, como homem de ciência, guardo sobre ele uma opinião muito pobre, mas considero o senhor o único comtista, tanto na Inglaterra quanto na França, que trata das mudanças históricas (crises) não como um sectário, mas como um historiador no melhor sentido da palavra. O *Bee-Hive* chama a si mesmo de uma folha operária, mas é, na realidade, o órgão dos renegados, vendidos a Sam. Morley e cia. Durante a última guerra franco-prussiana, o Conselho Geral da Internacional foi obrigado a cortar todas as relações com esse jornal e a esclarecer publicamente que se tratava de uma falsa folha operária. Os grandes jornais londrinos, no entanto, com exceção do jornal local *The Eastern Post*, recusaram-se a imprimir esse esclarecimento. Sob essas circunstâncias, sua cooperação com o *Bee-Hive* é mais um sacrifício que o senhor faz para a boa causa.

Uma amiga minha viajará a Paris em três ou quatro dias. Dei a ela os passes para entrar em contato com alguns membros da Comuna que ainda se encontram escondidos em Paris. Se o senhor ou um de seus amigos tiverem algum pedido a fazer, por favor, me escrevam.

Karl Marx

O que me consola é o absurdo do que diariamente é publicado na *Petite Presse** sobre meus escritos e minhas relações com a Comuna, conforme posso constatar pelo que me é enviado todos os dias de Paris. Isso mostra que a polícia de Versalhes carece enormemente de obter documentos verdadeiros. Minhas relações com a Comuna foram mantidas por intermédio de um comerciante alemão, que viaja entre Paris e Londres durante o ano inteiro. Todas as mensagens foram expedidas verbalmente, com exceção de dois assuntos:

Primeiramente, enviei aos membros da Comuna – pelo mesmo intermediário – uma carta em resposta à questão, que por eles me fora colocada, acerca de como poderiam administrar certos papéis na Bolsa de Londres.

Em segundo lugar: em 11 de maio, dez dias antes da catástrofe, enviei-lhes, pelos mesmos meios, todos os detalhes do acordo secreto entre Bismarck e Favre em Frankfurt.

Obtive essa informação do braço direito de Bismarck – um homem que antes (de 1848 a 1853) pertencera à sociedade secreta da qual eu era o líder. Esse homem sabe que ainda estou em posse de todos os relatórios que ele me enviou da e sobre a Alemanha. Ele depende de minha discrição. Isso explica seus contínuos esforços para provar suas boas intenções. Trata-se do mesmo homem que me passou a advertência, que lhe relatei, de que Bismarck decidira prender-me se eu voltasse a visitar o dr. Kugelmann em Hanover este ano.

Se a Comuna tivesse ao menos ouvido minha advertência! – aconselhei seus membros a fortificar o lado norte das colinas de Montmartre, o lado prussiano, quando eles ainda tinham tempo para fazê-lo; avisei-os previamente que, se não o fizessem, seriam pegos em uma ratoeira; denunciei a eles Pyat, Grousset e Vésinier; pedi-lhes que mandassem imediatamente para Londres todos os papéis que comprometiam os membros da Defesa Nacional, o que teria permitido, em alguma medida, pôr em cheque a selvageria dos inimigos da Comuna – assim, o plano dos versalheses teria, em parte, fracassado.

Se os versalheses tivessem encontrado esses documentos, não teriam publicado nenhum documento falso.

A "Mensagem" da Internacional não estará pronta antes de quarta-feira. Enviar-lhe-ei imediatamente um exemplar. Em duas folhas imprimiu-se material para quatro ou cinco folhas. Isso provocou inúmeras correções, revisões e erros de impressão. A isso se deve, também, o atraso.

Seu fiel camarada,
Karl Marx

---

*   Imprensa marrom. (N. T.)

ENTREVISTA DE KARL MARX A R. LANDOR[*]

Londres, 3 de julho [de 1871] – Pediram-me que descobrisse alguma coisa sobre a Associação Internacional e eu tentei fazê-lo. A tarefa é particularmente difícil agora. Londres é, sem dúvida, o quartel-general da Associação, mas o povo inglês está assustado e sente o cheiro da Internacional em tudo, assim como Jaime I sentia por toda parte cheiro de pólvora após a famosa conspiração contra ele[**]. A precaução da Associação aumentou, naturalmente, com a suspeita do público, e os homens que a lideram são daqueles que sabem guardar um segredo quando necessário. Contatei dois de seus dirigentes, conversei com um deles livremente e aqui apresento o conteúdo dessa conversa. Convenci-me de uma coisa: a Associação é uma sociedade de autênticos trabalhadores, mas estes são liderados por teóricos sociais e políticos de outra classe. Um dos homens com quem me encontrei, um líder do Conselho, permaneceu sentado à sua mesa de trabalho durante a entrevista e interrompia sua conversa comigo de vez em quando para receber alguma reclamação, nada cortês, de um dos muitos pequenos patrões que o empregavam. Ouvi os eloquentes discursos públicos desse mesmo homem, discursos permeados pela energia do ódio às classes dos que se denominavam seus governantes. Só pude compreender tais discursos depois de observar a vida pessoal do orador. Ele devia perceber que tinha cérebro suficiente para organizar um governo operário, mas lá estava ele, obrigado a dedicar a vida à

---

[*] Publicada no jornal *The World* em 18 de julho de 1871. A entrevista era precedida das seguintes manchetes e lides: "Levanta-se a cortina./ Entrevista com Karl Marx, o líder da Internacional./ Revolta do trabalho contra o capital./ As duas faces da Internacional – Transformação da Sociedade – Seu Progresso nos Estados Unidos./ O que a Associação teve a ver com a Comuna etc. etc. etc.". (N. T.)

[**] O chamado "complô da pólvora", de 1605, foi um malsucedido plano para matar o rei, os lordes e os membros da Câmara dos Comuns em retaliação às leis penais contra os católicos. (N. T.)

tarefa extremamente revoltante de uma profissão mecânica. Era orgulhoso e sensível, mas tinha de retribuir um resmungo com uma inclinação de cabeça ou responder com um sorriso a uma ordem que, em uma escala de civilidade, situava-se no mesmo nível do grito com que o caçador chama seu cão. Esse homem ajudou-me a entrar em contato com um dos lados da natureza da Internacional: o da revolta do trabalho contra o capital, do trabalhador que produz contra o intermediário que usufrui. E aqui estava a mão que sabe golpear quando quer, assim como a cabeça que planeja: creio que vi isso, também, em minha entrevista com o doutor Karl Marx.

O doutor Karl Marx é um alemão doutorado em filosofia, com um conhecimento de fôlego alemão derivado tanto da observação do mundo real quanto dos livros. Devo concluir que nunca foi um trabalhador no sentido comum da palavra. Seu ambiente e aparência são os de um bem-sucedido homem da classe média. A sala de visitas à qual fui conduzido na noite de minha entrevista poderia muito bem ser parte da confortável casa de um próspero corretor de valores que estivesse começando a fazer fortuna. Era confortavelmente disposta como o apartamento de um homem de bom gosto e posses, mas sem nada particularmente característico de seu dono. Um luxuoso álbum com paisagens do Reno sobre a mesa, porém, dava uma pista de sua nacionalidade. Espiei com cautela dentro de um vaso sobre a mesa de canto, à procura de uma bomba. Esperava sentir cheiro de petróleo, mas cheirava a rosas. Retornei em silêncio para meu assento e, melancólico, esperei pelo pior.

Ele entrou, cumprimentou-me de modo cordial e sentamo-nos frente a frente. Sim, estou *tête-à-tête* com a revolução encarnada, com o verdadeiro fundador e líder da Associação Internacional, com o autor do pronunciamento que dizia ao capital que, se ele lutava contra o trabalho, então deveria estar preparado para ter sua própria casa queimada – em suma, com o apologista da Comuna de Paris. Lembram-se do busto de Sócrates, o homem que preferiu morrer a professar sua crença nos deuses da época – o homem cuja face começava com um fino perfil na testa e terminava rudemente em um pequeno traço achatado e arrebitado, como um gancho dividido em dois, que formava o nariz? Visualizem mentalmente esse busto, pintem a barba de preto com alguns tufos grisalhos aqui e ali, coloquem essa cabeça sobre um corpo volumoso de estatura mediana e o doutor estará à frente de vocês. Ponham uma mantilha a cobrir a parte superior de seu rosto e estarão na companhia de um conselheiro paroquial nato. Descubram o traço essencial, as imensas sobrancelhas, e vocês saberão imediatamente que estão lidando com a mais formidável de todas as forças individuais compostas – um sonhador que pensa, um pensador que sonha.

Outro senhor acompanhava o doutor Marx, creio que também era alemão, apesar de sua grande familiaridade com a nossa língua. Não estou certo disso. Tratava-se de uma testemunha a favor do doutor? Creio que sim.

A guerra civil na França

O "Conselho", ao ouvir falar da entrevista, talvez pedisse ao doutor explicações sobre ela, pois a *Revolução*, acima de tudo, guarda sempre uma suspeita sobre seus agentes. Lá estava, portanto, sua testemunha de defesa.

Fui direto ao assunto. O mundo, disse eu, parecia estar às escuras em relação à Internacional, odiando-a muito, porém incapaz de dizer claramente o que odiava. Alguns declaravam ter tateado na escuridão um pouco mais do que seus vizinhos e vislumbrado, em uma de suas faces, uma cabeça de Jano, com um sorriso franco e honesto de trabalhador, e, em outra, uma careta assassina e conspiradora. Poderia ele iluminar o mistério em que se encontrava a teoria?

O professor riu, imagino que se divertiu um pouco com a ideia de que sentíamos tanto medo dele. "Não há nenhum mistério a solucionar, caro senhor", começou ele, em uma forma muito polida do dialeto de Hans Breitmann, "exceto, talvez, o mistério da estupidez humana naqueles que perpetuamente ignoram o fato de que nossa Associação é uma associação pública e de que os relatórios completos de seus procedimentos são publicados para todos que queiram lê-los. O senhor pode comprar nossos estatutos por uma ninharia, e um *shilling* gasto em panfletos o ensinará quase tanto sobre nós quanto nós mesmos sabemos".

R. [R. Landor]: Quase – é, talvez sim; mas o segredo mais importante não estará naquilo que eu não posso conhecer? Para ser bastante franco com o senhor e colocar a questão como ela se apresenta a um observador externo: essa manifestação geral de desprezo pelos senhores pode significar mais do que um simples menosprezo ignorante da multidão. E ainda é pertinente perguntar, mesmo depois do que o senhor me disse: o que é a Internacional?

Dr. M. [Karl Marx]: O senhor só precisa olhar para os indivíduos dos quais ela é composta – os trabalhadores.

R.: Sim, mas o soldado não precisa ser nenhum expoente do aparelho que o coloca em movimento. Conheço alguns dos membros da Associação e acredito que eles não são feitos da matéria de que são feitos os conspiradores. Além disso, um segredo compartilhado por milhões de homens não seria, em absoluto, um segredo. E se eles não passassem de instrumentos nas mãos de um conclave corajoso e, espero que o senhor me perdoe o acréscimo, não muito escrupuloso?

Dr. M.: Não há nada que prove isso.

R.: A última insurreição em Paris?

Dr. M.: Primeiro, exijo a prova de que tenha havido qualquer tipo de conspiração – de que algum acontecimento não tenha sido o efeito legítimo das circunstâncias do momento, ou, caso uma conspiração seja admitida, exijo as provas da participação da Associação Internacional nela.

R.: A presença, no corpo da Comuna, de tantos membros da Associação.

Dr. M.: Então ela foi também uma conspiração dos maçons, já que a participação deles não foi nada pequena. Não me surpreenderia, de fato, se o papa os culpasse por toda a insurreição. Mas tente outra explicação. A revolta de Paris foi feita pelos trabalhadores de Paris. Os mais capazes dentre os trabalhadores devem necessariamente ter sido seus líderes e administradores; mas ocorre de os trabalhadores mais capazes serem também membros da Associação Internacional. Porém, a Associação como tal não pode de forma alguma ser responsabilizada pela ação deles.

R.: O mundo parece ver isso de outra forma. As pessoas falam em instruções secretas de Londres e até em doações em dinheiro. Pode-se afirmar que a alegada transparência dos documentos da Associação exclui todas as comunicações secretas?

Dr. M.: Que associação até hoje conduziu seu trabalho sem contar tanto com atividades privadas como públicas? Mas falar em instruções secretas de Londres, assim como de decretos relativos à fé e à moral de algum centro de dominação e intriga papal, é equivocar-se totalmente sobre a natureza da Internacional. Isso implicaria uma forma centralizada de governo da Internacional, ao passo que sua forma efetiva é, intencionalmente, aquela que confere o maior espaço possível para a independência e a energia locais. Na verdade, a Internacional não é propriamente, de modo algum, um governo para as classes trabalhadoras. Ela é um instrumento de união, não uma força controladora.

R.: E de união para qual finalidade?

Dr. M.: A emancipação econômica da classe trabalhadora por meio da conquista do poder político. O uso desse poder político para atingir fins sociais. É necessário, assim, que nossas metas sejam abrangentes para que incluam todas as atividades da classe trabalhadora. Configurá-las com um caráter particular seria adaptá-las às necessidades de apenas uma seção – apenas uma nação de trabalhadores. Mas como seria possível pedir que todos os homens se unissem para atingir os objetivos de uns poucos? Se o fizesse, a Associação perderia o título de Internacional. A Associação não dita a forma dos movimentos políticos, apenas exige um compromisso no que diz respeito aos seus fins. Ela é uma rede de sociedades afiliadas, espalhadas por todo o mundo do trabalho. Em cada parte do mundo, apresenta-se um aspecto particular do problema, e os trabalhadores locais tratam desse aspecto à sua própria maneira. As uniões de trabalhadores não podem ser absolutamente idênticas, em seus mínimos detalhes, em Newcastle e em Barcelona, em Londres e em Berlim. Na Inglaterra, por exemplo, o caminho para a demonstração de poder político está aberto à classe trabalhadora. A insurreição seria uma loucura, enquanto a agitação pacífica serviria aos fins de modo mais rápido e certo. Na França, uma centena de leis de repressão e um antagonismo mortal entre as classes parecem necessitar de uma solução violenta da guerra social. A escolha dessa solução é um assunto das classes trabalhadoras daquele país. A Internacional não tem a pretensão de dar ordens sobre o assunto e, quando muito, limita-se a dar conselhos. Mas para cada movimento ela manifesta sua solidariedade e presta ajuda dentro dos limites designados por suas próprias leis.

R.: E qual a natureza dessa ajuda?

Dr. M.: Por exemplo, uma das formas mais comuns do movimento pela emancipação é a greve. Antes, quando havia uma greve em um país, ela era derrotada pela importação de trabalhadores de outro país. A Internacional quase acabou com essa prática. Ela recebe informações sobre a greve ainda em estado de planejamento, espalha essas informações entre seus membros, os quais prontamente decidem que a sede do movimento é, para eles, um lugar proibido. Assim, os patrões são deixados sozinhos para ajustar contas com seus homens. Na maioria dos casos, esses homens não necessitam de nenhum outro auxílio além desse. Suas próprias contribuições, ou aquelas das sociedades a que estão diretamente filiados, garantem-lhes os fundos necessários para sua manutenção, mas, caso a pressão sobre eles se torne muito grande e a Associação aprove a greve, então suas necessidades são supridas pelos fundos comuns. Com tais métodos, uma greve dos trabalhadores da indústria de charutos de Barcelona saiu-se recentemente vitoriosa. Mas a Associação não tem qualquer interesse em greves, embora as apoie sob certas condições. Ela não pode, em sentido pecuniário, ganhar nada com essas greves, mas pode facilmente perder. Resumamos em poucas palavras. As classes trabalhadoras permanecem pobres em meio ao aumento da riqueza, esfarrapadas em meio ao aumento do luxo. Sua privação material atrofia sua estatura moral, bem como sua estatura física. Elas não podem depender de outrem para uma solução. Assim, resolver seu próprio problema tornou-se, para elas, uma necessidade imperativa. São elas que devem rever as relações entre elas mesmas, os capitalistas e os proprietários de terras, e isso significa que precisam transformar a sociedade. Esse é o objetivo geral de qualquer organização de trabalhadores; ligas rurais e trabalhistas, sociedades comerciais e recreativas, produção e venda cooperativa não são senão meios para atingir esse fim. Estabelecer uma solidariedade perfeita entre essas organizações é a função da Associação Internacional. Sua influência está começando a ser sentida em toda parte. Dois jornais difundem seus pontos de vista na Espanha, três na Alemanha, o mesmo número na Áustria e na Holanda, seis na Bélgica e seis na Suíça. E, agora que lhe expliquei o que é a Internacional, talvez o senhor esteja apto a formar sua própria opinião a respeito de nossas supostas conspirações.

R.: Creio que não o entendi muito bem.

Dr. M.: O senhor não vê que a velha sociedade, para ter a vantagem de combater a Internacional em seu próprio terreno, com suas próprias armas de discussão e associação, é obrigada a recorrer à fraude de lançar contra ela uma acusação de conspiração?

R.: Mas a polícia francesa declara estar em condições de provar a cumplicidade da Associação nos últimos acontecimentos, para não falar nos que os precederam.

Dr. M.: Diremos algumas palavras sobre aqueles incidentes, se o senhor nos permite, porque elas servirão para melhor atestar a gravidade de todas as acusações de conspiração levantadas contra a Internacional. O senhor deve se lembrar da penúltima "conspiração". Um plebiscito havia sido anunciado. Sabia-se que muitos eleitores estavam hesitantes. Eles não tinham mais uma ideia clara do valor do governo imperial, passando a desacreditar dos perigos ameaçadores da sociedade dos quais aquele governo os tinha supostamente salvo. Era necessário um novo bicho-papão [*bugbear*]. A polícia encarregou-se de encontrar um. Como odiava todas as associações de trabalhadores, ela queria, naturalmente, dar uma lição na Internacional. Uma feliz ideia inspirou-a. E se escolhessem a Internacional como seu bicho-papão e, assim, em um só golpe, desacreditassem a associação e prestassem um favor à causa imperial? Daquela feliz ideia surgiu a ridícula "conspiração" contra a vida do Imperador – como se nós quiséssemos matar o pobre velho. Prenderam os líderes da Internacional. Fabricaram provas. Prepararam o caso para levar a julgamento e, nesse meio tempo, fizeram seu plebiscito. Mas era muito óbvio que a comédia encenada não passava de uma grande e grosseira farsa. A Europa inteligente, que assistia ao espetáculo, não foi enganada em nenhum momento quanto ao seu caráter, e só os eleitores camponeses franceses foram ludibriados. Seus jornais ingleses noticiaram o início do miserável incidente, mas esqueceram de noticiar o fim. Os juízes franceses, admitindo a existência da conspiração, foram obrigados, por cortesia oficial, a declarar não haver nada a indicar a cumplicidade da Internacional. Acredite, a segunda conspiração foi igual à primeira. O funcionário do governo francês está novamente em ação. Ele é chamado a prestar contas pelo maior movimento civil que o mundo já viu. Uma centena de sinais dos tempos deve apontar para a explicação certa – o aumento da consciência entre os trabalhadores, do luxo e da incompetência entre seus governantes, o processo histórico, que continua a se dar, de transferência final do poder de uma classe para o povo, a aparente conveniência da hora, do lugar e das circunstâncias para o grande movimento de emancipação. Mas para que visse isso tudo, o funcionário precisaria ser um filósofo, e ele é apenas um *mouchard* [informante]. Por sua natureza, portanto, ele acabou por recorrer à explicação adequada a um *mouchard*: uma "conspiração". Sua velha pasta de documentos forjados fornecerá as provas, e desta feita a Europa, em seu pânico, cairá no conto.

R.: É difícil para a Europa não ter essa impressão quando vê todos os jornais franceses a espalhar a notícia.

Dr. M.: Todos os jornais franceses! Veja, aqui está um deles [pegando um exemplar do *La Situation*], julgue o senhor mesmo o valor das provas em relação aos fatos. [Lê] "O doutor Karl Marx, da Internacional, foi preso na Bélgica quando tentava ir para a França. A polícia de Londres observa há muito tempo a associação a que ele está ligado e, atualmente, está tomando providências para sua supressão." Duas frases e duas mentiras. O senhor pode testar a veracidade da história pela evidência de seus próprios sentidos. Como vê, em vez de estar preso na Bélgica, estou em casa na Inglaterra. O senhor também deve saber que a polícia na Inglaterra tem tão poucos poderes para interferir na Associação Internacional quanto a sociedade para interferir na polícia. Contudo, o que é pior nisso tudo é que essa notícia continuará a se espalhar pela imprensa continental sem um desmentido, e continuaria a se espalhar mesmo se, de onde estou, eu comunicasse a verdade a todos os jornais da Europa.

R.: O senhor tentou contradizer muitas dessas falsas notícias?

Dr. M.: Assim o fiz, até que me cansei desse trabalho. Para lhe mostrar o grande desleixo com que tais notícias são confeccionadas, posso mencionar que, em uma delas, vi Félix Pyat ser dito um membro da Internacional.

R.: E ele não é?

Dr. M.: A Associação não conseguiria encontrar espaço para um homem tão louco. Certa vez, ele foi atrevido o suficiente para publicar uma declaração ousada em nosso nome, mas ela foi imediatamente desmentida, embora, como não poderia deixar de ser, a imprensa tenha ignorado o desmentido.

R.: E Mazzini, é membro de sua associação?

Dr. M.: [Rindo] Não. Não teríamos feito grande progresso se não tivéssemos ido muito além dos limites de suas ideias.

R.: O senhor me surpreende. Pensei que ele representasse as ideias mais avançadas.

Dr. M.: Ele não representa nada além da velha ideia de uma república de classe média. Não buscamos nenhuma parceria com a classe média. Ele está tão atrasado em relação ao movimento moderno quanto os professores alemães, que, entretanto, ainda são considerados na Europa como os apóstolos do democratismo culto do futuro. Eles já o foram uma vez – talvez antes de 1848, quando a classe média alemã, em seu sentido inglês, ainda não atingira pleno desenvolvimento. Agora, porém, eles se bandearam em peso para a reação, e o proletariado não os conhece mais.

R.: Algumas pessoas acreditam ter visto sinais de um elemento positivista na sua organização.

Dr. M.: Nada disso. Temos positivistas entre nós e há positivistas com quem trabalhamos, embora não pertençam à organização. Mas isso não se dá em virtude de sua filosofia, que não tem nada a ver com o governo popular tal como nós o entendemos e que busca apenas pôr uma nova hierarquia no lugar da antiga.

R.: Parece-me, então, que os líderes do novo movimento internacional tiveram de criar não só uma associação, mas uma filosofia.

Dr. M.: Exatamente. Seria muito improvável, por exemplo, que esperássemos progredir em nossa guerra contra o capital se derivássemos nossas táticas, digamos, da economia política de Mill. Ele traçou um tipo de relação entre trabalho e capital. Esperamos demonstrar que é possível estabelecer outra relação.

R.: E no que concerne à religião?

Dr. M.: Sobre esse ponto, não posso falar em nome da Associação. Eu, pessoalmente, sou ateu. É surpreendente, sem dúvida, ouvir tal confissão na Inglaterra, mas dá algum conforto saber que ela não precisa ser sussurrada na Alemanha ou na França.

R.: E, apesar disso, o senhor estabeleceu seu quartel-general neste país?

Dr. M.: Por razões óbvias; o direito à associação aqui é algo estabelecido. Ele existe, de fato, na Alemanha, mas é cerceado por inúmeras dificuldades; na França, por muitos anos ele não existiu de forma alguma.

R.: E os Estados Unidos?

Dr. M.: No presente momento, os principais centros de nossas atividades estão entre as velhas sociedades da Europa. Muitas circunstâncias têm, até agora, evitado que o problema do trabalho assuma uma importância preponderante nos Estados Unidos. Mas elas estão desaparecendo rapidamente e o problema está assumindo o primeiro plano com o crescimento, tal como na Europa, de uma classe trabalhadora distinta do restante da comunidade e divorciada do capital.

R. Tudo indica que, neste país, a solução tão esperada, seja ela qual for, será obtida sem os meios violentos da revolução. O sistema inglês de mobilização, que usa de comícios e imprensa até que as minorias se convertam em maiorias, parece ser um sinal auspicioso.

Dr. M.: Não sou tão otimista quanto o senhor nesse ponto. A classe média inglesa sempre se mostrou disposta a aceitar o veredicto da maioria porque dispôs, até então, do monopólio do poder de voto. Mas, creia-me, basta que ela seja derrotada em uma votação sobre algum assunto que considere vital e veremos aqui uma nova guerra de proprietários de escravos.

Eis aqui, tão bem quanto posso recordá-los, os principais pontos de minha conversa com esse homem notável. Deixo que os senhores tirem suas próprias conclusões. O que quer que seja dito a favor ou contra a probabilidade de ele ser cúmplice do movimento da Comuna, podemos estar certos de que o mundo civilizado tem na Associação Internacional um novo poder em seu seio, com o qual terá, em breve, de ajustar contas, para o bem ou para o mal.

CRONOLOGIA DA COMUNA DE PARIS

1870

10 de janeiro – cerca de 100 mil pessoas protestam contra o Segundo Império de Napoleão III após a morte de Victor Noir, jornalista republicano morto pelo primo do imperador, Pierre Bonaparte.

8 de maio – um plebiscito nacional é realizado e resulta na aprovação do Império com cerca de 84% dos votos. Na véspera do plebiscito, membros da Federação de Paris foram presos sob acusação de conspirar contra Napoleão III. Esse pretexto foi posteriormente usado pelo governo para lançar uma campanha de perseguição aos membros da Internacional por toda a França.

19 de julho – depois de uma batalha diplomática sobre a pretensão prussiana ao trono espanhol, Luís Bonaparte declara guerra à Prússia.

23 de julho – Marx completa a redação da "Primeira Mensagem" da Internacional sobre a guerra franco-prussiana.

26 de julho – a "Primeira Mensagem" é aprovada e distribuída em vários países pelo Conselho Geral da Internacional.

4-6 de agosto – o príncipe Frederico, no comando de um dos três exércitos prussianos que invadiam a França, derrota o marechal francês MacMahon em Worth e Weissenburg, expulsa-o da Alsácia (nordeste da França), cerca Estrasburgo e se dirige a Nancy. Enquanto isso, os outros dois exércitos prussianos isolam as forças do marechal Bazaine em Metz.

16-18 de agosto – as tentativas do comandante francês Bazaine de passar com seus soldados através das linhas alemãs são cruelmente derrotadas em Mars-la-Tour e Gravelotte. Os prussianos avançam sobre Chalons.

Cronologia da Comuna de Paris

1º-2 de setembro – Batalha de Sedan. Napoleão III e o marechal MacMahon capitulam com mais 83 mil soldados. Napoleão III é preso.

4 de setembro – com a notícia de Sedan, trabalhadores de Paris invadem o Palácio Bourbon e forçam a Assembleia Legislativa a proclamar a queda do Império. À noite, a Terceira República é proclamada no Hôtel de Ville (prefeitura) de Paris. O provisório Governo de Defesa Nacional é estabelecido e continua a guerra com vistas a expulsar as tropas alemãs da França.

5 de setembro – uma série de reuniões e manifestações começa a ocorrer em Londres e outras grandes cidades exigindo que o governo britânico reconheça imediatamente a República francesa. O Conselho Geral da Internacional toma parte na organização desse movimento.

6 de setembro – o Governo de Defesa Nacional culpa o governo imperial pela guerra. Ele quer a paz, mas sem ceder "nem um palmo de nosso território, nem uma pedra de nossas fortalezas". Enquanto a Prússia ocupar a Alsácia-Lorena, a guerra não acabará.

19 de setembro – dois exércitos alemães iniciam o longo cerco de Paris. O Governo de Defesa Nacional envia uma delegação a Tours, à qual se juntaria em breve Gambetta (que escapa de Paris em um balão), a fim de organizar a resistência nas províncias.

27 de outubro – rendição, em Metz, do exército francês, comandado por Bazaine e composto de 140 a 180 mil homens.

30 de outubro – a Guarda Nacional francesa é derrotada em Le Bourget.

31 de outubro – ao receber notícias de que o Governo de Defesa Nacional decidira iniciar negociações com a Prússia, trabalhadores de Paris e seções revolucionárias da Guarda Nacional se sublevam, lideradas por Blanqui. Eles ocupam o Hôtel de Ville e instalam seu governo revolucionário – o Comitê de Salvação Pública, encabeçado por Blanqui.

1º de novembro – sob pressão dos trabalhadores, o Governo de Defesa Nacional promete renunciar e convocar eleições nacionais para a Comuna. Com os trabalhadores pacificados por esta promessa, o governo toma violentamente o Hôtel de Ville e restabelece seu domínio sobre a cidade sitiada. Blanqui é preso por traição.

1871

19 de janeiro – em Buzenval (próximo a Rueil), fracasso sangrento da ofensiva contra os prussianos planejada pelo general Trochu (o "plano" de Trochu).

22 de janeiro – o proletariado de Paris e a Guarda Nacional aderem a uma manifestação iniciada pelos blanquistas. Eles exigem a derrubada do governo e o estabelecimento de uma Comuna. Por ordem do Governo de Defesa Nacional, a Guarda Móvel Bretã, que defendia o Hôtel de Ville, abre fogo contra os manifestantes. Cerca de 30 manifestantes são mortos.

26 de janeiro – os alemães suspendem o bombardeio de Paris.

28 de janeiro – anúncio oficial do armistício franco-prussiano.

8 de fevereiro – realizam-se eleições para a Assembleia Nacional. Quatro deputados socialistas revolucionários são eleitos em Paris (em um total de 43).

12 de fevereiro – uma nova Assembleia Nacional é inaugurada em Bordeaux, ficando conhecida como Assembleia dos "rurais".

16 de fevereiro – a Assembleia elege Adolphe Thiers como chefe-executivo.

24 de fevereiro – 2 mil delegados da Guarda Nacional se reúnem no Vauxhall. Manifestações na praça da Bastilha.

26 de fevereiro – é assinado em Versalhes, por Thiers e Jules Favre, de um lado, e Bismarck, de outro, o tratado preliminar de paz entre França e Alemanha. A França cede à Alemanha a Alsácia e a porção oriental da Lorena e paga reparações de guerra no valor de 5 bilhões de francos. Prevê-se uma progressiva desocupação do exército alemão à medida que os pagamentos forem realizados. O tratado final de paz foi assinado em Frankfurt, em 10 de maio de 1871.

Os canhões da Guarda Nacional são levados para Belleville e Montmartre.

1º-3 de março – os prussianos desfilam nos Champs-Élysées. Os trabalhadores de Paris reagem furiosamente à entrada das tropas alemãs na cidade e à capitulação do governo. A Guarda Nacional deserta e organiza um Comitê Central.

6 de março – Thiers nomeia o general Aurelle de Paladines comandante-em--chefe da Guarda Nacional.

8 de março – fracasso da tentativa do governo de tomar os canhões da praça Vendôme.

10 de março – a Assembleia Nacional aprova o fim da moratória dos títulos e dos aluguéis. Grande parte do comércio vai à falência.

11 de março – o general Vinoy, comandante-em-chefe do exército de Paris, suspende seis jornais republicanos. Auguste Blanqui e Gustave Flourens são condenados à morte por sua participação na tentativa de insurreição de 31 de outubro.

15 de março – criação do Comitê Central da Guarda Nacional.

16 de março – Thiers se instala em Paris com o objetivo de "pacificar" a capital. Ele nomeia o general Valentin para a Prefeitura de Polícia.

17 de março – Blanqui é preso no Lot.

18 de março – Adolphe Thiers tenta tomar a artilharia da Guarda Nacional, mas as tropas confraternizam com o povo de Paris e se recusam a executar suas ordens. Os generais Lecomte e Clément-Thomas são fuzilados por seus próprios soldados. Thiers abandona Paris e se instala em Versalhes. Começa a guerra civil.

21 de março – as tropas versalhesas ocupam o Mont-Valérien. Manifestação dos *Amis de l'Ordre* [Amigos da Ordem].

22 de março – fracasso sangrento da segunda manifestação dos *Amis de l'Ordre*.

23 de março – proclamação das Comunas de Marselha e Lyon.

24 de março – proclamação das Comunas de Narbonne e de Saint-Étienne. Fim da Comuna de Lyon.

25 de março – proclamação da Comuna de Toulouse.

26 de março – um conselho municipal – a Comuna de Paris – é eleito pelos cidadãos de Paris. A Comuna é constituída de trabalhadores, entre eles membros da Internacional e seguidores de Proudhon e Blanqui. Proclamação da Comuna de Creusot.

28 de março – o Comitê Central da Guarda Nacional, que até então dera sustentação ao governo, renuncia após decretar a abolição da "Polícia dos Costumes". Instalação do Conselho da Comuna de Paris no Hôtel de Ville. Proclamação da Comuna de Paris. Fim das Comunas de Saint-Étienne, Toulouse e Creusot.

30 de março – a Comuna abole o alistamento e o exército permanente. A Guarda Nacional, em que tomam parte todos os cidadãos capazes de portar armas, passa a ser a única força armada. A Comuna suspende todos os pagamentos de aluguéis de imóveis de outubro de 1870 a abril de 1871. No mesmo dia, os estrangeiros eleitos para a Comuna são confirmados em seus cargos, pois "a bandeira da Comuna é a bandeira da República mundial".

31 de março – fim da Comuna de Narbonne.

1º de abril – a Comuna declara que o salário máximo de qualquer um de seus membros não poderá exceder 6 mil francos.

2 de abril – para suprimir a Comuna de Paris, Thiers pede a Bismarck a libertação de prisioneiros de guerra franceses e sua incorporação no exército

de Versalhes. O exército francês começa o cerco de Paris, que é continuamente bombardeada. A Comuna decreta a separação entre a Igreja e o Estado e a abolição de todos os pagamentos estatais para fins religiosos, assim como a transformação de toda propriedade da Igreja em propriedade nacional. A religião é declarada uma questão puramente privada.

3 de abril – os *communards* lançam um ataque a Versalhes. Gustave Flourens é morto por um gendarme em Rueil-Malmaison.

4 de abril – a ofensiva dos *communards* fracassa em Châtillon. Cerca de 1.500 homens são levados prisioneiros a Versalhes. Proclamação de uma comuna em Limoges, rapidamente suprimida. Fim da Comuna de Marselha. Gustave Paul Cluseret é nomeado delegado para a guerra.

5 de abril – a Comuna baixa o decreto sobre reféns, como tentativa de evitar que os *communards* continuem a ser fuzilados pelo governo francês. O decreto nunca foi posto em prática. A Comuna suspende o *Journal des Débats* e *La Liberté*, jornais pró-Versalhes.

6 de abril – queima da guilhotina. Prisão, pela Comuna, de pessoas cúmplices do governo Thiers. A Comuna decreta o desarmamento dos guardas nacionais contrários à Comuna.

7 de abril – o exército francês ocupa a passagem do Sena em Neuilly, *no front* oeste de Paris.

8 de abril – decreto da Comuna excluindo das escolas todos os símbolos, figuras, dogmas e preces religiosos. O decreto é gradualmente aplicado. A Comuna decreta o pagamento de uma pensão a todos os feridos, que será estendida, em 10 de abril, às viúvas e aos órfãos dos guardas nacionais mortos em combate.

11 de abril – em um ataque ao sul de Paris, o exército francês é repelido pelo general Eudes com pesadas baixas. A Comuna cria um conselho de guerra.

12 de abril – a Comuna decide pela derrubada da Coluna da Vitória na praça Vendôme. O decreto é executado em 16 de maio. A Comuna interdita *Le Moniteur Universel*, jornal considerado pró-Versalhes.

14 de abril – a Comuna proíbe as prisões arbitrárias. Começo do bombardeio, pelos versalheses, de Asnières, onde estão estacionadas tropas da Comuna. O bombardeio durará até 17 de abril.

16 de abril – a Comuna anuncia o adiamento do vencimento de todas as dívidas por três anos e a abolição dos juros sobre elas.

19 de abril – a Comuna faz uma Declaração ao Povo Francês, em que expõe seu programa.

20 de abril – a Comuna abole o trabalho noturno para os padeiros e as carteiras de registro dos trabalhadores. A emissão dessas carteiras é transferida aos subprefeitos do 20º *arrondissement* de Paris.

21 de abril – os maçons tentam uma conciliação entre a Comuna e o governo Thiers.

22 de abril – a Comuna organiza açougues municipais.

23 de abril – Thiers rompe as negociações para a troca, proposta pela Comuna, do arcebispo de Paris (Georges Darboy) e de muitos outros padres feitos reféns em Paris por um só homem: Blanqui.

25 de abril – incidente em Belle Epine, próximo a Villejuif. A Comuna decide pela requisição dos imóveis vazios para neles alojar as vítimas dos bombardeios realizados pelos versalheses.

30 de abril – a Comuna ordena o fechamento das casas de penhores.

1º de maio – criação, pela Comuna, do Comitê de Salvação Pública. Louis Rossel é nomeado delegado para a guerra após a renúncia de Cluzeret.

5 de maio – a Comuna suprime sete jornais parisienses considerados pró-Versalhes e ordena a demolição da Capela Expiatória de Luís XVI.

9 de maio – o forte Issy, depois de totalmente destruído por constante bombardeio, é capturado pelo exército francês.

10 de maio – Charles Delescluze é nomeado delegado para a guerra após a demissão de Rossel. Confisco dos bens de Thiers.

11 de maio – decreto da Comuna ordena a demolição da casa de Thiers em Paris. A Comuna suprime cinco jornais.

13 de maio – as tropas versalhesas ocupam o forte de Vanves.

15 de maio – crise entre a maioria e a minoria do Conselho da Comuna. Os minoritários publicam um manifesto.

16 de maio – derrubada da Coluna Vendôme.

18 de maio – o tratado de paz, concluído em fevereiro, em Frankfurt, é agora ratificado pela Assembleia Nacional, em Versalhes, em 18 de maio. O Comitê de Salvação Pública da Comuna suprime dois jornais.

21 de maio – as tropas de Versalhes entram em Paris. Os prussianos, que detinham os fortes do norte e do leste, permitem o avanço das tropas versalhesas através da região norte da cidade, a qual fora vedada a eles nos termos do armistício. Ao longo dos próximos oito dias, dezenas de milhares de *communards* e trabalhadores (inclusive mulheres e crianças) são sumariamente executados (os números chegam a 30 mil), 38 mil são presos e 7 mil deportados.

A guerra civil na França

22 de maio – tropas versalhesas controlam o Champs-Élysées e os bairros Saint-Lazare e Montparnasse.

23 de maio – as tropas de Versalhes ocupam Montmartre. Início de grandes incêndios que irão destruir alguns monumentos parisienses, como o Palácio das Tulherias.

24 de maio – os versalheses controlam o Quartier Latin e multiplicam as execuções sumárias. O Hôtel de Ville e a Prefeitura de Polícia são incendiados. Os *communards* executam seis reféns, dentre eles o arcebispo Georges Darboy.

25 de maio – cinco dominicanos de Arcueil e nove empregados do convento são mortos em uma tentativa de fuga. Combates na praça do Château d'Eau (atual praça de la République). Morte de Charles Delescluze.

26 de maio – o Faubourg Saint-Antoine é controlado pelos versalheses. Na rua Haxo, a multidão massacra 11 religiosos, 35 gendarmes e quatro *mouchards* do Segundo Império.

27 de maio – intensos combates em Belleville, no cemitério do Père-Lachaise e em Buttes Chaumont.

28 de maio – no início da tarde, fim dos combates. Morte de Eugène Varlin.

29 de maio – capitulação do forte de Vincennes. Fim da Comuna de Paris. Início de processos, execuções e deportações de prisioneiros *communards*.

PERIÓDICOS CITADOS

The Bee-Hive Newspaper (Londres) – jornal semanal dos sindicatos, publicado de 1861 a 1876 com os nomes de *The Bee-Hive*, *The Bee-Hive Newspaper* e *The Penny Bee-Hive*.

The Daily News (Londres) – jornal diário, liberal, publicado entre 1846 e 1930.

La Défense Nationale (Bordeaux) – diário publicado por Paul Lafargue em 1870.

Der Volkstaat (Leipzig) – publicado de 1869 a 1876. Órgão central do Partido Operário Social-Democrata da Alemanha; seu redator era Liebknecht.

The Eastern Post (Londres) – jornal operário, publicado semanalmente de 1868 a 1873.

Elberfelder Zeitung (Berlim) – jornal diário, publicado de 1834 a 1904.

The Evening Standard (Londres) – fundado em 1827. A partir de 1857, passou a se chamar *The Standard* e, de 1860 a 1905, foi publicado como *Evening Standard* ao lado de *Standard*.

L'Électeur Libre (Paris) – jornal semanal, que tornou-se diário após o começo da guerra franco-prussiana; publicado de 1868 a 1871; entre seus colaboradores, estavam Ernest Picard e Jules Favre; em 1870 e 1871, estreitamente ligado ao Ministério das Finanças do Governo de Defesa Nacional.

L'Étendard (Paris) – jornal semanal, bonapartista; publicado de 1866 a 1869; tinha como redator, entre outros, Jules Pic.

The Fortnightly Review (Londres) – revista mensal de história, filosofia e literatura; publicada com este nome de maio de 1865 a junho de 1934; de 1934 a 1954, aparece como *Fortnightly*.

Periódicos citados

Journal Officiel de la République Française (Paris) – jornal diário, publicado de 1869 a 1929, até 4 de setembro de 1870 com o título *Journal Officiel de l'Empire Française*.

Kladderadatsch (Berlim) – folha humorística dominical, publicada de 1848 a 1944; inicialmente de tendência esquerdista radical, pôs-se mais tarde a serviço da reação.

La Liberté (Paris) – jornal conservador, publicado de 1865 a 1944; fundado por Émile de Girardin.

La Marseillaise (Paris) – jornal diário, publicado entre 1868 e 1870.

Le Moniteur universel (Paris) – jornal diário, publicado de 1798 a 1901; até 1868, órgão oficial do governo.

Le Mot d'Ordre (Paris) – diário republicano de esquerda, publicado de 2 de fevereiro de 1871 a 11 de março de 1871; voltou-se contra o governo de Versalhes, porém sem apoiar inteiramente a Comuna de Paris.

Le National (Paris) – jornal diário, publicado de 1830 a 1851; fundado por Louis Adolphe Thiers, François Auguste Marie Mignet e Armand Carrel; nos anos 1840, órgão dos republicanos moderados.

New-York Daily Tribune (Nova York) – publicado de 1841 a 1924; até meados dos anos 1850, órgão da ala esquerda dos *Whigs* americanos; posteriormente, órgão do Partido Republicano; de 1851 a 1862, publicou regularmente artigos de Marx e Engels.

The Observer (Londres) – semanário conservador; a mais antiga folha dominical inglesa, publicada desde 1791.

Paris-Journal (Paris) – diário, publicado de 1868 a 1874 por Henry de Pène; defensor da política do Segundo Império, posteriormente do Governo de Defesa Nacional e do governo Thiers.

Le Petit Journal (Paris) – diário de orientação liberal; publicado de janeiro de 1867 a dezembro de 1877; publicou documentos da Internacional.

Punch (Londres) – semanário humorístico, fundado em 1841 sob colaboração de W. M. Thackeray.

Le Rappel (Paris) – jornal diário, publicado de 1869 a 1928; fundado por Victor Hugo e Henri Rochefort.

Le Réveil (Paris) – jornal diário, publicado de 1868 a 1871.

The St. Petersburger Journal (Journal de St. Pétersbourg) – publicado semanalmente, em língua francesa, de 1825 a 1914 em São Petersburgo; órgão oficial do Ministério do Exterior russo.

La Situation (Londres) – diário bonapartista em língua francesa, publicado de setembro de 1870 a agosto de 1871; opôs-se ao Governo de Defesa Nacional e a Louis Adolphe Thiers.

The Spectator (Londres) – semanário liberal, fundado em 1828.

Le Temps (Paris) – jornal diário, publicado de 1861 a 1943.

The Times (Londres) – jornal diário, publicado desde 1788.

Le Vengeur (Paris) – jornal republicano de esquerda, publicado a partir de 3 de fevereiro de 1871; proibido em 11 de março de 1871 com base no decreto do general Vinoy; durante a Comuna de Paris, voltou a circular de 30 de março a 24 de maio de 1871; dirigido por Félix Pyat, com colaboração, entre outros, de Jean-Baptiste Millière e Gustave Cluseret; o jornal apoiou a Comuna de Paris, publicando seus documentos e mensagens oficiais.

La Verité (Paris) – diário republicano radical, publicado de 6 de outubro de 1870 a 3 de setembro de 1871; inicialmente, apoiou a Comuna de Paris, porém contrapôs-se às suas medidas sociais.

The World (Nova York) – diário publicado de 1860 a 1931; próximo ao Partido Democrata, costumava publicar notícias sobre o movimento operário, bem como sobre a Internacional.

ÍNDICE ONOMÁSTICO

Affre, Denis Auguste (1793-1848) – arcebispo de Paris a partir de 1840. p. 76, 164.

Alexandre II (1818-1881) – tsar da Rússia a partir de 1855. p. 200.

Antônio (Marco Antônio) – personagem do drama *Júlio César*, de William Shakespeare. p. 115.

Applegarth, Robert (1833-1925) – carpinteiro britânico; em 1865 e de 1868 a 1872, membro do Conselho Geral da Internacional. p. 25, 33.

Aumale, Henri Eugène Philippe Louis d'Orléans, duque d' (1822-1877) – general francês; filho de Luís Filipe, emigrou para a Inglaterra após a Revolução de Fevereiro de 1848; deputado da Assembleia Nacional de 1871. p. 95.

Aurelle de Paladines, Louis Jean Baptiste d' (1804-1877) – general francês; comandou o exército do Loire na guerra franco-prussiana de 1870-1871; em março de 1871, sob o governo de Thiers, comandante maior da Guarda Nacional de Paris; deputado da Assembleia Nacional de 1871. p. 46, 48, 87, 147, 180.

Bakunin, Michail Alexandrovitsch (1814-1876) – revolucionário russo. Inicialmente hegeliano de esquerda, depois anarquista, adversário do marxismo. Entrou para a Internacional em 1869, sendo dela expulso em 1872, no congresso de Haia. p. 206.

Beesly, Edward Spencer (1831-1915) – historiador e político inglês; positivista; professor da Universidade de Londres; presidente da reunião fundadora da Internacional, em 28 de setembro de 1864. p. 205, 211.

Bergeret, Jules Henri Marius (1830-1905) – livreiro francês; membro do Comitê Central da Guarda Nacional; membro da Comuna de Paris e da comissão de guerra; general da guarnição de Paris; condenado à morte em ausência; fugiu para Jersey; emigrou para os EUA. p. 148, 150, 165.

Índice onomástico

Berry, Charles Ferdinand d'Artois, duque de (1778-1820) – primogênito de Carlos X, pai do conde de Chambord. p. 39.

Berry, Marie Caroline Ferdinande Louise de Naples, duquesa de (1798-1870) – mãe do pretendente francês ao trono, conde de Chambord; em 1832, tentou deflagrar uma sublevação contra Luís Filipe na Vendeia. p. 39, 99, 143, 157.

Berryer, Pierre Antoine (1790-1868) – advogado e político francês; legitimista durante a Segunda República, deputado da Assembleia Nacional Constituinte e Legislativa. p. 161.

Beslay, Charles Victor (1795-1878) – engenheiro francês; político, proudhoniano; membro da Internacional; membro da Comuna de Paris; delegado para as finanças e representante da Comuna junto ao Banco da França, contrapôs-se à nacionalização do banco; mudou-se para a Suíça em maio de 1871. p. 42, 98.

Bismarck, Otto, Príncipe de (1815-1898) – estadista e diplomata; chefe de gabinete nos períodos de 1862-72 e 1873-90; de 1871 a 1890, primeiro-ministro do Império [*Reichskanzler*]; em 1870, deu fim à guerra com a França e, em 1871, apoiou a repressão à Comuna de Paris; promoveu, com uma "revolução a partir de cima", a unidade do Império; em 1878, autor da lei de exceção contra a social-democracia (conhecida como "lei contra os socialistas"). p. 23, 30, 37, 38, 42-44, 46, 59, 65, 67, 68, 71, 77, 82, 84, 89, 95-97, 103, 104, 124, 141, 144, 155, 160, 167, 175, 176, 179-181, 187, 188, 190, 201, 203-206, 210-212.

Blanc, Jean Joseph Charles Louis (1811-1882) – jornalista francês e historiador; em 1848, membro do governo provisório e presidente da Comissão de Luxemburgo; defendeu a política da conciliação entre as classes e da aliança com a burguesia; emigrou para a Inglaterra em agosto de 1848; voltou-se contra a Comuna de Paris quando deputado da Assembleia Nacional de 1871. p. 138, 143, 202.

Blanqui, Louis Auguste (1805-1881) – comunista francês; defendia a tomada violenta do poder por uma organização conspiratória e o estabelecimento de uma ditadura revolucionária; organizador de várias sociedades secretas e de conspirações; participante ativo da Revolução de 1830; condenado à morte em 1839, depois à prisão perpétua; na Revolução de 1848, importante liderança do movimento operário na França; novamente condenado, em março de 1871, devido à participação na ação de 31 de outubro de 1870; membro da Comuna de Paris; passou um total de 36 anos em prisões. p. 45, 49, 76, 89, 116, 121, 122, 164, 193.

Bonaparte, ver **Napoleão I Bonaparte**

Bonaparte, Luís, ver **Napoleão III, Charles Louis Napoléon Bonaparte**

Bonhorst, Leonhard von (1840-?) – técnico e construtor de máquinas; atuou, a partir dos anos 1860, na Associação para Formação de Trabalhadores em Wiesbaden e, em 1867, em conexão com o Comitê Central da Internacional em Genebra. p. 202.

Boon, Martin James – em 1869-1872, membro do Conselho Geral da Internacional. p. 25, 33, 79.

Bora, Giovanni – em 1870-1871, membro da Internacional, secretário-correspondente para a Itália. p. 25, 33.

Bouis, Casimir Dominique (1843-1916) – jornalista francês, blanquista, membro do Comitê Central da Guarda Nacional e da Comuna de Paris; depois da derrubada da Comuna, condenado à deportação para a Nova Caledônia; retornou à França em 1879. p. 121.

Bourbons (Bourbon) – dinastia de reis franceses: regeu nos períodos de 1589-1792, 1814-1815 e 1815-1830.

Bracke, Wilhelm (1842-1880) – editor e livreiro; cofundador do Partido Trabalhista Social-democrata alemão; membro do parlamento alemão de 1877 a 1879. p. 202.

Bradnick, Frederick – trabalhador britânico; em 1870-1872, membro do Conselho Geral da Internacional; em 1872, após o Congresso de Haia, voltou-se contra as resoluções do congresso; excluído da Internacional em maio de 1873, por decisão do Conselho Geral. p. 25, 33, 79.

Brunel, Paul Antoine Magloire (1830-1904)– oficial francês; blanquista; participou da ação de 31 de outubro de 1870; membro do Comitê Central e general da Guarda Nacional e da Comuna de Paris; gravemente ferido na defesa de Paris em maio de 1871; fugiu para a Inglaterra; em 1871, condenado à morte em ausência e, em 1872, a cinco anos de prisão; retornou à França após a anistia de 1880. p. 81.

Buttery, G. H. – em 1871-1872, membro do Conselho Geral da Internacional. p. 79.

Cabet, Étienne (1788-1856) – jurista e jornalista francês; fundador de uma corrente do comunismo francês; tentou realizar sua utopia – tema de sua obra *Viagem a Icária* – com a fundação de uma colônia comunista nos EUA; em 1847-1848, aliado de Marx e Engels. p. 81, 139.

Caihil, Edward – em 1870-1871, membro do Conselho Geral da Internacional. p. 33, 79.

Índice onomástico

Calonne, Charles Alexandre de (1734-1802) – político francês. De 1783 a 1787, Controlador Geral das Finanças. Durante a Revolução Francesa, um dos líderes da emigração contrarrevolucionária. p. 67, 102, 178.

Carlos, Don, príncipe de Astúrias (1545-1568) – infante da Espanha; em obras literárias (principalmente o drama homônimo de Schiller), personagem idealizado do filho do rei espanhol Filipe II; condenado pela revolta contra seu pai, morreu na prisão. p. 41, 90.

Carlyle, Thomas (1795-1881) – escritor, historiador e filósofo inglês; defensor do culto aos heróis. p. 200.

Carrel, Armand (1800-1836) – jornalista francês, liberal. Cofundador e redator do diário *Le National*. p. 99, 101, 230.

Cathelineau, Henri de (1813-1891) – general francês realista; comandou a *Légion des Volontaires de l'Ouest* [Legião dos voluntários do oeste] na guerra franco-prussiana de 1870-1871 e na repressão à Comuna de Paris. p. 97, 174, 176.

Cavaignac, Louis Eugène (1802-1857) – general e político francês; participou, nos anos 1830 e 1840, da conquista da Argélia; famoso por seu barbarismo como comandante na guerra; em 1848, governador da Argélia; ministro da Guerra de maio a junho de 1848; reprimiu violentamente a Insurreição de Junho de 1848; primeiro-ministro de junho a dezembro de 1848. p. 76, 89, 90, 92, 106, 149, 159, 165.

César, Julio – Personagem do drama homônimo de William Shakespeare. p. 115.

Chambord, Henri Charles Ferdinand Marie Dieudonné d'Artois, duque de Bordeaux, conde de (1820-1883) – último representante da mais antiga linhagem dos Bourbons; neto de Carlos X, banido após a vitória da Revolução de Julho de 1830; pretendente legitimista ao trono, sob o nome de Henrique V. p. 39

Changarnier, Nicolas Anne Théodule (1793-1877) – general francês e político; monarquista; em 1848-1849, deputado da Assembleia Nacional constituinte e legislativa; após a Insurreição de Junho de 1848, comandante-maior da Guarda Nacional e guarnição de Paris; preso depois do golpe de Estado de 2 de dezembro de 1851 e expulso da França; retornou à França em 1859; pertenceu ao comando do exército do Reno durante a guerra franco-prussiana de 1870-1871; preso em Metz; deputado da Assembleia Nacional de 1871. p. 51, 100, 151, 166.

Chanzy, Antoine Alfred Eugène (1823-1883) – general francês; atuou na guerra franco-prussiana de 1870-1871; deputado da Assembleia Nacional de 1871. p. 94, 121.

Charette de la Contrie, Athanase, Barão de (1832-1911) – general francês, comandou os zuavos pontifícios na guerra franco-prussiana de 1870-1871, posteriormente a *Légion des Volontaires de l'Ouest* [Legião dos Voluntários do Oeste]. p. 97, 152, 174, 176.

Charmont, Jeanne (1812-1870) – companheira de Jules Favre; desde o início dos anos 1840, vivia separada de seu marido, Vernier. p. 37.

Cluseret, Gustave Paul (1823-1900) – oficial francês; participou da repressão à Insurreição de Junho de 1848; combateu no exército francês na Guerra da Crimeia (1853-1856) e na Argélia; deixou de servir em 1858; emigrou para os EUA; a partir de 1865, membro da Internacional em Nova York; atuou como general, ao lado dos estados do norte, na Guerra Civil Americana; a partir de 1867, voltou a viver na França; publicou na imprensa oposicionista; membro do Comitê Central do 20º *arrondissement* e delegado para a província; juntou-se a Bakunin e tomou parte nos preparativos e execução da tentativa de golpe anarquista de 28 de setembro de 1870 em Lyon, posteriormente em Marselha; membro da Comuna de Paris, a partir de abril de 1871 delegado para os assuntos de guerra; fugiu para a Suíça em 1871; condenado à deportação em Lyon, em 1871, e condenado à morte em ausência em Paris, em 1873; retornou à França após a anistia de 1880; em 1888, deputado socialista do departamento de Var. p. 115, 206.

Cobden, Richard (1804-1865) – fabricante em Manchester; liberal, livre-cambista; cofundador da Liga Contra a Lei dos Cereais; membro do parlamento. p. 201.

Coëtlogon, Louis Charles Emmanuel, conde de (1814-1886) – funcionário público francês; bonapartista; um dos organizadores do protesto de 22 de março de 1871, em Paris. p. 51, 150, 165.

Cohen, James – trabalhador francês da indústria de charutos; em 1868-1871, membro do Conselho Geral da Internacional; em 1870-1871, secretário-correspondente para a Dinamarca. p. 25, 33, 79.

Comte, Isidore Auguste François Marie (1798-1857) – filósofo francês e sociólogo, fundador do Positivismo. p. 138.

Corbon, Claude Anthime (1808-1891) – político francês, republicano; em 1848-1849, vice-presidente da Assembleia Nacional Constituinte; após a queda do Segundo Império, subprefeito do 15º *arrondissement* de Paris; deputado da Assembleia Nacional de 1871, membro da minoria de esquerda. p. 154.

Cousin-Monatuban, Charles Guillaume Marie Apollinaire Antoine, Conde de Palikao (1796-1878) – general francês, bonapartista; ministro da Guerra e chefe de governo de agosto a setembro de 1870. p. 45, 87.

Índice onomástico

Dabrowski, Jaroslaw (1836-1871) – revolucionário polonês; no início dos anos 1860, membro do movimento nacional de libertação na Polônia; preso em 1862, condenado a 15 anos de trabalhos forçados, enviado à Sibéria; em 1865, fugiu para a França; em 1871, general da Comuna; a partir de maio, comandante-maior das forças armadas da Comuna; morto nas barricadas. p. 64.

Darboy, Georges (1813-1871) – teólogo francês; a partir de 1863, arcebispo de Paris; refém da Comuna, fuzilado em maio de 1871. p. 92, 93.

Déak, Ferenc (1803-1876) – político húngaro. Ministro da Justiça em 1848. p. 205.

Deguerry, Gaspard (1797-1871) – padre da igreja Madeleine em Paris; refém da Comuna, fuzilado em maio de 1871. p. 93.

Delahaye, Victor Alfred (1838-1897) – mecânico francês; membro da Internacional; participou da Comuna de Paris; fugiu para Londres; em 1871-1872, membro do Conselho Geral da Internacional e do Conselho Federal Britânico; em 1874, condenado à deportação em ausência; perdoado em 1879, retornou à França. p. 79.

Desmarêt – comandandante da gendarmeria das tropas de Versalhes; assassino de Gustave Flourens. p. 52, 92, 109, 166.

Don Carlos, ver **Carlos, Don**

Douay, Félix (1816-1879) – general francês, atuou na guerra franco-prussiana de 1870-1871; preso em Sedan; integrou, posteriormente, o comando do exército versalhês. p. 72.

Ducrot, Auguste Alexandre (1817-1882) – general francês; orleanista; comandou o 2º exército de Paris na guerra franco-prussiana de 1870-1871; participou da derrubada da Comuna de Paris no comando do exército versalhês; deputado da Assembleia Nacional de 1871. p. 145.

Dufaure, Jules Armand Stanislas (1798-1881) – advogado e político francês; de 1848 a 1851, deputado da Assembleia Nacional Constituinte e Legislativa; ministro do Interior em 1848. p. 45, 51, 68-70, 86, 89, 90, 112-114, 118, 138, 156, 179.

Dumas, Alexandre (filho) (1824-1895) – escritor e dramaturgo francês. p. 109, 121.

Dupont, Eugène (1837-1881) – construtor de instrumentos francês; participou da Insurreição de Junho de 1848; mudou-se para Londres em 1862, mais tarde para Manchester; cofundador da Internacional; em 1864-1872, membro do Conselho Geral da Internacional; em 1865-1871, secretário-correspondente para a França. p. 25, 33, 79.

Duval, Émile Victoire (1840-1871) – fundidor de ferro francês, blanquista; membro da Internacional; membro do Comitê Central da Guarda Nacional e da Comuna de Paris; general, membro da comissão executiva e de guerra, foi fuzilado pelos versalheses em 4 de abril de 1871. p. 52, 92, 116, 166.

Eccarius, Johann Georg (1818-1889) – alfaiate da Turíngia; jornalista; membro da Liga dos Justos e da Liga dos Comunistas; de 1864 a 1872, membro do Conselho Geral da Internacional e, de 1867 a 1871, secretário-geral; em 1870-1872, secretário-correspondente para os EUA; delegado em todas as conferências e congressos da Internacional. p. 25, 33, 79, 201.

Espartero, Joaquin Boldomero Fernández, duque de la Vittoria y de Morello, conde de Luchana (1793-1879) – general e político espanhol; líder dos progressistas; primeiro-ministro de 1854 a 1856; regente da Espanha de 1841 a 1843. p. 40, 100, 158.

Falloux, Frédéric Alfred Pierre, conde de (1811-1886) – político e escritor francês; legitimista e clerical, tomou a iniciativa na repressão à Insurreição de Julho de 1848; durante a Segunda República, deputado da Assembleia Nacional Constituinte e Legislativa; ministro da Instrução em 1848-1849. p. 161

Favre, Claude Gabriel Jules (1809-1880) – advogado e político francês; um dos líderes dos republicanos; em 1848, secretário-geral do Ministério do Interior, posteriormente ministro do Exterior; em 1848-1851, deputado da Assembleia Nacional Constituinte e Legislativa; em 1870-1871, ministro do Exterior no Governo de Defesa Nacional e no governo de Thiers; liderou as negociações sobre a capitulação de Paris e paz com a Alemanha. p. 36-38, 42, 44, 46, 49, 52, 65, 71, 81-87, 95, 98, 101, 103, 112, 114, 115, 119, 123, 124, 145, 148-150, 153-155, 164, 212.

Ferdinando II (1810-1859) – rei da Sicília e Nápoles a partir de 1830; apelidado de rei Bomba por ter ordenado o bombardeio de Messina em setembro de 1848. p. 40.

Ferry, Jules François Camille (1832-1893) – advogado e político francês, um dos principais representantes dos republicanos; membro do Governo de Defesa Nacional; prefeito de Paris em 1870-1871; deputado da Assembleia Nacional em 1871; primeiro-ministro em 1880-1881 e 1883-1885. p. 38, 84, 85, 88, 122, 147, 153, 155, 156.

Flourens, Gustave Paul (1838-1871) – naturalista francês; revolucionário, blanquista; forçado a abandonar a França, retornou em 1868; colaborador no jornal *La Marseillaise*; condenado ao exílio em 1870, fugiu para Londres em março, retornando em 1870; participou das ações de 31 de outubro de 1870 e de 22 de janeiro de 1871; membro da Comuna de Paris e da comissão de

Índice onomástico

guerra; morto pelos versalheses em 3 de abril de 1871. p. 45, 49, 52, 92, 116, 122, 164, 166.

François (s/d) – membro da Guarda Nacional de Paris e da Comuna de Paris, foi assassinado durante a manifestação contrarrevolucionária de 22 de março de 1871. p. 151.

Frankel, Leo (1844-1896) – ourives de descendência húngara; em 1867, membro da Internacional em Lyon; posteriormente, viveu em Paris; cofundador da Seção Alemã em Paris; secretário e membro do Conselho Federal de Paris; condenado no 3º processo de Paris contra a Internacional; membro da Guarda Nacional; integrante da Comuna de Paris e de sua Comissão para o Trabalho, Indústria e Comércio, assim como sua Comissão de Finanças; fugiu para Londres; membro do *Cercle d'Etudes Sociales* de Londres [Círculo de Estudos Sociais]; em 1872, condenado à morte em ausência em Paris; em 1871-1872, membro do Conselho Geral da Internacional como secretário-correspondente para a Áustria-Hungria; em 1871, delegado da Conferência dos Delegados de Londres e, em 1872, do Congresso de Haia da Internacional; em 1876, retornou à Hungria; cofundador do Partido Geral dos Trabalhadores da Hungria; morreu em Paris. p. 63, 119, 210.

Frederico, o Grande (Frederico II) (1712-1786) – rei da Prússia a partir de 1740. p. 82.

Gallien, Louis Auguste (1831-?) – oficial da Guarda Nacional da Comuna de Paris. p. 115, 120.

Galliffet, Florence Georgina – mulher do marquês de Galliffet. p. 92, 166.

Galliffet, Gaston Alexandre Auguste, Marquês de (1830-1909) – general francês; comandante de um regimento de cavalaria na guerra franco-prussiana de 1870-1871; preso em Sedan, solto da prisão para lutar contra a Comuna; comandou uma brigada de cavalaria dos versalheses. p. 52, 80, 92, 152, 166, 168.

Gambetta, Léon (1838- 1882) – político francês, republicano; em 1870-1871, membro do Governo de Defesa Nacional; em 1881-1882, primeiro-ministro e ministro do Exterior. p. 36, 83, 122, 154, 168.

Ganesco, Grégory (1830-1877) – jornalista francês de origem romena. Bonapartista durante a segunda guerra do Império; posteriormente, apoiou o governo de Thiers. p. 63.

Garnier-Pagès, Lous Antoine (1803-1878) – político francês, republicano; em 1848, membro do Governo Provisório e prefeito de Paris; em 1870-1871, membro do Governo de Defesa Nacional. p. 114, 115.

Giovacchini, P. (s/d) – membro italiano do Conselho Geral da Internacional e secretário-correspondente para a Itália. p. 79.

Gortchakov, Alexander Mikhailovitch (1798-1883) – político e diplomata russo. De 1863 até sua morte, ocupou o cargo de chanceler do Império Russo. p. 30.

Greppo, Jean Louis (1810-1888) – político francês, socialista; em 1831 e 1834, participou das insurreições em Lyon; durante a Segunda República, deputado da Assembleia Nacional Constituinte e Legislativa; em 1870-1871, subprefeito de um dos *arrondissements* de Paris; deputado da Assembleia Nacional de 1871. p. 113.

Grousset, Paschal Jean François (1844-1909) – jornalista e político francês, blanquista; membro do Comitê Central da Guarda Nacional e da Comuna de Paris; membro da Comissão de Relações Internacionais e delegado para relações internacionais; deportado para a Nova Caledônia após a derrubada da Comuna; escapou em 1874; viveu até 1881 na Inglaterra, retornando então à França. p. 119, 212.

Guilherme I (1797-1888) – príncipe da Prússia; rei da Prússia a partir de 1861; imperador alemão a partir de 1871. p. 153, 200, 203, 205, 207.

Guilherme I, o Conquistador (ca. 1027-1087) – duque da Normandia, rei da Inglaterra a partir de 1066. p. 153.

Guiod, Alphonse Simon (1805-?) – general francês na guerra franco-prussiana de 1870-1871; comandante-maior da artilharia durante o cerco de Paris. p. 36, 37, 84, 154.

Guizot, François Pierre Guillaume (1787-1874) – historiador e estadista francês, orleanista; dirigiu, de 1840 a 1848, a política interna e externa da França. p. 40, 41, 90, 100, 158.

Gumpert, Eduard (1834-1893) – médico alemão. Viveu e trabalhou em Manchester. Foi amigo e conselheiro de Marx e Engels. p. 205.

Hales, John (1839-?) – operário britânico; membro do Conselho Geral da Internacional, a partir de maio de 1871 seu secretário-geral; excluído da Internacional em maio de 1873, por decisão do Conselho Geral. p. 25, 33, 79, 82.

Hales, William – em 1867 e 1868-1872, membro do Conselho Geral da Internacional. p. 25, 33, 79.

Harris, George – em 1869-1872, membro do Conselho Geral da Internacional; em 1870-1871, secretário de finanças. p. 25, 33, 79.

Índice onomástico

Haussmann, Georges-Eugène, Barão (1809-1891) – político francês, bonapartista; participou do golpe de Estado de 1851; prefeito dos departamentos do Sena de 1853 a 1870, realizou profundos trabalhos de modernização de Paris, que incluíam, entre outras medidas, o alargamento de ruas e a abertura de novas ruas retas. p. 64, 75, 76.

Haxthausen, August Franz von (1792-1866) – Agrônomo, economista, jurista e escritor alemão. Autor de importantes estudos sobra a constituição agrária e a emancipação dos camponeses na Rússia. p. 208.

Hécate – na mitologia grega, deusa da noite e do mundo subterrâneo. p. 74.

Heeckeren, Georges Charles d'Anthès, Barão de (1812-1895) – político francês, realista; em 1834-1837, oficial a serviço na Rússia; em duelo, em 1837, feriu mortalmente o poeta russo Alexander Pushkin; bonapartista a partir de 1848, senador do Segundo Império; um dos organizadores da manifestação de 22 de março de 1871, em Paris. p. 51, 150, 165.

Henrique V, ver **Chambord, Henri Charles Ferdinand Marie Dieudonné d'Artois, duque de Bordeaux, conde de**

Hervé, Aimé Marie Édouard (1835-1899) – jornalista francês, liberal; cofundador e redator-chefe do *Le Journal de Paris*; passou para o lado dos orleanistas após a queda do Segundo Império. p. 73, 74.

Hohenzollern – dinastia de príncipes eleitores de Brandemburgo (1415-1701), reis da Prússia (1701-1918) e imperadores alemães (1871-1918). p. 23, 64, 200.

Hugo, Victor Marie, conde (1802-1885) – escritor francês. p. 108.

Huxley, Thomas Henry (1825-1895) – naturalista francês; o mais próximo colaborador de Charles Darwin. p. 130.

Jaclard, Charles Victor (1840-1903) – matemático, médico e jornalista francês, blanquista; membro da Internacional; durante a Comuna de Paris, comandou uma legião da Guarda Nacional; em 1871, condenado a trabalho forçado perpétuo; fugiu para a Suíça, posteriormente para a Rússia; retornou à França depois da anistia de 1880. p. 148.

Jacquemet, Alexandre (1803-1869) – sacerdote francês; em 1848, vigário--geral do arcebispado de Paris. p. 76, 92.

Jaubert, Hippolyte François, conde (1798-1874) – político francês, monarquista; em 1840, ministro para os Trabalhos Públicos no gabinete de Thiers; deputado da Assembleia Nacional de 1871. p. 78, 174.

Josué – personagem do Antigo Testamento. p. 51.

Jung, Hermann (1830-1901) – relojoeiro suíço; participou da Revolução de 1848-1849; emigrou para Londres; em 1864-1872, membro do Conselho Geral da Internacional e secretário-correspondente para a Suíça. p. 25, 33, 79.

Kolb, Karl – em 1870-1871, membro do Conselho Geral da Internacional. p. 79.

Kugelmann, Ludwig (Louis) (1828-1902) – médico alemão, social-democrata. Membro da Internacional e amigo de Marx e Engels. p. 54, 204, 207, 209, 212.

Lacretelle, Charles Nicolas (1822-1891) – general francês; comandou uma divisão na guerra franco-prussiana de 1870-1871; preso em Sedan; comandou, mais tarde, uma divisão do exército versalhês. p. 115.

Lafargue, Paul (1842-1911) – médico socialista nascido em Santiago de Cuba. De 1866 a 1868, membro do Conselho Geral da Internacional e secretário-correspondente para a Espanha. Em 1869-70, cofundador das seções da Internacional na França. Em 1879, cofundador do Partido dos Trabalhadores da França. Em 1868, casou-se com Laura, filha de Marx. Autor, entre outras obras, de *O direito à preguiça*. p. 206, 208, 211.

Laffitte, Jacques (1767-1844) – banqueiro e político francês, orleanista; chefe de governo em 1830-1831. p. 39, 99.

Lafont – funcionário público francês; em 1871, inspetor geral das prisões. p. 121.

Landor, R. – jornalista norte-americano; em 1871, correspondente em Londres do jornal *The World*, de Nova York. p. 213, 215.

La Rochejaquelein (Larochejaquelein), Henri Auguste Georges du Vergier, Marquês de (1805-1867) – político francês, um dos líderes dos legitimistas; durante a Segunda República, deputado da Assembleia Nacional Constituinte e Legislativa; senador sob Napoleão III. p. 161.

Laveleye, Émile-Louis-Victor, Barão de (1822-1892) – historiador e economista belga. p. 202.

Lecomte, Claude Martin (1817-1871) – general francês, comandou uma brigada na guerra franco-prussiana de 1870-1871; fuzilado em 18 de março de 1871 por seus próprios soldados, após a fracassada tentativa de Thiers de desarmar a Guarda Nacional. p. 48, 50, 54, 69, 70, 72, 89-91, 147, 161, 163, 164, 168.

Le Flô, Adolphe Emmanuel Charles (1804-1887) – general francês, político e diplomata, monarquista; durante a Segunda República, deputado da Assembleia Nacional Constituinte e Legislativa; ministro da Guerra do Governo de Defesa Nacional e do governo Thiers; deputado da Assembleia Nacional de 1871; em 1848-1849 e 1871-1879, embaixador em São Petersburgo. p. 50, 53, 94, 164.

Lehmann, ver **Guilherme I**

Lemaître, Antoine Louis Prosper (Frédérick Lemaître) (1800-1876) – ator e dramaturgo francês. Fundador do realismo crítico no teatro francês. p. 87.

Lessner, Friedrich (1825-1910) – membro da Liga dos Comunistas; participou da Revolução de 1848-1849; condenado a três anos de prisão no processo dos comunistas de Colônia; emigrou para Londres em 1856; em 1864-1872, membro do Conselho Geral da Internacional. p. 25, 33, 79.

Liebknecht, Wilhelm (1826-1900) – jornalista, um dos mais importantes líderes do movimento operário alemão e internacional; participou da Revolução de 1848-1849; emigrou para a Suíça, posteriormente para a Inglaterra, onde se tornou membro da Liga dos Comunistas; voltou à Alemanha em 1862; membro da Internacional; em 1866, fundador do Partido dos Trabalhadores da Saxônia; em 1869, cofundador do Partido Trabalhista Social-democrata da Alemanha; adversário do militarismo prussiano, defendeu a união alemã por uma via democrático-revolucionária; membro do parlamento da Alemanha do Norte (1867-1870) e do parlamento alemão (1874-1900); durante a guerra franco-prussiana, atuou ativamente contra os planos prussianos de anexação e em defesa da Comuna de Paris. p. 202-204, 207, 208.

Lincoln, Abraham (1809-1865) – estadista norte-americano; presidente dos EUA a partir de 1861. p. 102, 109, 177.

Littré, Maximilien Paul Émile (1801-1881) – filósofo, filólogo e político francês. p. 149.

Lochner, Georg (ca. 1824-?) – marceneiro francês; em 1864-1867 e 1871-1872, membro do Conselho Geral da Internacional. p. 79.

Lucraft, Benjamin (1809-1897) – em 1864-1871, membro do Conselho Geral da Internacional. p. 25, 33.

Luís XIV (1638-1715) – rei da França a partir de 1643. p. 86, 174.

Luís Bonaparte, ver **Napoleão III Charles Louis Napoléon Bonaparte**

Luís Filipe I, duque de Orléans (1773-1850) – rei dos franceses de 1830 a 1848. p. 39, 41, 42, 49, 59, 69, 87, 89, 95, 98-100, 104, 105, 115, 157-159, 163, 174, 189.

Luís Filipe Alberto, duque de Orleáns, conde de Paris (1838-1894) – neto de Luís Filipe; pretendente ao trono dos orleanistas. p. 175.

McDonnell (MacDonnell), Joseph Patrick (1847-1906) – em 1871-1872, membro do Conselho Geral da Internacional e secretário-correspondente para a Irlanda; emigrou em 1872 para os EUA; redator, em Nova York, do jornal *Labor Standard*, órgão do Partido dos Trabalhadores dos Estados Unidos. p. 79.

Mac-Mahon, Marie Edme Patrice Maurice, conde de, duque de Magenta (1808-1893) – oficial e político francês, bonapartista; marechal na guerra franco-prussiana de 1870-1871; preso em Sedan; comandante-maior do exército versalhês; de 1873 a 1879, presidente da Terceira República. p. 72, 76, 77, 110, 177, 201.

Maljournal, Louis Charles (1841-1894) – encadernador francês, membro e secretário do Comitê Central da Guarda Nacional; membro da Internacional; integrou a Comuna de Paris; condenado à deportação em 1872; perdoado em 1879. p. 51, 150.

Markovski (s/d) – agente do governo tsarista na França. Em 1871, colaborador de Thiers. p. 63.

Mazzini, Giuseppe (1805-1872) – revolucionário italiano; líder do movimento de libertação na Itália; em 1849, eleito no Triunvirato da República romana; em 1850, um dos fundadores do Comitê Democrático Europeu em Londres; tentou, em 1864, quando da fundação da Internacional, colocá-la sob sua influência; em 1871, voltou-se contra a Comuna de Paris e o Conselho Geral da Internacional. p. 219.

Megera – na mitologia grega, uma das três Fúrias. p. 74.

Mill, John Stuart (1806-1873) – economista e filósofo inglês. p. 201, 220.

Miller, Joseph (Joe) (1684-1738) – comediante inglês a cuja autoria eram (indevidamente) atribuídas um número sempre crescente de anedotas, reunidas em uma série de edições extremamente populares nos séculos XVIII e XIX. p. 38, 85, 156.

Millière, Jean-Baptiste Édouard (1817-1871) – toneleiro, jurista e jornalista francês, proudhoniano; participou da ação de 31 de outubro de 1870; deputado da Assembleia Nacional de 1871; fuzilado pelos versalheses em 26 de maio de 1871. p. 37, 45, 61, 82, 85, 152, 155.

Mills, Charles – mecânico inglês; em 1871, membro do Conselho Geral da Internacional. p. 79.

Milner, George – alfaiate britânico; em 1868-1872, membro do Conselho Geral da Internacional. p. 25, 33, 79.

Milton, John (1608-1674) – poeta e jornalista inglês. p. 130.

Índice onomástico

Molinet, visconde de (?-1871) – aristocrata francês, morto na manifestação de 22 de março de 1871. p. 151.

Moltke, Helmuth Karl Bernhard, conde de (1800-1891) – marechal, escritor militar; chefe do comando militar prussiano (1857-1871) e do Império Alemão (1871-1888); na guerra franco-prussiana, comandante-maior do exército prussiano. p. 205.

Montesquieu, Charles Louis de Secondat, Barão de la Brède e de (1689-1755) – filósofo, sociólogo e escritor francês. p. 58, 146, 149.

Morley, Samuel (1838-1923) – industrial e político inglês; liberal; membro do parlamento (1865 e 1868-1885). p. 211.

Mottershead, Thomas G. (1826-1884) – tecelão britânico; membro do Conselho Geral da Internacional. p. 25, 33, 79.

Murray, Charles (1833-1893) – sapateiro britânico; membro do Conselho Geral da Internacional. p. 25, 33, 79.

Napoleão I Bonaparte (1769-1821) – imperador dos franceses de 1804 a 1814 e 1815. p. 23, 30, 93, 107, 192.

Napoleão III, Charles Louis Napoleón Bonaparte (1808-1873) – sobrinho de Napoleão I, presidente da Segunda República de 1848-1852; imperador dos franceses de 1852 a 1870. p. 21, 65, 201, 203.

Nero (37-68) – imperador romano a partir de 54. p. 102.

Obermüller, Wilhelm (1809-?) – jornalista. p. 205.

Odger, George (1820-1877) – sapateiro britânico; membro do Conselho Geral da Internacional de 1864 a 1871. p. 25, 33.

Ollivier, Émile (1825-1913) – político francês; primeiro-ministro de janeiro a agosto de 1870. p. 168.

Orléans – dinastia de reis franceses (1830-1848), do mais novo ramo dos Bourbons. p. 64, 69, 200.

Oswald, Eugen (1826-1912) – jornalista; participou do movimento revolucionário em Baden, em 1848-1849; após a derrota da revolução, imigrou para a Inglaterra; apoiou Marx ativamente, prestando ajuda aos *communards* refugiados. p. 201, 202.

Oudinot, Nicolas Charles Victor (1791-1863) – general francês; comandou as tropas enviadas contra a República romana em 1849. p. 158.

Palikao, ver **Cousin-Montauban, Charles Guillaume Marie Apollinaire Antoine, conde de Palikao**

Parnell, James – trabalhador britânico; em 1869-1870, membro do Conselho Geral da Internacional. p. 25, 33.

Pène, Henry de (1830-1888) – jornalista francês; monarquista, um dos organizadores da manifestação de 22 de março de 1871, em Paris. p. 51, 150, 165.

Pequeno Polegar – tradicional personagem do folclore inglês e dos contos de fadas. p. 52, 107, 166.

Pereire, Jacob Émile (1800-1875) – financista francês, saint-simoniano. Em 1852, em sociedade com seu irmão, Isaac (1806-1880), fundou o banco Crédit Mobilier. p. 38.

Pfänder, Carl (1819-1876) – pintor de miniaturas alemão; emigrante em Londres a partir de 1845; membro do Conselho Geral da Internacional de 1864-1867 e 1870-1872. p. 25, 33, 79.

Pic, Jules – jornalista francês, bonapartista; redator do *L'Étendard*. p. 37, 38, 119, 155.

Picard, Eugène Arthur (1825-?) – político francês, especulador financeiro; redator-chefe do *L'Électeur Libre*; irmão de Louis Joseph Ernest Picard. p. 38, 85, 155, 156.

Picard, Louis Joseph Ernest (1821-1877) – advogado e político francês; em 1870-1871, ministro das Finanças do Governo de Defesa Nacional; em 1871, ministro do Interior do governo Thiers. p. 38, 46, 52, 78, 85-87, 89-91, 98, 112, 113, 116, 147, 153, 155, 156.

Piétri, Joseph-Marie (1820-1902) – político francês, bonapartista. Prefeito de polícia de Paris (1866-1870). p. 23, 68, 86, 92, 97, 104, 120, 156, 176.

Pistola (Alferes Pistola) – personagem dos dramas históricos *Henrique IV (2ª parte)*, *Henrique V* e da comédia *As alegres comadres de Windsor*, de William Shakespeare. p. 80.

Pourceaugnac – típico pequeno aristocrata provincial, personagem da comédia homônima de Molière. p. 44, 161.

Pourille, Jean-Baptiste Stanislas Xavier (pseudônimo **Blanchet**) (1833-?) – ex-monge capuchinho, jornalista francês; membro do Comitê Central da Guarda Nacional e da Comuna de Paris; membro da Comissão para a Justiça; excluído da Comuna como policial do Império e preso em 25 de maio de 1871; fugiu para Genebra. p. 65

Pouyer-Quertier, Augustin Thomas (1820-1891) – industrial e político francês; protecionista; ministro das Finanças em 1871-1872; participou das negociações de paz com a Alemanha em 1871. p. 42, 45, 87, 88, 91, 156, 210.

Índice onomástico

Princesa de Gales (Alexandra) (1844-1925) – filha do rei dinamarquês Cristiano IX; casou-se com o príncipe de Gales em 1863. p. 50, 164.

Protot, Eugène (1839-1921) – advogado, médico e jornalista francês; membro da Internacional e da Comuna de Paris. p. 119.

Proudhon, Pierre Joseph (1809-1865) – escritor, sociólogo e economista francês. p. 194.

Pyat, Félix (1810-1889) – jornalista, dramaturgo e político francês; participou da Revolução de 1848; fugiu para a Suíça em 1849, depois para a Bélgica e Inglaterra; em 1869, retornou à França; adversário de um movimento operário independente; até março de 1871, deputado da Assembleia Nacional de 1871; redator dos jornais *Le Combat* e *Le Vengeur*; combateu a capitulação do regime de Thiers; membro da Comuna de Paris; fugiu para Londres; em 1873, condenado à morte em ausência, em Paris; retornou à França após a anistia de 1880. p. 212, 219.

Reitlinger, Frederic (1836-1907) – diplomata, secretário privado de Jules Favre. p. 82.

Roach, John – membro britânico do Conselho Geral da Internacional em 1871-72. p. 79.

Robinet, Jean François Eugène (1825-1899) – médico e historiador francês; positivista, republicano; participou da Revolução de 1848; subprefeito de um dos *arrondissements* de Paris durante a guerra franco-prussiana de 1870-1871; membro da *Ligue de l'union républicaine pour les droits de Paris* [Liga da união republicana para os direitos de Paris]; atuou na tentativa de conciliação do governo de Versalhes com a Comuna de Paris. p. 78.

Rochat, Charles Michel (1844-?) – comerciário francês; membro do Comitê Central do 20º *arrondissement* de Paris; membro da Comuna de Paris, secretário da Comissão Executiva; em 1871-1872, membro do Conselho Geral da Internacional e secretário-correspondente para a Holanda; em 1872, condenado à deportação em ausência. p. 79.

Roche-Lambert – funcionário público francês; em 1871, secretário-geral da receita no departamento do Loire. p. 88.

Ruge, Arnold (1802-1880) – jornalista alemão radical; jovem-hegeliano; em 1848, membro da Assembleia Nacional de Frankfurt. p. 199, 202.

Rühl, J. – operário alemão; membro do Clube de Formação para Trabalhadores em Londres; em 1870-1872, membro do Conselho Geral da Internacional. p. 25, 33, 79.

Sadler, Michael Thomas – em 1871-1872, membro do Conselho Geral da Internacional. p. 79.

A guerra civil na França

Saisset, Jean Marie Joseph Théodore (1810-1879) – almirante e político francês, monarquista; comandou a defesa dos fortes orientais de Paris na guerra franco-prussiana de 1870-1871; comandante da Guarda Nacional de Paris (20-25 de março de 1871); deputado da Assembleia Nacional de 1871. p. 52, 94, 102, 137, 151, 152, 166, 174, 178.

Scheffer – membro da Guarda Nacional e da Comuna de Paris. p. 53, 109, 110, 121, 168.

Schmitz, Isidore Pierre (1820-?) – oficial francês; general do exército de Paris na guerra franco-prussiana de 1870-1871; em 1870-1871, membro do Conselho Geral da Internacional. p. 25.

Schmutz – operário suíço; em 1870-1871, membro do Conselho Geral da Internacional. p. 33.

Schölcher, Victor (1804-1893) – político e jornalista francês, republicano de esquerda. Na Segunda República, deputado da Assembleia Nacional Constituinte e da Assembleia Legislativa. Serviu na guerra franco-prussiana de 1870-71 e, durante a Comuna de Paris, na Legião de Artilharia da Guarda Nacional de Paris. Tentou mover a Comuna à capitulação diante do governo de Thiers. p. 137, 147.

Serraillier, Auguste (1840-?) – sapateiro francês; em 1869-1872, membro do Conselho Geral da Internacional. p. 25, 33, 79.

Shakespeare, William (1564-1616) – poeta e dramaturgo inglês. p. 80, 115, 136.

Sheridan, Philip Henry (1831-1888) – general americano; em 1861-1865, participou da Guerra Civil norte-americana do lado dos estados do norte; presente como observador na guerra franco-prussiana de 1870-1871, do lado prussiano; em 1884-1888, comandante-maior do exército dos EUA. p. 151.

Shylock – personagem da comédia *O mercador de Veneza*, de William Shakespeare. p. 44, 136, 175.

Simon, Jules (Jules François Simon Suisse) (1814-1896) – estadista francês, republicano; em 1848-1849, deputado da Assembleia Nacional Constituinte; em 1870-1873, ministro da Instrução no Governo da Defesa Nacional e do governo Thiers; deputado da Assembleia Nacional de 1871; em 1876-1877, primeiro-ministro. p. 46, 87, 115.

Soult, Nicolas Jean-de-Dieu (1769-1851) – general francês, marechal de Napoleão. Ministro dos Negócios Estrangeiros (1839-1840) e ministro da Guerra (1814-15; 1830-1834; 1840-1845). p. 39.

Stepney, Cowell William Frederick (1820-1872) – membro britânico da Liga da Reforma; em 1866-1872, membro do Conselho Geral e, em 1868-1870, tesoureiro da Internacional. p. 25, 33, 79.

Índice onomástico

Sula, Lúcio Cornélio (138-78 a.C.) – cônsul romano em 88 a.C.; ditador no período de 82-79 a.C. p. 43, 73.

Suzanne, Louis (1810-1876) – general francês e escritor militar. Por muitos anos, foi chefe da administração da artilharia no Ministério da Guerra. p. 36, 84, 155.

Tácito, Publius Cornelius (ca. 55- ca. 120) – historiador romano. p. 74.

Taillefer, Jean – redator-chefe do jornal *Étendard;* condenado em 1868 por falsificação e suborno. p. 37, 38, 119, 155.

Tamerlão (Timur-Lenk) (1336-1405) – chefe mongol; conquistou a Ásia central e a Pérsia. p. 52, 107, 166.

Tamisier, François (1809-1880) – general e político francês; durante a Segunda República, deputado da Assembleia Nacional Legislativa e Constituinte; de setembro a novembro de 1870, comandante-maior da Guarda Nacional de Paris; deputado da Assembleia Nacional de 1871. p. 49, 91, 122, 164.

Taylor, Alfred – operário britânico; membro do Conselho Geral da Internacional em 1871-1872. p. 79.

Thiers, Élise (1818-1880) – mulher de Adolphe Thiers. p. 52, 86.

Thiers, Marie Joseph Louis Adolphe (1797-1877) – político e historiador francês, orleanista; ministro de 1832-1834, primeiro-ministro em 1836-1840; em 1848, deputado da Assembleia Nacional Constituinte; em 1871, chefe do poder Executivo; de 1871-1873, presidente da Terceira República. p. 22, 35, 36, 38-53, 55, 56, 62, 63, 65-76, 78, 84-90, 92, 93, 95-103, 107-116, 119-121, 132, 137, 138, 141-143, 145, 147-149, 151-153, 156-161, 165-168, 174-181, 191, 193, 199, 207, 208, 210.

Thomas, Clément (1809-1871) – político e general francês, republicano; na Segunda República, deputado da Assembleia Nacional Legislativa; participou da repressão à Insurreição de Junho de 1848; de novembro de 1870 a fevereiro de 1871, comandante-maior da Guarda Nacional de Paris; sabotou a defesa da cidade, fuzilado por soldados insurretos em 18 de março de 1871. p. 48-50, 54, 69, 70, 72, 89-91, 94, 122, 147, 148, 161, 163, 164, 168.

Tolain, Henri Louis (1828-1897) – gravador francês, proudhoniano; em 1864, participou da assembleia de fundação da Internacional; membro do primeiro escritório da Internacional em Paris; de 1865-1869, delegado em todos os congressos da Internacional; durante a Comuna de Paris, passou para o lado dos versalheses; deputado da Assembleia Nacional de 1871; excluído da Internacional em 1871; senador durante a Terceira República. p. 53.

Townshend, William (1869-1872) – membro do Conselho Geral da Internacional. p. 25, 33, 79.

Triboulet – personagem da obra *Le roi s'amuse* [O rei se diverte], de Victor Hugo. p. 108.

Tridon, Edme Marie Gustave (1841-1871) – jornalista francês, blanquista; condenado várias vezes à prisão; participou da ação de 31 de outubro de 1870; deputado da Assembleia Nacional de 8 de fevereiro de 1871, abdicou de seu mandato; membro da Comuna de Paris; refugiou-se na Bélgica. p. 148.

Trochu, Louis Jules (1815-1896) – general e político francês, orleanista; participou, nos anos 1840 e 1850, da conquista da Argélia, da Guerra da Crimeia, em 1853-1856, e, em 1859, da guerra italiana; de setembro de 1870 a janeiro de 1871, chefe do Governo de Defesa Nacional e comandante-maior do exército de Paris; sabotou a defesa da cidade; deputado da Assembleia Nacional de 1871. p. 35, 36, 43, 47, 49, 50, 75, 83, 84, 91, 114, 122, 123, 145, 148, 152-154, 164, 168, 181.

Urquhart, David (1805-1877) – diplomata, jornalista e político britânico; turcófilo; participou de missões diplomáticas na Turquia nos anos 1830; membro do parlamento de 1847 a 1852. p. 202.

Vaillant, Marie Édouard (1840-1915) – engenheiro, naturalista e médico francês, blanquista; membro da Internacional; membro do Comitê Central da Guarda Nacional, da Comuna de Paris e da Comissão Executiva; condenado à morte em Paris, em 1871; fugiu para Londres; em 1871-1872, membro do Conselho Geral da Internacional; desligou-se da Internacional após o Congresso de Haia, em 1872; retornou à França depois da anistia de 1880; membro da Câmara dos Deputados; em 1905, cofundador do Partido Socialista Francês. p. 148, 194.

Valentin, Louis Ernest (1812-1885) – general francês, bonapartista; prefeito de polícia de Paris antes do 18 de março de 1871. p. 87, 97, 112, 120, 149, 152, 176, 180.

Varlin, Louis Eugène (1839-1871) – encadernador francês, proudhoniano; membro da Internacional a partir de 1865; cofundador da Internacional na França; membro do Comitê Central da Guarda Nacional e da Comuna de Paris; assassinado pelos versalheses em 28 de maio de 1871. p. 148, 210.

Vésinier, Pierre (1826-1902) – jornalista; cofundador da seção francesa da Internacional em Londres; delegado da Conferência de Londres de 1865; excluído da Internacional em 1868; membro da Comuna de Paris; emigrou para a Inglaterra; secretário da seção francesa de 1871; membro do Conselho Federalista Universal, que atuava contra Marx e o Conselho Geral. p. 212.

Índice onomástico

Vinoy, Joseph (1800-1880) – general francês, bonapartista; participou do golpe de Estado de 2 de dezembro de 1851; comandante do exército de Paris na guerra franco-prussiana de 1871-1872; a partir de 22 de janeiro de 1871, governador de Paris; comandou o exército de reservistas dos versalheses. p. 45, 46, 48, 50, 52, 87, 90-92, 116, 149, 151, 152, 161, 162, 164-166, 180, 208.

Vivien, Alexandre François Auguste (1799-1854) – advogado e político francês; orleanista; ministro da Justiça em 1840; ministro para Obras Públicas no governo Cavaignac. p. 89.

Vogt, Karl (1817-1895) – cientista natural alemão. Em 1848-49, membro da Assembleia Nacional de Frankfurt. Emigrou para a Suíça em 1849. Nos anos 1850 e 1860, foi agente secreto de Napoleão III. p. 208.

Voltaire (François Marie Arouet) (1694-1778) – filósofo, historiador e escritor francês; um dos principais representantes do Iluminismo. p. 53, 61.

Weston, John – carpinteiro britânico, partidário de Robert Owen; em 1864, participou da assembleia de fundação da Internacional; em 1864-1872, membro do Conselho Geral da Internacional. p. 25, 33, 79.

Wahlin (s/d) – membro da Guarda Nacional de Paris e da Comuna de Paris, foi assassinado durante a manifestação contrarrevolucionária de 22 de março de 1871. p. 151.

Wróblewski, Walery (1836-1908) – revolucionário polonês; um dos líderes da insurreição polonesa de 1863; emigrou para a França; general da Comuna de Paris; fugiu para Londres; condenado à morte em ausência; em 1871-1872, membro do Conselho Geral da Internacional e secretário-correspondente para a Polônia; em 1872, membro do congresso de Haia da Internacional. p. 64.

Zabicki, Antoni (ca. 1810-1889) – tipógrafo polonês; líder do movimento de libertação nacional na Polônia; emigrou da Polônia em 1831; participou da revolução húngara de 1848-1849; emigrou para a Inglaterra em 1851; secretário do Comitê Nacional Polonês; em 1866-1871, membro do Conselho Geral da Internacional e secretário-correspondente para a Polônia. p. 25, 33, 79.

Zévy Maurice (Moritz) – em 1866-1872, membro do Conselho Geral da Internacional; em 1870-1871, secretário-correspondente para a Hungria. p. 25, 33, 79.

CRONOLOGIA RESUMIDA DE MARX E ENGELS

	Karl Marx	**Friedrich Engels**	
1818	Em Trier (capital da província alemã do Reno), nasce Karl Marx (5 de maio), o segundo de oito filhos de Heinrich Marx e de Enriqueta Pressburg. Trier na época era influenciada pelo liberalismo revolucionário francês e pela reação ao Antigo Regime, vinda da Prússia.		Simón Bolívar declara a Venezuela independente da Espanha.
1820		Nasce Friedrich Engels (28 de novembro), primeiro dos oito filhos de Friedrich Engels e Elizabeth Franziska Mauritia van Haar, em Barmen, Alemanha. Cresce no seio de uma família de industriais religiosa e conservadora.	George IV se torna rei da Inglaterra, pondo fim à Regência. Insurreição constitucionalista em Portugal.
1824	O pai de Marx, nascido Hirschel, advogado e conselheiro de Justiça, é obrigado a abandonar o judaísmo por motivos profissionais e políticos (os judeus estavam proibidos de ocupar cargos públicos na Renânia). Marx entra para o Ginásio de Trier (outubro).		Simón Bolívar se torna chefe do Executivo do Peru.
1830	Inicia seus estudos no Liceu Friedrich Wilhelm, em Trier.		Estouram revoluções em diversos países europeus. A população de Paris insurge-se contra a promulgação de leis que dissolvem a Câmara e suprimem a liberdade de imprensa. Luís Filipe assume o poder.

Cronologia resumida

	Karl Marx	**Friedrich Engels**	
1831			Morre Hegel.
1834		Engels ingressa, em outubro, no Ginásio de Elberfeld.	A escravidão é abolida no Império Britânico. Insurreição operária em Lyon.
1835	Escreve *Reflexões de um jovem perante a escolha de sua profissão*. Presta exame final de bacharelado em Trier (24 de setembro). Inscreve-se na Universidade de Bonn.		Revolução Farroupilha, no Brasil. O Congresso alemão faz moção contra o movimento de escritores Jovem Alemanha.
1836	Estuda Direito na Universidade de Bonn. Participa do Clube de Poetas e de associações de estudantes. No verão, fica noivo em segredo de Jenny von Westphalen, sua vizinha em Trier. Em razão da oposição entre as famílias, casar-se-iam apenas sete anos depois. Matricula-se na Universidade de Berlim.	Na juventude, fica impressionado com a miséria em que vivem os trabalhadores das fábricas de sua família. Escreve *Poema*.	Fracassa o golpe de Luís Napoleão em Estrasburgo. Criação da Liga dos Justos.
1837	Transfere-se para a Universidade de Berlim e estuda com mestres como Gans e Savigny. Escreve *Canções selvagens* e *Transformações*. Em carta ao pai, descreve sua relação contraditória com o hegelianismo, doutrina predominante na época.	Por insistência do pai, Engels deixa o ginásio e começa a trabalhar nos negócios da família. Escreve *História de um pirata*.	A rainha Vitória assume o trono na Inglaterra.
1838	Entra para o Clube dos Doutores, encabeçado por Bruno Bauer. Perde o interesse pelo Direito e entrega-se com paixão ao estudo da Filosofia, o que lhe compromete a saúde. Morre seu pai.	Estuda comércio em Bremen. Começa a escrever ensaios literários e sociopolíticos, poemas e panfletos filosóficos em periódicos como o *Hamburg Journal* e o *Telegraph für Deutschland,* entre eles o poema "O beduíno" (setembro), sobre o espírito da liberdade.	Richard Cobden funda a Anti-Corn-Law-League, na Inglaterra. Proclamação da Carta do Povo, que originou o cartismo.
1839		Escreve o primeiro trabalho de envergadura, *Briefe aus dem Wupperthal* [Cartas de Wuppertal], sobre a vida operária em Barmen e na vizinha Elberfeld (*Telegraph für Deutschland*, primavera). Outros viriam, como *Literatura popular alemã, Karl Beck* e *Memorabilia de Immermann*. Estuda a filosofia de Hegel.	Feuerbach publica Zur Kritik der Hegelschen Philosophie [Crítica da filosofia hegeliana]. Primeira proibição do trabalho de menores na Prússia. Auguste Blanqui lidera o frustrado levante de maio, na França.

A guerra civil na França

	Karl Marx	**Friedrich Engels**	
1840	K. F. Koeppen dedica a Marx o seu estudo *Friedrich der Grosse und seine Widersacher* [Frederico, o Grande, e seus adversários].	Engels publica *Réquiem para o Aldeszeitung alemão* (abril), *Vida literária moderna*, no *Mitternachtzeitung* (março--maio) e *Cidade natal de Siegfried* (dezembro).	Proudhon publica *O que é a propriedade?* [Qu'est-ce que la propriété?].
1841	Com uma tese sobre as diferenças entre as filosofias de Demócrito e Epicuro, Marx recebe em Iena o título de doutor em Filosofia (15 de abril). Volta a Trier. Bruno Bauer, acusado de ateísmo, é expulso da cátedra de Teologia da Universidade de Bonn, com isso Marx perde a oportunidade de atuar como docente nessa universidade.	Publica *Ernst Moritz Arndt*. Seu pai o obriga a deixar a escola de comércio para dirigir os negócios da família. Engels prosseguiria sozinho seus estudos de filosofia, religião, literatura e política. Presta o serviço militar em Berlim por um ano. Frequenta a Universidade de Berlim como ouvinte e conhece os jovens hegelianos. Critica intensamente o conservadorismo na figura de Schelling, com os escritos *Schelling em Hegel*, *Schelling e a revelação* e *Schelling, filósofo em Cristo*.	Feuerbach traz a público *A essência do cristianismo* [*Das Wesen des Christentums*]. Primeira lei trabalhista na França.
1842	Elabora seus primeiros trabalhos como publicista. Começa a colaborar com o jornal *Rheinische Zeitung* [Gazeta Renana], publicação da burguesia em Colônia, do qual mais tarde seria redator. Conhece Engels, que na ocasião visitava o jornal.	Em Manchester, assume a fiação do pai, a Ermen & Engels. Conhece Mary Burns, jovem trabalhadora irlandesa, que viveria com ele até a morte. Mary e a irmã Lizzie mostram a Engels as dificuldades da vida operária, e ele inicia estudos sobre os efeitos do capitalismo no operariado inglês. Publica artigos no *Rheinische Zeitung*, entre eles "Crítica às leis de imprensa prussianas" e "Centralização e liberdade".	Eugène Sue publica *Os mistérios de Paris*. Feuerbach publica *Vorläufige Thesen zur Reform der Philosophie* [Teses provisórias para uma reforma da filosofia]. O Ashley's Act proíbe o trabalho de menores e mulheres em minas na Inglaterra.
1843	Sob o regime prussiano, é fechado o *Rheinische Zeitung*. Marx casa-se com Jenny von Westphalen. Recusa convite do governo prussiano para ser redator no diário oficial. Passa a lua de mel em Kreuznach, onde se dedica ao estudo de diversos autores, com destaque para Hegel. Redige os manuscritos que viriam a ser conhecidos como *Crítica da filosofia do direito de Hegel* [*Zur Kritik der Hegelschen Rechtsphilosophie*]. Em outubro	Engels escreve, com Edgar Bauer, o poema satírico "Como a Bíblia escapa milagrosamente a um atentado impudente ou O triunfo da fé", contra o obscurantismo religioso. O jornal *Schweuzerisher Republicaner* publica suas "Cartas de Londres". Em Bradford, conhece o poeta G. Weerth. Começa a escrever para a imprensa cartista. Mantém contato com a Liga dos Justos. Ao longo desse período, suas cartas à irmã favorita, Marie, revelam seu	Feuerbach publica *Grundsätze der Philosophie der Zukunft* [Princípios da filosofia do futuro].

Cronologia resumida

	Karl Marx	**Friedrich Engels**	
	vai a Paris, onde Moses Hess e George Herwegh o apresentam às sociedades secretas socialistas e comunistas e às associações operárias alemãs. Conclui *Sobre a questão judaica* [*Zur Judenfrage*]. Substitui Arnold Ruge na direção dos *Deutsch-Französische Jahrbücher* [Anais Franco-Alemães]. Em dezembro inicia grande amizade com Heinrich Heine e conclui sua "Crítica da filosofia do direito de Hegel – Introdução" [*Zur Kritik der Hegelschen Rechtsphilosophie – Einleitung*]	amor pela natureza e por música, livros, pintura, viagens, esporte, vinho, cerveja e tabaco.	
1844	Em colaboração com Arnold Ruge, elabora e publica o primeiro e único volume dos *Deutsch-Französische Jahrbücher*, no qual participa com dois artigos: "A questão judaica" e "Introdução a uma crítica da filosofia do direito de Hegel". Escreve os *Manuscritos econômico-filosóficos* [*Ökonomisch-philosophische Manuskripte*]. Colabora com o *Vorwärts!* [Avante!], órgão de imprensa dos operários alemães na emigração. Conhece a Liga dos Justos, fundada por Weitling. Amigo de Heine, Leroux, Blanc, Proudhon e Bakunin, inicia em Paris estreita amizade com Engels. Nasce Jenny, primeira filha de Marx. Rompe com Ruge e desliga-se dos *Deutsch-Französische Jahrbücher*. O governo decreta a prisão de Marx, Ruge, Heine e Bernays pela colaboração nos *Deutsch-Französische Jahrbücher*. Encontra Engels em Paris e em dez dias planejam seu primeiro trabalho juntos, *A sagrada família* [*Die heilige Familie*]. Marx publica no *Vorwärts!* artigo sobre a greve na Silésia.	Em fevereiro, Engels publica *Esboço para uma crítica da economia política* [*Umrisse zu einer Kritik der Nationalökonomie*], texto que influenciou profundamente Marx. Segue à frente dos negócios do pai, escreve para os *Deutsch-Französische Jahrbücher* e colabora com o jornal *Vorwärts!*. Deixa Manchester. Em Paris, torna-se amigo de Marx, com quem desenvolve atividades militantes, o que os leva a criar laços cada vez mais profundos com as organizações de trabalhadores de Paris e Bruxelas. Vai para Barmen.	O Graham's Factory Act regula o horário de trabalho para menores e mulheres na Inglaterra. Fundado o primeiro sindicato operário na Alemanha. Insurreição de operários têxteis na Silésia e na Boêmia.

A guerra civil na França

	Karl Marx	**Friedrich Engels**	
1845	Por causa do artigo sobre a greve na Silésia, a pedido do governo prussiano Marx é expulso da França, juntamente com Bakunin, Bürgers e Bornstedt. Muda-se para Bruxelas e, em colaboração com Engels, escreve e publica em Frankfurt *A sagrada família*. Ambos começam a escrever *A ideologia alemã* [*Die deutsche Ideologie*] e Marx elabora "As teses sobre Feuerbach" [*Thesen über Feuerbach*]. Em setembro nasce Laura, segunda filha de Marx e Jenny. Em dezembro, ele renuncia à nacionalidade prussiana.	As observações de Engels sobre a classe trabalhadora de Manchester, feitas anos antes, formam a base de uma de suas obras principais, *A situação da classe trabalhadora na Inglaterra* [*Die Lage der arbeitenden Klasse in England*] (publicada primeiramente em alemão; a edição seria traduzida para o inglês 40 anos mais tarde). Em Barmen organiza debates sobre as ideias comunistas junto com Hess e profere os *Discursos de Elberfeld*. Em abril sai de Barmen e encontra Marx em Bruxelas. Juntos, estudam economia e fazem uma breve visita a Manchester (julho e agosto), onde percorrem alguns jornais locais, como o *Manchester Guardian* e o *Volunteer Journal for Lancashire and Cheshire*. Lançada *A situação da classe trabalhadora na Inglaterra*, em Leipzig. Começa sua vida em comum com Mary Burns.	Criada a organização internacionalista Democratas Fraternais, em Londres. Richard M. Hoe registra a patente da primeira prensa rotativa moderna.
1846	Marx e Engels organizam em Bruxelas o primeiro Comitê de Correspondência da Liga dos Justos, uma rede de correspondentes comunistas em diversos países, a qual Proudhon se nega a integrar. Em carta a Annenkov, Marx critica o recém-publicado *Sistema das contradições econômicas ou Filosofia da miséria* [*Système des contradictions économiques ou Philosophie de la misère*], de Proudhon. Redige com Engels a *Zirkular gegen Kriege* [Circular contra Kriege], crítica a um alemão emigrado dono de um periódico socialista em Nova York. Por falta de editor, Marx e Engels desistem de publicar *A ideologia alemã* (a obra só seria publicada em 1932, na União Soviética). Em dezembro nasce Edgar, o terceiro filho de Marx.	Seguindo instruções do Comitê de Bruxelas, Engels estabelece estreitos contatos com socialistas e comunistas franceses. No outono, ele se desloca para Paris com a incumbência de estabelecer novos comitês de correspondência. Participa de um encontro de trabalhadores alemães em Paris, propagando ideias comunistas e discorrendo sobre a utopia de Proudhon e o socialismo real de Karl Grün.	Os Estados Unidos declaram guerra ao México. Rebelião polonesa em Cracóvia. Crise alimentar na Europa. Abolidas, na Inglaterra, as "leis dos cereais".

Cronologia resumida

	Karl Marx	**Friedrich Engels**	
1847	Filia-se à Liga dos Justos, em seguida nomeada Liga dos Comunistas. Realiza-se o primeiro congresso da associação em Londres (junho), ocasião em que se encomenda a Marx e Engels um manifesto dos comunistas. Eles participam do congresso de trabalhadores alemães em Bruxelas e, juntos, fundam a Associação Operária Alemã de Bruxelas. Marx é eleito vice-presidente da Associação Democrática. Conclui e publica a edição francesa de *Miséria da filosofia* [*Misère de la philosophie*] (Bruxelas, julho).	Engels viaja a Londres e participa com Marx do I Congresso da Liga dos Justos. Publica *Princípios do comunismo* [*Grundsätze des Kommunismus*], uma "versão preliminar" do *Manifesto Comunista* [*Manifest der Kommunistischen Partei*]. Em Bruxelas, junto com Marx, participa da reunião da Associação Democrática, voltando em seguida a Paris para mais uma série de encontros. Depois de atividades em Londres, volta a Bruxelas e escreve, com Marx, o *Manifesto Comunista*.	A Polônia torna-se província russa. Guerra civil na Suíça. Realiza-se em Londres, o II Congresso da Liga dos Comunistas (novembro).
1848	Marx discursa sobre o livre-cambismo numa das reuniões da Associação Democrática. Com Engels publica, em Londres (fevereiro), o *Manifesto Comunista*. O governo revolucionário francês, por meio de Ferdinand Flocon, convida Marx a morar em Paris depois que o governo belga o expulsa de Bruxelas. Redige com Engels "Reivindicações do Partido Comunista da Alemanha" [*Forderungen der Kommunistischen Partei in Deutschland*] e organiza o regresso dos membros alemães da Liga dos Comunistas à pátria. Com sua família e com Engels, muda-se em fins de maio para Colônia, onde ambos fundam o jornal *Neue Rheinische Zeitung* [Nova Gazeta Renana], cuja primeira edição é publicada em 1º de junho com o subtítulo *Organ der Demokratie*. Marx começa a dirigir a Associação Operária de Colônia e acusa a burguesia alemã de traição. Proclama o terrorismo revolucionário como único meio de amenizar "as dores de parto" da nova sociedade. Conclama ao boicote fiscal e à resistência armada.	Expulso da França por suas atividades políticas, chega a Bruxelas no fim de janeiro. Juntamente com Marx, toma parte na insurreição alemã, de cuja derrota falaria quatro anos depois em *Revolução e contrarrevolução na Alemanha* [*Revolution und Konterevolution in Deutschland*]. Engels exerce o cargo de editor do *Neue Rheinische Zeitung*, recém-criado por ele e Marx. Participa, em setembro, do Comitê de Segurança Pública criado para rechaçar a contrarrevolução, durante grande ato popular promovido pelo *Neue Rheinische Zeitung*. O periódico sofre suspensões, mas prossegue ativo. Procurado pela polícia, tenta se exilar na Bélgica, onde é preso e depois expulso. Muda-se para a Suíça.	Definida, na Inglaterra, a jornada de dez horas para menores e mulheres na indústria têxtil. Criada a Associação Operária, em Berlim. Fim da escravidão na Áustria. Abolição da escravidão nas colônias francesas. Barricadas em Paris: eclode a revolução; o rei Luís Filipe abdica e a República é proclamada. A revolução se alastra pela Europa. Em junho, Blanqui lidera novas insurreições operárias em Paris, brutalmente reprimidas pelo general Cavaignac. Decretado estado de sítio em Colônia em reação a protestos populares. O movimento revolucionário reflui.

A guerra civil na França

	Karl Marx	**Friedrich Engels**	
1849	Marx e Engels são absolvidos em processo por participação nos distúrbios de Colônia (ataques a autoridades publicados no *Neue Rheinische Zeitung*). Ambos defendem a liberdade de imprensa na Alemanha. Marx é convidado a deixar o país, mas ainda publicaria *Trabalho assalariado e capital [Lohnarbeit und Kapital]*. O periódico, em difícil situação, é extinto (maio). Marx, em condição financeira precária (vende os próprios móveis para pagar as dívidas), tenta voltar a Paris, mas, impedido de ficar, é obrigado a deixar a cidade em 24 horas. Graças a uma campanha de arrecadação de fundos promovida por Ferdinand Lassalle na Alemanha, Marx se estabelece com a família em Londres, onde nasce Guido, seu quarto filho (novembro).	Em janeiro, Engels retorna a Colônia. Em maio, toma parte militarmente na resistência à reação. À frente de um batalhão de operários, entra em Elberfeld, motivo pelo qual sofre sanções legais por parte das autoridades prussianas, enquanto Marx é convidado a deixar o país. Publicado o último número do *Neue Rheinische Zeitung*. Marx e Engels vão para o sudoeste da Alemanha, onde Engels envolve-se no levante de Baden-Palatinado, antes de seguir para Londres.	Proudhon publica *Les confessions d'un révolutionnaire*. A Hungria proclama sua independência da Áustria. Após período de refluxo, reorganiza-se no fim do ano, em Londres, o Comitê Central da Liga dos Comunistas, com a participação de Marx e Engels.
1850	Ainda em dificuldades financeiras, organiza a ajuda aos emigrados alemães. A Liga dos Comunistas reorganiza as sessões locais e é fundada a Sociedade Universal dos Comunistas Revolucionários, cuja liderança logo se fraciona. Edita em Londres a *Neue Rheinische Zeitung* [Nova Gazeta Renana], revista de economia política, bem como *Lutas de classe na França [Die Klassenkämpfe in Frankreich]*. Morre o filho Guido.	Publica *A guerra dos camponeses na Alemanha [Der deutsche Bauernkrieg]*. Em novembro, retorna a Manchester, onde viverá por vinte anos, e às suas atividades na Ermen & Engels; o êxito nos negócios possibilita ajudas financeiras a Marx.	Abolição do sufrágio universal na França.
1851	Continua em dificuldades, mas, graças ao êxito dos negócios de Engels em Manchester, conta com ajuda financeira. Dedica-se intensamente aos estudos de economia na biblioteca do Museu Britânico. Aceita o convite de trabalho do *New York Daily Tribune*, mas é Engels quem envia os primeiros textos, intitulados "Contrarrevolução na Alemanha", publicados sob a assinatura de Marx. Hermann	Engels, juntamente com Marx, começa a colaborar com o Movimento Cartista [Chartist Movement]. Estuda língua, história e literatura eslava e russa.	Na França, golpe de Estado de Luís Bonaparte. Realização da primeira exposição universal, em Londres.

Cronologia resumida

	Karl Marx	**Friedrich Engels**	
	Becker publica em Colônia o primeiro e único tomo dos *Ensaios escolhidos de Marx*. Nasce Francisca (28 de março), quinta de seus filhos.		
1852	Envia ao periódico *Die Revolution*, de Nova York, uma série de artigos sobre *O 18 de brumário de Luís Bonaparte* [*Der achtzehnte Brumaire des Louis Bonaparte*]. Sua proposta de dissolução da Liga dos Comunistas é acolhida. A difícil situação financeira é amenizada com o trabalho para o *New York Daily Tribune*. Morre a filha Francisca, nascida um ano antes.	Publica *Revolução e contrarrevolução na Alemanha* [*Revolution und Konterevolution in Deutschland*]. Com Marx, elabora o panfleto *O grande homem do exílio* [*Die grossen Männer des Exils*] e uma obra, hoje desaparecida, chamada *Os grandes homens oficiais da Emigração*; nela, atacam os dirigentes burgueses da emigração em Londres e defendem os revolucionários de 1848-9. Expõem, em cartas e artigos conjuntos, os planos do governo, da polícia e do judiciário prussianos, textos que teriam grande repercussão.	Luís Bonaparte é proclamado imperador da França, com o título de Napoleão Bonaparte III.
1853	Marx escreve, tanto para o *New York Daily Tribune* quanto para o *People's Paper*, inúmeros artigos sobre temas da época. Sua precária saúde o impede de voltar aos estudos econômicos interrompidos no ano anterior, o que faria somente em 1857. Retoma a correspondência com Lassalle.	Escreve artigos para o *New York Daily Tribune*. Estuda o persa e a história dos países orientais. Publica, com Marx, artigos sobre a Guerra da Crimeia.	A Prússia proíbe o trabalho para menores de 12 anos.
1854	Continua colaborando com o *New York Daily Tribune*, dessa vez com artigos sobre a revolução espanhola.		
1855	Começa a escrever para o *Neue Oder Zeitung*, de Breslau, e segue como colaborador do *New York Daily Tribune*. Em 16 de janeiro nasce Eleanor, sua sexta filha, e em 6 de abril morre Edgar, o terceiro.	Escreve uma série de artigos para o periódico *Putman*.	Morte de Nicolau I, na Rússia, e ascensão do tsar Alexandre II.

A guerra civil na França

	Karl Marx	**Friedrich Engels**	
1856	Ganha a vida redigindo artigos para jornais. Discursa sobre o progresso técnico e a revolução proletária em uma festa do *People's Paper*. Estuda a história e a civilização dos povos eslavos. A esposa Jenny recebe uma herança da mãe, o que permite que a família mude para um apartamento mais confortável.	Acompanhado da mulher, Mary Burns, Engels visita a terra natal dela, a Irlanda.	Morrem Max Stirner e Heinrich Heine. Guerra franco-inglesa contra a China.
1857	Retoma os estudos sobre economia política, por considerar iminente nova crise econômica europeia. Fica no Museu Britânico das nove da manhã às sete da noite e trabalha madrugada adentro. Só descansa quando adoece e aos domingos, nos passeios com a família em Hampstead. O médico o proíbe de trabalhar à noite. Começa a redigir os manuscritos que viriam a ser conhecidos como *Grundrisse der Kritik der Politischen Ökonomie* [Esboços de uma crítica da economia política], e que servirão de base à obra *Para a crítica da economia política* [*Zur Kritik der Politischen Ökonomie*]. Escreve a célebre *Introdução de 1857*. Continua a colaborar no *New York Daily Tribune*. Escreve artigos sobre Jean-Baptiste Bernadotte, Simón Bolívar, Gebhard Blücher e outros na *New American Encyclopaedia* [Nova Enciclopédia Americana]. Atravessa um novo período de dificuldades financeiras e tem um novo filho, natimorto.	Adoece gravemente em maio. Analisa a situação no Oriente Médio, estuda a questão eslava e aprofunda suas reflexões sobre temas militares. Sua contribuição para a *New American Encyclopaedia* [Nova Enciclopédia Americana], versando sobre as guerras, faz de Engels um continuador de Von Clausewitz e um precursor de Lenin e Mao Tsé-Tung. Continua trocando cartas com Marx, discorrendo sobre a crise na Europa e nos Estados Unidos.	O divórcio, sem necessidade de aprovação parlamentar, se torna legal na Inglaterra.
1858	O *New York Daily Tribune* deixa de publicar alguns de seus artigos. Marx dedica-se à leitura de *Ciência da lógica* [*Wissenschaft der Logik*] de Hegel. Agravam-se os problemas de saúde e a penúria.	Engels dedica-se ao estudo das ciências naturais.	Morre Robert Owen.

Cronologia resumida

	Karl Marx	**Friedrich Engels**	
1859	Publica em Berlim *Para a crítica da economia política*. A obra só não fora publicada antes porque não havia dinheiro para postar o original. Marx comentaria: "Seguramente é a primeira vez que alguém escreve sobre o dinheiro com tanta falta dele". O livro, muito esperado, foi um fracasso. Nem seus companheiros mais entusiastas, como Liebknecht e Lassalle, o compreenderam. Escreve mais artigos no *New York Daily Tribune*. Começa a colaborar com o periódico londrino *Das Volk*, contra o grupo de Edgar Bauer. Marx polemiza com Karl Vogt (a quem acusa de ser subsidiado pelo bonapartismo), Blind e Freiligrath.	Faz uma análise, junto com Marx, da teoria revolucionária e suas táticas, publicada em coluna do *Das Volk*. Escreve o artigo "Po und Rhein" [Pó e Reno], em que analisa o bonapartismo e as lutas liberais na Alemanha e na Itália. Enquanto isso, estuda gótico e inglês arcaico. Em dezembro, lê o recém-publicado *A origem das espécies* [*The Origin of Species*], de Darwin.	A França declara guerra à Áustria.
1860	Vogt começa uma série de calúnias contra Marx, e as querelas chegam aos tribunais de Berlim e Londres. Marx escreve *Herr Vogt* [Senhor Vogt].	Engels vai a Barmen para o sepultamento de seu pai (20 de março). Publica a brochura *Savoia, Nice e o Reno* [*Savoyen, Nizza und der Rhein*], polemizando com Lassalle. Continua escrevendo para vários periódicos, entre eles o *Allgemeine Militar Zeitung*. Contribui com artigos sobre o conflito de secessão nos Estados Unidos no *New York Daily Tribune* e no jornal liberal *Die Presse*.	Giuseppe Garibaldi toma Palermo e Nápoles.
1861	Enfermo e depauperado, Marx vai à Holanda, onde o tio Lion Philiph concorda em adiantar-lhe uma quantia, por conta da herança de sua mãe. Volta a Berlim e projeta com Lassalle um novo periódico. Reencontra velhos amigos e visita a mãe em Trier. Não consegue recuperar a nacionalidade prussiana. Regressa a Londres e participa de uma ação em favor da libertação de Blanqui. Retoma seus trabalhos científicos e a colaboração com o *New York Daily Tribune* e o *Die Presse* de Viena.		Guerra civil norte--americana. Abolição da servidão na Rússia.

A guerra civil na França

	Karl Marx	**Friedrich Engels**	
1862	Trabalha o ano inteiro em sua obra científica e encontra-se várias vezes com Lassalle para discutirem seus projetos. Em suas cartas a Engels, desenvolve uma crítica à teoria ricardiana sobre a renda da terra. O *New York Daily Tribune*, justificando-se com a situação econômica interna norte-americana, dispensa os serviços de Marx, o que reduz ainda mais seus rendimentos. Viaja à Holanda e a Trier, e novas solicitações ao tio e à mãe são negadas. De volta a Londres, tenta um cargo de escrevente da ferrovia, mas é reprovado por causa da caligrafia.		Nos Estados Unidos, Lincoln decreta a abolição da escravatura. O escritor Victor Hugo publica *Les misérables* [Os miseráveis].
1863	Marx continua seus estudos no Museu Britânico e se dedica também à matemática. Começa a redação definitiva de *O capital* [*Das Kapital*] e participa de ações pela independência da Polônia. Morre sua mãe (novembro), deixando-lhe algum dinheiro como herança.	Morre, em Manchester, Mary Burns, companheira de Engels (6 de janeiro). Ele permaneceria morando com a cunhada Lizzie. Esboça, mas não conclui, um texto sobre rebeliões camponesas.	
1864	Malgrado a saúde, continua a trabalhar em sua obra científica. É convidado a substituir Lassalle (morto em duelo) na Associação Geral dos Operários Alemães. O cargo, entretanto, é ocupado por Becker. Apresenta o projeto e o estatuto de uma Associação Internacional dos Trabalhadores, durante encontro internacional no Saint Martin's Hall de Londres. Marx elabora o Manifesto de Inauguração da Associação Internacional dos Trabalhadores.	Engels participa da fundação da Associação Internacional dos Trabalhadores, depois conhecida como a Primeira Internacional. Torna-se coproprietário da Ermen & Engels. No segundo semestre, contribui, com Marx, para o *Sozial-Demokrat*, periódico da social-democracia alemã que populariza as ideias da Internacional na Alemanha.	Dühring traz a público seu *Kapital und Arbeit* [Capital e trabalho]. Fundação, na Inglaterra, da Associação Internacional dos Trabalhadores. Reconhecido o direito a férias na França. Morre Wilhelm Wolff, amigo íntimo de Marx, a quem é dedicado *O capital*.
1865	Conclui a primeira redação de *O capital* e participa do Conselho Central da Internacional (setembro), em Londres. Marx escreve *Salário, preço e lucro* [*Lohn, Preis und Profit*]. Publica no *Sozial-Demokrat* uma biografia de Proudhon, morto recentemente. Conhece o socialista francês Paul Lafargue, seu futuro genro.	Recebe Marx em Manchester. Ambos rompem com Schweitzer, diretor do *Sozial-Demokrat*, por sua orientação lassalliana. Suas conversas sobre o movimento da classe trabalhadora na Alemanha resultam em artigo para a imprensa. Engels publica *A questão militar na Prússia e o Partido Operário Alemão* [*Die preussische Militärfrage und die deutsche Arbeiterpartei*].	Assassinato de Lincoln. Proudhon publica *De la capacité politique des classes ouvrières* [A capacidade política das classes operárias]. Morre Proudhon.

Cronologia resumida

	Karl Marx	**Friedrich Engels**	
1866	Apesar dos intermináveis problemas financeiros e de saúde, Marx conclui a redação do primeiro livro de *O capital*. Prepara a pauta do primeiro Congresso da Internacional e as teses do Conselho Central. Pronuncia discurso sobre a situação na Polônia.	Escreve a Marx sobre os trabalhadores emigrados da Alemanha e pede a intervenção do Conselho Geral da Internacional.	Na Bélgica, é reconhecido o direito de associação e a férias. Fome na Rússia.
1867	O editor Otto Meissner publica, em Hamburgo, o primeiro volume de *O capital*. Os problemas de Marx o impedem de prosseguir no projeto. Redige instruções para Wilhelm Liebknecht, recém-ingressado na Dieta prussiana como representante social-democrata.	Engels estreita relações com os revolucionários alemães, especialmente Liebknecht e Bebel. Envia carta de congratulações a Marx pela publicação do primeiro volume de *O capital*. Estuda as novas descobertas da química e escreve artigos e matérias sobre *O capital*, com fins de divulgação.	
1868	Piora o estado de saúde de Marx, e Engels continua ajudando-o financeiramente. Marx elabora estudos sobre as formas primitivas de propriedade comunal, em especial sobre o *mir* russo. Corresponde-se com o russo Danielson e lê Dühring. Bakunin se declara discípulo de Marx e funda a Aliança Internacional da Social-Democracia. Casamento da filha Laura com Lafargue.	Engels elabora uma sinopse do primeiro volume de *O capital*.	Em Bruxelas, acontece o Congresso da Associação Internacional dos Trabalhadores (setembro).
1869	Liebknecht e Bebel fundam o Partido Operário Social-Democrata alemão, de linha marxista. Marx, fugindo das polícias da Europa continental, passa a viver em Londres, com a família, na mais absoluta miséria. Continua os trabalhos para o segundo livro de *O capital*. Vai a Paris sob nome falso, onde permanece algum tempo na casa de Laura e Lafargue. Mais tarde, acompanhado da filha Jenny, visita Kugelmann em Hannover. Estuda russo e a história da Irlanda. Corresponde-se com De Paepe sobre o proudhonismo e concede uma entrevista ao sindicalista Haman sobre a importância da organização dos trabalhadores.	Em Manchester, dissolve a empresa Ermen & Engels, que havia assumido após a morte do pai. Com um soldo anual de 350 libras, auxilia Marx e sua família; com ele, mantém intensa correspondência. Começa a contribuir com o *Volksstaat*, o órgão de imprensa do Partido Social-Democrata alemão. Escreve uma pequena biografia de Marx, publicada no *Die Zukunft* (julho). Lançada a primeira edição russa do *Manifesto Comunista*. Em setembro, acompanhado de Lizzie, Marx e Eleanor, visita a Irlanda.	Fundação do Partido Social-Democrata alemão. Congresso da Primeira Internacional na Basileia, Suíça.

A guerra civil na França

	Karl Marx	**Friedrich Engels**	
1870	Continua interessado na situação russa e em seu movimento revolucionário. Em Genebra instala-se uma seção russa da Internacional, na qual se acentua a oposição entre Bakunin e Marx, que redige e distribui uma circular confidencial sobre as atividades dos bakunistas e sua aliança. Redige o primeiro comunicado da Internacional sobre a guerra franco-prussiana e exerce, a partir do Conselho Central, uma grande atividade em favor da República francesa. Por meio de Serrailler, envia instruções para os membros da Internacional presos em Paris. A filha Jenny colabora com Marx em artigos para *A Marselhesa* sobre a repressão dos irlandeses por policiais britânicos.	Engels escreve *História da Irlanda* [*Die Geschichte Irlands*]. Começa a colaborar com o periódico inglês *Pall Mall Gazette*, discorrendo sobre a guerra franco-prussiana. Deixa Manchester em setembro, acompanhado de Lizzie, e instala-se em Londres para promover a causa comunista. Lá continua escrevendo para o *Pall Mall Gazette*, dessa vez sobre o desenvolvimento das oposições. É eleito por unanimidade para o Conselho Geral da Primeira Internacional. O contato com o mundo do trabalho permitiu a Engels analisar, em profundidade, as formas de desenvolvimento do modo de produção capitalista. Suas conclusões seriam utilizadas por Marx em *O capital*.	Na França são presos membros da Internacional Comunista. Nasce Vladimir Lenin.
1871	Atua na Internacional em prol da Comuna de Paris. Instrui Frankel e Varlin e redige o folheto *Der Bürgerkrieg in Frankreich* [*A guerra civil na França*]. É violentamente atacado pela imprensa conservadora. Em setembro, durante a Internacional em Londres, é reeleito secretário da seção russa. Revisa o primeiro volume de *O capital* para a segunda edição alemã.	Prossegue suas atividades no Conselho Geral e atua junto à Comuna de Paris, que instaura um governo operário na capital francesa entre 26 de março e 28 de maio. Participa com Marx da Conferência de Londres da Internacional.	A Comuna de Paris, instaurada após revolução vitoriosa do proletariado, é brutalmente reprimida pelo governo francês. Legalização das trade unions na Inglaterra.
1872	Acerta a primeira edição francesa de *O capital* e recebe exemplares da primeira edição russa, lançada em 27 de março. Participa dos preparativos do V Congresso da Internacional em Haia, quando se decide a transferência do Conselho Geral da organização para Nova York. Jenny, a filha mais velha, casa-se com o socialista Charles Longuet.	Redige com Marx uma circular confidencial sobre supostos conflitos internos da Internacional, envolvendo bakunistas na Suíça, intitulado *As pretensas cisões na Internacional* [*Die angeblichen Spaltungen in der Internationale*]. Ambos intervêm contra o lassalianismo na social-democracia alemã e escrevem um prefácio para a nova edição alemã do *Manifesto Comunista*. Engels participa do Congresso da Associação Internacional dos Trabalhadores.	Morrem Ludwig Feuerbach e Bruno Bauer. Bakunin é expulso da Internacional no Congresso de Haia.

Cronologia resumida

	Karl Marx	**Friedrich Engels**	
1873	Impressa a segunda edição de *O capital* em Hamburgo. Marx envia exemplares a Darwin e Spencer. Por ordens de seu médico, é proibido de realizar qualquer tipo de trabalho.	Com Marx, escreve para periódicos italianos uma série de artigos sobre as teorias anarquistas e o movimento das classes trabalhadoras.	Morre Napoleão III. As tropas alemãs se retiram da França.
1874	Negada a Marx a cidadania inglesa, "por não ter sido fiel ao rei". Com a filha Eleanor, viaja a Karlsbad para tratar da saúde numa estação de águas.	Prepara a terceira edição de *A guerra dos camponeses alemães*.	Na França, são nomeados inspetores de fábricas e é proibido o trabalho em minas para mulheres e menores.
1875	Continua seus estudos sobre a Rússia. Redige observações ao Programa de Gotha, da social--democracia alemã.	Por iniciativa de Engels, é publicada *Crítica do Programa de Gotha* [*Kritik des Gothaer Programms*], de Marx.	Morre Moses Heß.
1876	Continua o estudo sobre as formas primitivas de propriedade na Rússia. Volta com Eleanor a Karlsbad para tratamento.	Elabora escritos contra Dühring, discorrendo sobre a teoria marxista, publicados inicialmente no *Vorwärts!* e transformados em livro posteriormente.	Fundado o Partido Socialista do Povo na Rússia. Crise na Primeira Internacional. Morre Bakunin.
1877	Marx participa de campanha na imprensa contra a política de Gladstone em relação à Rússia e trabalha no segundo volume de *O capital*. Acometido novamente de insônias e transtornos nervosos, viaja com a esposa e a filha Eleanor para descansar em Neuenahr e na Floresta Negra.	Conta com a colaboração de Marx na redação final do *Anti--Dühring* [*Herrn Eugen Dühring's Umwälzung der Wissenschaft*]. O amigo colabora com o capítulo 10 da parte 2 ("Da história crítica"), discorrendo sobre a economia política.	A Rússia declara guerra à Turquia.
1878	Paralelamente ao segundo volume de *O capital*, Marx trabalha na investigação sobre a comuna rural russa, complementada com estudos de geologia. Dedica-se também à *Questão do Oriente* e participa de campanha contra Bismarck e Lothar Bücher.	Publica o *Anti-Dühring* e, atendendo a pedido de Wolhelm Bracke feito um ano antes, publica pequena biografia de Marx, intitulada *Karl Marx*. Morre Lizzie.	Otto von Bismarck proíbe o funcionamento do Partido Socialista na Prússia. Primeira grande onda de greves operárias na Rússia.
1879	Marx trabalha nos volumes II e III de *O capital*.		
1880	Elabora um projeto de pesquisa a ser executado pelo Partido Operário francês. Torna-se amigo de Hyndman. Ataca o oportunismo do periódico *Sozial-Demokrat* alemão, dirigido por Liebknecht. Escreve as	Engels lança uma edição especial de três capítulos do *Anti-Dühring*, sob o título *Socialismo utópico e científico* [*Die Entwicklung des Socialismus Von der Utopie zur Wissenschaft*]. Marx escreve o prefácio do livro. Engels	Morre Arnold Ruge.

	Karl Marx	Friedrich Engels	
	Randglossen zu Adolph Wagners Lehrbuch der politischen Ökonomie [Glosas marginais ao tratado de economia política de Adolph Wagner]. Bebel, Bernstein e Singer visitam Marx em Londres.	estabelece relações com Kautsky e conhece Bernstein.	
1881	Prossegue os contatos com os grupos revolucionários russos e mantém correspondência com Zasulitch, Danielson e Nieuwenhuis. Recebe a visita de Kautsky. Jenny, sua esposa, adoece. O casal vai a Argenteuil visitar a filha Jenny e Longuet. Morre Jenny Marx.	Enquanto prossegue em suas atividades políticas, estuda a história da Alemanha e prepara *Labor Standard*, um diário dos sindicatos ingleses. Escreve um obituário pela morte de Jenny Marx (8 de dezembro).	Fundada a Federation of Labour Unions nos Estados Unidos. Assassinato do tsar Alexandre II.
1882	Continua as leituras sobre os problemas agrários da Rússia. Acometido de pleurisia, visita a filha Jenny em Argenteuil. Por prescrição médica, viaja pelo Mediterrâneo e pela Suíça. Lê sobre física e matemática.	Redige com Marx um novo prefácio para a edição russa do *Manifesto Comunista*.	Os ingleses bombardeiam Alexandria e ocupam Egito e Sudão.
1883	A filha Jenny morre em Paris (janeiro). Deprimido e muito enfermo, com problemas respiratórios, Marx morre em Londres, em 14 de março. É sepultado no Cemitério de Highgate.	Começa a esboçar *A dialética da natureza* [*Dialektik der Natur*], publicada postumamente em 1927. Escreve outro obituário, dessa vez para a filha de Marx, Jenny. No sepultamento de Marx, profere o que ficaria conhecido como *Discurso diante da sepultura de Marx* [*Das Begräbnis von Karl Marx*]. Após a morte do amigo, publica uma edição inglesa do primeiro volume de *O capital*; imediatamente depois, prefacia a terceira edição alemã da obra, e já começa a preparar o segundo volume.	Implantação dos seguros sociais na Alemanha. Fundação de um partido marxista na Rússia e da Sociedade Fabiana, que mais tarde daria origem ao Partido Trabalhista na Inglaterra. Crise econômica na França; forte queda na Bolsa.
1884		Publica *A origem da família, da propriedade privada e do Estado* [*Der Ursprung der Familie, des Privateigentum und des Staates*].	Fundação da Sociedade Fabiana de Londres.
1885		Editado por Engels, é publicado o segundo volume de *O capital*.	
1887		Karl Kautsky conclui o artigo "O socialismo jurídico", resposta de	

Cronologia resumida

	Karl Marx	Friedrich Engels	
		Engels a um livro do jurista Anton Menger, e o publica sem assinatura na *Neue Zeit*.	
1889			Funda-se em Paris a II Internacional.
1894		Também editado por Engels, é publicado o terceiro volume de *O capital*. O mundo acadêmico ignorou a obra por muito tempo, embora os principais grupos políticos logo tenham começado a estudá-la. Engels publica os textos *Contribuição à história do cristianismo primitivo* [*Zur Geschischte des Urchristentums*] e *A questão camponesa na França e na Alemanha* [*Die Bauernfrage in Frankreich und Deutschland*].	O oficial francês de origem judaica Alfred Dreyfus, acusado de traição, é preso. Protestos antissemitas multiplicam-se nas principais cidades francesas.
1895		Redige uma nova introdução para *As lutas de classes na França*. Após longo tratamento médico, Engels morre em Londres (5 de agosto). Suas cinzas são lançadas ao mar em Eastbourne. Dedicou-se até o fim da vida a completar e traduzir a obra de Marx, ofuscando a si próprio e a sua obra em favor do que ele considerava a causa mais importante.	Os sindicatos franceses fundam a Confederação Geral do Trabalho. Os irmãos Lumière fazem a primeira projeção pública do cinematógrafo.

COLEÇÃO MARX-ENGELS

O 18 de brumário de Luís Bonaparte
Karl Marx
Tradução de **Nélio Schneider**
Prólogo de **Herbert Marcuse**
Orelha de **Ruy Braga**

*Anti-Dühring: a revolução da ciência
segundo o senhor Eugen Dühring*
Friedrich Engels
Tradução de **Nélio Schneider**
Apresentação de **José Paulo Netto**
Orelha de **Camila Moreno**

O capital: crítica da economia política
Livro I: *O processo de produção do capital*
Karl Marx
Tradução de **Rubens Enderle**
Textos introdutórios de **José Arthur Gianotti,
Louis Althusser** e **Jacob Gorender**
Orelha de **Francisco de Oliveira**

O capital: crítica da economia política
Livro II: *O processo de circulação do capital*
Karl Marx
Edição de **Friedrich Engels**
Seleção de textos extras e
tradução de **Rubens Enderle**
Prefácio de **Michael Heinrich**
Orelha de **Ricardo Antunes**

O capital: crítica da economia política
Livro III: *O processo global da produção capitalista*
Karl Marx
Edição de **Friedrich Engels**
Tradução de **Rubens Enderle**
Apresentação de **Marcelo Dias Carcanholo**
e **Rosa Luxemburgo**
Orelha de **Sara Granemann**

Crítica da filosofia do direito de Hegel
Karl Marx
Tradução de **Rubens Enderle**
e **Leonardo de Deus**
Prefácio de **Alysson Leandro Mascaro**

Crítica do Programa de Gotha
Karl Marx
Tradução de **Rubens Enderle**
Prefácio de **Michael Löwy**
Orelha de **Virgínia Fontes**

*Os despossuídos: debates sobre a lei
referente ao furto de madeira*
Karl Marx
Tradução de **Mariana Echalar** e **Nélio Schneider**
Prefácio de **Daniel Bensaïd**
Orelha de **Ricardo Prestes Pazello**

Dialética da natureza
Friedrich Engels
Tradução de **Nélio Schneider**
Apresentação de **Ricardo Musse**
Orelha de **Laura Luedy**

*Diferença entre a filosofia da natureza
de Demócrito e a de Epicuro*
Karl Marx
Tradução de **Nélio Schneider**
Apresentação de **Ana Selva Albinati**
Orelha de **Rodnei Nascimento**

Esboço para uma crítica da economia política
Friedrich Engels
Tradução de **Nélio Schneider**
Organização e apresentação de **José Paulo Netto**
Orelha de **Felipe Cotrim**

*Grundrisse: manuscritos econômicos de 1857-1858 –
Esboços da crítica da economia política*
Karl Marx
Tradução de **Mario Duayer** e **Nélio Schneider**,
com **Alice Helga Werner** e **Rudiger Hoffman**
Apresentação de **Mario Duayer**
Orelha de **Jorge Grespan**

A guerra civil dos Estados Unidos
Karl Marx e Friedrich Engels
Tradução de **Luiz Felipe Osório** e **Murillo van der Laan**
Prefácio de **Marcelo Badaró Mattos**
Orelha de **Cristiane L. Sabino de Souza**

A guerra civil na França
Karl Marx
Tradução de **Rubens Enderle**
Apresentação de **Antonio Rago Filho**
Orelha de **Lincoln Secco**

A ideologia alemã
Karl Marx e Friedrich Engels
Tradução de **Rubens Enderle,
Nélio Schneider** e **Luciano Martorano**
Apresentação de **Emir Sader**
Orelha de **Leandro Konder**

Lutas de classes na Alemanha
Karl Marx e **Friedrich Engels**
Tradução de **Nélio Schneider**
Prefácio de **Michael Löwy**
Orelha de **Ivo Tonet**

As lutas de classes na França de 1848 a 1850
Karl Marx
Tradução de **Nélio Schneider**
Prefácio de **Friedrich Engels**
Orelha de **Caio Navarro de Toledo**

Lutas de classes na Rússia
Textos de **Karl Marx** e **Friedrich Engels**
Organização e introdução de **Michael Löwy**
Tradução de **Nélio Schneider**
Orelha de **Milton Pinheiro**

Manifesto Comunista
Karl Marx e **Friedrich Engels**
Tradução de **Ivana Jinkings** e **Álvaro Pina**
Introdução de **Osvaldo Coggiola**
Orelha de **Michael Löwy**

Manuscritos econômico-filosóficos
Karl Marx
Tradução e apresentação de **Jesus Ranieri**
Orelha de **Michael Löwy**

Miséria da filosofia: resposta à Filosofia da Miséria, do sr. Proudhon
Karl Marx
Tradução de **José Paulo Netto**
Orelha de **João Antônio de Paula**

A origem da família, da propriedade privada e do Estado
Friedrich Engels
Tradução de **Nélio Schneider**
Prefácio de **Alysson Leandro Mascaro**
Posfácio de **Marília Moschkovich**
Orelha de **Clara Araújo**

A sagrada família : ou A crítica da Crítica crítica contra Bruno Bauer e consortes
Karl Marx e **Friedrich Engels**
Tradução de **Marcelo Backes**
Orelha de **Leandro Konder**

A situação da classe trabalhadora na Inglaterra
Friedrich Engels
Tradução de **B. A. Schumann**
Apresentação de **José Paulo Netto**
Orelha de **Ricardo Antunes**

Sobre a questão da moradia
Friedrich Engels
Tradução de **Nélio Schneider**
Orelha de **Guilherme Boulos**

Sobre a questão judaica
Karl Marx
Inclui as cartas de Marx a Ruge publicadas nos *Anais Franco-Alemães*
Tradução de **Nélio Schneider** e **Wanda Caldeira Brant**
Apresentação e posfácio de **Daniel Bensaïd**
Orelha de **Arlene Clemesha**

Sobre o suicídio
Karl Marx
Tradução de **Rubens Enderle** e **Francisco Fontanella**
Prefácio de **Michael Löwy**
Orelha de **Rubens Enderle**

O socialismo jurídico
Friedrich Engels
Tradução de **Livia Cotrim** e **Márcio Bilharinho Naves**
Prefácio de **Márcio Naves**
Orelha de **Alysson Mascaro**

Últimos escritos econômicos: anotações de 1879-1882
Karl Marx
Tradução de **Hyury Pinheiro**
Apresentação e organização de **Sávio Cavalcante** e **Hyury Pinheiro**
Revisão técnica de **Olavo Antunes de Aguiar Ximenes** e **Luis Felipe Osório**
Orelha de **Edmilson Costa**

Este livro foi composto em Palatino LT 10/12 e Optima 7/9,5 e reimpresso em papel Pólen Soft 80g/m², pela gráfica Rettec, para a Boitempo, em maio de 2022, com tiragem de 1.500 exemplares.